陳立夫主編
黎凱旋協編

易學應用之研究

第二輯

中華書局印行

易學應用之研究（第二輯）目錄

第四篇 易學「辭」、「變」的影響與價值……●蔡 麟●……八一

第十一篇　諸葛八陣圖的眞象……●黎凱旋●……四一三

編輯小引

一、易學應用之研究第一輯，於六十四年二月出版後，本擬及早續編第二輯，唯易學界人士散居各地，有關文稿不易羅致，並以周鼎珩先生謙辭協編工作，乃於六十八年秋，改囑凱旋協助其事。

二、孔子讚易云：「精義入神，以致用也。」本輯之旨，重在應用，所涉範圍，貫通古今，取其精實，凡儒家格致誠正修齊治平之道，與乎哲學、數學、科學、藝術之與民生日用有關者，皆在編述之例。

三、本輯共收十三篇，其一爲陳立夫先生之易與儒家之中道思想，其二爲程石泉先生之易經與中國文化精神，其三爲高懷民先生之易經哲學的人類文明之道，其四爲蔡麟先生之易學辭、變的影響與價值，其五爲鄭衍通先生之易與曆數，其六爲王震先生之易消息述要，及周鼎珩先生之消息往來補述，其七爲張揚明先生之易與老子之道，其八爲高志恩先生之易與電學，其九爲蕭多然先生之易理與物理，其十爲倪岱峰先生之易經之軍事思想，其十一爲黎凱旋之諸葛八陣圖的眞象，其十二爲陳照先生之易與醫學，其十三爲林鏡墀先生之易與命學。雖內容與行文，各異其趣，然大抵對于易學之研究皆有其新見解。

四、古聖人作易，三才之道並重，內外之學兼修，中立而不倚，旁行而不流，其要則開物成務，立心立命，初無神秘玄虛之處。至漢儒重玄象虛數，魏王弼掃之；王弼援老釋入易，宋儒又排斥之；宋明有亡國之痛，清代以來之學者又力詆之。其實亦各有所見，取長去短可也，取實去虛亦可也。

五、武進王震先生，治虞氏易，早已蜚聲儒林，惜於易消息述要成稿後，即逝世於香港，至堪悼念。

六、本書爲集體創作，此後自當繼續輯印，深盼國內外治易學者惠撰鴻文，各抒所見，爲中華文化開創新運，並請多多指教爲幸。

中華民國七十年四月寧鄉黎凱旋協編於板橋市

陳序

環顧世界學術思想史，有一書而能集上下六千餘年四大聖人之智慧而創作者，除吾國易經以外，未之見也；有一書而能綿亙古今，演繹之作不下數千種，並能與時俱進，妙用無窮，普及全球者，除吾國易經以外，亦未之見也。

先儒每言四聖人作易，亦或言十聖人作易。四聖人者，蓋言其概，乃指伏羲畫卦，文王作卦辭，周公作爻辭，孔子作大傳十翼，即今所流傳之周易；十聖人者，蓋道其詳，乃指伏羲作先天易，神農作連山易，黃帝作歸藏易，唐堯、虞舜演先天，夏禹演連山，商湯演歸藏，文王、周公演後天周易，孔子作易大傳而集易之大成。惜除周易以外，其它皆散佚而鮮有傳焉。

易道博大精微，賅括萬有，德國大哲學家萊布尼茲謂「伏羲握住了文字、數學、科學這方法的鑰匙。」故言天文則易爲天文，言曆數則易爲曆數，言數學則易爲數學，言音律則易爲音律，言科學則易爲科學，言哲學、藝術則易爲哲學、藝術，凡醫學、兵學、術數等，莫不與易之數理象，若合符節。此所以易爲經中之經，爲吾國一切學術思想之大經大本。

以言天文，則吾國古天文學所謂「周天」，即今所稱之天體，亦即易之太極，太極者，其大小皆無有極限之謂也。伏羲仰以觀於天文，俯以察於地理，於是始作八卦。八卦由兩儀、四象而生，兩儀、四象、八卦皆天文也，如日往月來，寒暑相推，而成四時，乃兩儀生四象。東方震爲木，南方離爲火，西方兌爲金，北方坎爲水，中央以土星控帶四時，古稱長夏，此五星亦稱五行，再以乾天居上，坤地居下，艮山峙立，巽風吹之，分居四隅（四角），乃四象生八卦。八卦相重爲六十四卦，以四正言之，則乾之六龍以象東方蒼龍，坤之龍戰以象西方白虎，離以象南方朱鳥，坎以象北方玄武，卽古所謂「二十八宿周天」；以六十四象言之，則六十四卦又各主一星，皆有典籍可資查攷。因本書尚少涉及天文星象，故略陳其簡要。

此輯之編行，本應繼第一輯之後，早日完成，惟以立夫涉獵不深，而前協編周鼎珩兄，復因病堅辭，乃請由黎凱旋兄擔任續輯之編撰，惟渴文傑構，不易求得，故遷延日久，歉仄良多。敬盼國內外學者，多予指教。中華民國七十年五月吳興陳立夫于天母弘毅齋。

第一篇　易與儒家之中道思想

第一篇　易與儒家之中道思想

●陳立夫●

我中華文化有一個最大的特點，就是重視中道。這種中道思想，是從中華文化的締造者伏羲畫卦作易開始，到現在已有六千四百五十多年了。

究竟什麼是中呢？中本是方位詞，即前後、左右、上下的中央，也即是數學的中心，物理的重心。古聖先賢本着這種中的思想，向前發展，於是談天體則以銀河爲中，談銀河則以牛織爲中（古天文學稱「日繞牛、織」），談木火土金水五星則以土星爲中，二十八宿行經地球上空的稱中星（書經堯典及禮記月令等），太陽行經地球上方的天空時稱中午，夜半稱中夜，地球以地心爲中，一月之中稱中旬，一季之中稱中季，一年之中稱長夏（見三禮），一生之中稱中年。中國以河南爲華夏之中，又稱中州，即禹貢九州之中。人身的主宰稱中心，人的情感中節稱中和，人的元氣稱中氣，人的內臟稱中府，人的行事不偏不倚稱中庸（禮中庸）、中道（論語雍也）、中行（論語子路），男女之間有中介（即媒介），音律也有中律、中呂，甚至軍隊也是以中軍爲核心，舉凡宇宙一切事物，莫不以中爲準。

前面已提到我國幾千年來的中道思想，是從伏羲畫卦作易開始。而伏羲畫卦作易，又是取象於天地人物，包括他所發現的遠古文物河圖、洛書在內，河圖、洛書就都是以中星五（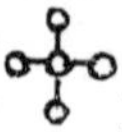）爲中心，並且都是以北極星（○）和三公星（）定縱橫兩軸。往古聖人認爲人居太陽系七曜之中，於是就以太陽系爲天體的中心，而以木火土金水五星所構成的「中星五」或「五帝座」表示之。

在畫卦作易時，則兼重天、地、人三才之道，卽由下、中、上三爻所組合成的八卦，是以下爻代表地，中爻代表人，上爻代表天，因此人就是宇宙的中心，而稱「以二爲中」。再由初、二、三、四、五、上六爻所組合成的六十四卦，則是以下面的初、二兩爻代表地，中間的三、四兩爻代表人，上面的五、上兩爻代表天，因此也是以人爲宇宙的中心，而稱「二、五之中」，卽下卦以二爲中，上卦以五爲中。宋儒周敦頤認爲人類及一切生物，都是從「二、五構精」而來，亦卽由天地之氣交流而來，這是根據孔子所說「禮三本」中的，由天地父母而生人類的道理。

六爻卦的初、二、三、四、五、上，凡初、三、五的三爻爲陽位，陽爻而居陽位就是正，陽爻而居二、五之位就是中，也就是易經所稱的「剛健中正」或「中正」之道。反過來說，凡二、四、上的三爻爲陰位，陰爻而居陰位就是正，陰爻而居二位就是得中，也就是一般所稱的「陰以得中」之道。孔子讚周易，凡遇到陰、陽居中正之位（二、五之位）時，一定要大加讚美一番！甚至陽爻居二位—下卦之中，也是剛中而正。

如乾卦文言：「九二曰見龍在田，利見大人，何謂也？子曰：龍德而正中也。」只因純陽的乾卦，二、五兩爻都是陽居中正之位，所以文言更大加讚美道：「大哉乾乎！剛健中正，純粹精也。」當然乾卦六爻也有不當位的，所以文言稱「九三重剛而不中」，「九四重剛而不中」，不中就不大好。特概舉六十四卦得中正之道的卦例，可以窺見一般。

㈠乾（☰☰）卦文言：「九二……子曰：龍德而正中也，庸言之信，庸行之謹，閑邪存其誠。」這和論語、中庸所談的「中庸」之道相吻合。

又：「大哉乾乎！剛健中正，純粹精也。」

㈡坤（☷☷）卦文言：「君子黃中通理，正位居體，美在其中，而暢於四支，發於事業，美之至也。」坤爲地，地居天中，所以稱「黃中」。又「正位居體」之義，在論語及學庸中到處可見。

㈢蒙（☶☵）卦象辭：「蒙，亨。以亨行時中也。」蒙卦九二以陽居下卦之中，發人之蒙，而又得其時之中，所以亨通。

㈣需（䷄）卦彖辭：「位乎天位，以正中也。」

又九二象辭：「需于沙，衍在中也。」

又九五象辭：「酒食終吉，以中正也。」

需卦九二、九五兩爻，以陽居內外兩卦之中，所以吉利。

㈤訟（䷅）卦卦辭：「惕中，吉。」意卽爭訟時，心存警惕則吉。心者「二、五之中」也。

又象辭：「惕中，吉。剛來而得中也。終凶，訟不可成也。利見大人，尚中正也。」

又九五象辭：「訟，元吉，以中正也。」涉訟時，凡合於情理法者，則理直氣壯而中正，所以吉而無咎。

㈥師（䷆）卦卦辭：「師，貞，丈人，吉，无咎。」彖辭：「師，衆也；貞，正也。能以衆正，可以王矣。剛中而應，行險（指卦體多陰）而順，以此毒天下而民從之，吉又何咎矣。」卦辭是文王所作，這裏已隱喻「湯放桀」的革命故事。

又象辭：「地中有水，師，君子以容民畜衆。」所謂「地中有水」，是指坤外坎內，因此內卦（下卦）也可以稱中。

又六五象辭：「長子（☳變爲震）帥師，以中行也。」論語子路篇也談「中行」。

(七)比（䷇）卦彖辭：「原筮：元，永貞，无咎，以剛中也。」所謂「原筮」，可能是指連山、歸藏或其它的筮書。「剛中」是九五在上卦之中。

又九五象辭：「顯比之吉，位正中也。」

(八)小畜（䷈）卦彖辭：「柔得位而上下應之，曰小畜。健而巽，剛中而志行，乃亨。」所謂「柔得位」是指六四居陰位，「健而順」的健指下卦乾，順指上卦巽，「剛中」指二、五居上下卦之中，所以亨通。

(九)履（䷉）卦彖辭：「剛中正，履帝位而不疚，光明也。」也是以二、五兩陽居上、下兩卦（亦稱兩象）之中，所以說「剛中正」。

(十)泰（䷊）卦卦辭：「小往大來，吉，亨。」小往指上卦地，大來指下卦天，地氣下降，天氣上升，因此彖辭稱「天地交而萬物通也，上下交而其志同也，內陽而外陰，內健而外順，內君子而外小人，君子道長，小人道消也」。象辭也稱「天地交泰」，是「吉、亨」之象。又：下卦九二陽居陰位，上卦六五陰居陽位，是一種「天地交泰」的現象，所以九二稱「中行」，六五稱「中以行，願也」。否（䷋）卦則完全相反，所以不「吉，亨」。

(十一)同人（☰☲）卦彖辭：「同人，柔得位得中，而應乎乾，曰同人。」此卦以六二居下卦之中而得位，和九五居上卦之中而得位，相互呼應，所以稱爲同人。

以上僅略舉十一個卦，有的稱「中行」、有的稱「得中」，也有的稱「中正」或「正中」。六十四卦裡除了少數幾卦以外，大都強調中的思想，而和四書五經及後儒所談的中道，息息相通，因此儒家的中道思想，確實是從易道而來。

自從伏羲畫卦作易而提出中道思想以後，用在施政方面，就是既不偏左，也不偏右；既不偏前（急進），也不偏後（遲鈍）；既不偏上（亢龍有悔），也不偏下（潛龍勿用）；既不偏內（唯心），也不偏外（唯物）……如堯以「允執厥中」的四字語訣傳舜，舜又以「人心唯危，道心唯微，唯精唯一，允執厥中」的十六字語訣傳禹。商湯革命建國後，仍能把持「湯執中」或「執其兩端，而用其中」的古聖遺訓。舜傳禹的十六字語訣，是要把握人、道、事、物的中心，人的中心就是人心，道的中心就是道心，事的中心就是精一，物的中心就是重心。現今世界各進步國家的政府，都訂有「年度中心工作」及設有「施政中心」，甚至發展太空科學，也要設立「太空中心」，這未嘗不是我國古代中道思想的延伸。

用在教育方面，周公、孔子的六藝教育，就正是一種中道教育，如周禮地官的「

敎官」職掌，規定「以五禮防萬民之偏，而敎之中」，五禮卽吉凶賓軍嘉。禮記易本命篇引孔子的話：「政之不中，君之過也；政之旣中，令之不行，職事者之罪也……敎定是正也。」

論語堯日篇，曾徵引堯以傳舜的中道：「堯曰：咨，爾舜，天之曆數在汝躬，允執厥中。」至於中庸一書，更把易經的中道思想，發揮得十分透徹，特列擧六則如次：

仲尼曰：「君子中庸，小人反中庸。君子之中庸也，君子而時中。」

子曰：「中庸其至矣乎！」

子曰：「回之爲人也，擇乎中庸。」

子曰：「中立而不倚。」

「誠者，不勉而中，不思而得，從容中道，聖人也。」（此處中讀正，中則正矣）

「齊莊中正，足以有敬也。」

中庸一書，原是孔子的孫孔伋（子思）擧孔子之說以授孟子。因此孟子在盡心篇裡說：「孔子豈不欲中道哉！」漢注：「中道，中正之大道也。」

孔子、孟子固然是承襲了易經的中道思想，自孔、孟以後的儒家學說，也莫不皆然。如北宋五子的張載（橫渠）和邵雍（康節），更把易經的中正之道，發揚爲「大中至正」四個字。張載的中正篇說：「大中至正之極，文必能致其用，約必能感其通，體正則不待矯而宏，未正必矯，矯而得正，然後可大。故致曲於誠者，必變而後化。」又宋儒游定夫序易傳：「自伏羲至於仲尼，則易之書不遺旨矣。蓋將領天下於中正之道，而要於時措之宜也。」可知中之最佳定義爲「恰到好處」，「恰到好處」自能爲多數人所接受，無過亦無不及，看來似覺平凡（庸），然能可大可久，左右逢源，致用之廣，豈有限量哉！

我由硏易而喜易，已數十年於茲，雖因從政關係，用力不深，但確認公、誠、仁、中、行五者，乃是易經的主體，也卽是中華文化的道統。本篇僅略舉易與儒家之中道思想，以爲硏易者之參考。

第二篇　易經與中國文化精神

第二篇 易經與中國文化精神

程石泉

易經究竟是什麼樣的一本書?我們可從各方面加以考慮:

一、從它的組成部份看,它不僅是用文字書寫的,並且有圖式。談到圖式便使人想到始於宋代的「河圖」、「洛書」及六十四卦方圓圖。殊不知六十四卦本身便是圖,如乾作☰,坤作☷等等。同時「河圖」「洛書」及六十四卦方圓圖也可能在宋代以前久已存在,只是不方便在竹簡上或木簡上刻出來,一直等到五代活字版發明以後,才能方便的印在書裡。

二、從書的內容看,現存的易經有若干部份:有卦辭、爻辭,有「彖」、「象」、「文言」、「繫辭」,有說卦、序卦、雜卦等十翼。從文體上看,卦爻辭最爲古老。假如說易是成於殷周之際,則距今已經有了三千一兩百年的歷史。在這漫長歲月之中歷經口傳、抄寫,及文字形體的變化——由甲骨卜辭變成周代鐘鼎文,由鐘鼎文經秦漢之際「隸古定」,再由「隸古定」演變爲楷書。其間在書寫字體上以「隸古定」的變化最爲劇烈,因爲它混淆了上古時代作爲創字原則的「六書」,因之許叔重的說文對於古代字源的研究錯誤累累——使後之讀者研讀困難。今有若干爻辭無從索解。至於「彖」、「象」、「文言」、「繫辭」各傳文體頗類中國春秋時代之文體，如左傳、國語及禮記中若干篇章，故讀者尚能循文責意，瞭然於心。他如說卦傳（據最近在大陸上在湖南馬王堆古墓中，所發現約在距今二千一兩百年間西漢之易經帛書，今之說卦傳第一節「昔者聖人之作易也幽贊…」及第二節「昔者聖人之作易也，將以順性命…」原在繫辭傳中。）、序卦傳及雜卦傳原是習讀易經者之工具書。便於查證易象——如說卦傳；便於記憶六十四卦之順序——如序卦傳；為查證六十四卦某一卦之卦意——如雜卦傳中所言「乾剛」「坤柔」「比樂」「師憂」等等。所以就現存之易經文字看，易經有原始的部份如卦辭、爻辭，也有後代增加的部份如十翼。就在十翼裡「彖」、「象」、「文言」、「繫辭」屬於發揮易哲學之含義一類，而說卦、序卦、雜卦則純為以易為「卜筮之書」的工具資料，並不含有什麼哲學意味。

三、從易的製作目的來看，我們可以分之為上古圖式時代、中古卜筮時代，和近古哲學時代。大抵在伏羲時代畫卦是以結繩為之。繩之直者一，作一符號，繩之有結者--，作一符號。此二個基本符號可作成八個「三畫卦」；又以此八個基本「三畫卦」錯綜為六十四卦，是為「六畫卦」。因某項無從揣測之理由，伏羲不曾以七畫為卦，或者八畫爲卦。但就六畫而言，祇能構成六十四卦，不可能多於六十四，或者少於六十四，顯然受了「數理」所限制。假設以⚊爲A，⚋爲B，依代數學應爲：

$$(A+B)^6 = A^6 + 6A^5B + 15A^4B^2 + 20A^3B^3 + 15A^2B^4 + 6AB^5 + B^6$$

由此可得知六十四卦中陰陽爻之分佈具有一項對稱的（symmetrical）、平衡的（balance）而又比例的（proportional）關係。這或許是伏羲始料所不及的，但是對於嗣後「河圖」「洛書」及「六十四卦方圖」或者「圓圖」的方位排列，具有示範性的作用。因爲伏羲這一項有意的或者無心的選擇（由陰陽兩畫分據六爻而組織成六十四卦），提供了一項基型理念的藍圖（scheme of the archetypal ideas），具有對稱的、平衡的、比例的性質。再加上那個或者爲伏羲所預設的整體和諧的「太極」（the harmonical tai-chi），儼然成爲中國人（華夏民族）文化生活各方面——宗教、教育、政治、經濟、法律、詩歌、文學、繪畫、建築等等——所追逐的最高理想。同時我們根據繫辭傳有謂「古者包（伏）羲氏之王天下也…於是始作八卦，以通神明之德，以類萬物之情」。並歷言伏羲、神農、黃帝、堯舜各取象於易卦，而發明且製作有利於民生的器物、禮俗、制度、書契、文字等等。易在上古好像一本「百科全書」。雖然這本「百科全書」只是六十四個圖案，但是那些圖案及其相互間的關係，竟能引發古人的想像，觸動他們創造性的智慧，因之製造出文化的事物，使華夏民族步入開化的途徑。在中國文化史上這是一個「破天荒」的奇蹟。根據我對於中國數學史及天文學史的探討，易不僅對於中國歷代有關民生的器物、制度、禮俗，具有深切的影響，並且對於中國數學及天文學也有貢獻。使中國人在數學、天文學，和制訂曆法上，在西元十七世紀以前遠邁西方。關於這項事實，讀者可參看李約瑟的中國科學與文化、芮任・席文的中國古代天文學（Nattan Siven: Chinese Ancient Astronomy）及程貞一的中國數學通史（Joseph C. Y. Chen, A General History of Chinese Mathematics）（英文版即將在美出版）。

易在夏、商、周時代被用作為卜筮的器械，而卜筮是所以決疑，其功用的範圍被擴大了。不僅依據這六十四卦的系統中所含的「象」「數」的關係來製作文物、創立制度研究天文數理，並且用來幫助君王諸侯決定邦國大事。根據東漢桓譚所說的夏易和商易所用的「經卦八、別卦八」八八仍為六十四卦。但是夏易和商易的卦辭爻辭因為久已亡佚，無由稽考。今日周易尚在，惟其卦辭爻辭中所指之事，所取之象，所含之意義，及所記之占斷，撲朔迷離，索解困難。

易經夏、商、周時代俱爲卜筮之書。就周易言之，左傳及國語列舉諸侯用周易卜筮者約有二十餘事。又左傳莊公二十二年（西曆紀元前六八五年）：「周史有以周易見陳侯者，陳侯使筮之，遇觀䷓之否䷋曰是謂觀國之光，利用賓于王。」又遍查左傳在魯莊公二十二年前並無用周易作筮之記載，是故我們可以推想周易原爲周王朝所專用之秘寶，於國家大事「祭與戎」時方用之。而其所以用之者，必因心有疑慮。換言之，當事人就將行之事，雖經深思熟慮，猶不知是否能邀神鬼之許可，於是在不得已情況之下訴諸於卜，以觀其兆。訴諸於筮，以觀其象。是故太史公（世掌漢室史官，深明卜筮之用）於史記龜策列傳中有謂：「王者決定諸疑，參以卜筮。」所謂「參以卜筮」者，就是以卜筮之昭告，作爲行事之參考而已。

又據古代典籍的記載其見於尚書大禹謨及洪範、墨子、中庸、周官等書者，我們得知古代廟堂謀算乃一複雜之過程，而卜筮之用祇居於輔助之地位。其目的在用來考驗帝王所定之志，是否能「質諸鬼神而無疑」。假如我們把古人「鬼神」的觀念作爲是現代術語「機遇」（Chance）來看待，或者把「機遇」當作是「概然率」（Law of Probability）上某些事項出現的百分比來看待，「質諸鬼神而無疑」便不見得有什麼迷信成份在裡面。又鑑於古人於決定重大事情之可行或不可行時，所能獲得之情報遠不如現代人所能獲得之情報之多，於是不得不假手於一項無可奈何同時看來又不盡合理之方法，來求取情報，以增強其既定之志。顯然這樣子做法是有些冒險，但是古人不必一定是那樣昏噩無知的。縱然在他們筮告上有明確的指示或吉或凶，他們仍然能憑他們的衡情論理，否定了那些筮告的指示。在左傳襄公九年所言穆姜之事，及哀公九年所言晉趙鞅救鄭之事，皆明白的說出當事人不相信筮告所言之禍福，各憑其「良知」或者「善意」，毅然行其所當行。

可是到了戰國時代諸侯忙於爭霸，而說客術士用世。往往假借「周易雜以術數，預言世變，以邀諸侯之寵信。尤以居於齊國首都稷下之士最爲顯著。此項對於周易之誤解誤用，流毒至爲深遠。秦漢五百餘年之間，漢儒中以通易而徵爲博士者，或者以治易學而聞名天下者，幾無一人能瞭解易之原始意義，且對於孔子藉易所發揮之「微言大義」亦不甚了了。自伏羲畫卦以來，暨乎周易卦辭爻辭之完成，此發自華夏民族潛意識中之集體智慧雖經孔子加以闡發，但後儒承繼無人，竟遭受那一班術士陋儒妄將民族慧命斫斷。

我前面已經談過，易在歷史上曾經過伏羲圖式時代、中古卜筮時代，迨乎孔子是爲易之哲學時代。

孔子不因易爲「卜筮之書」而贊易。孔子贊易，蓋所以闡發易之原始意蘊並藉以建立一「形而上學」，作爲一切學問之基礎。繫辭傳上說：「易有聖人之道四焉：以言者尙其辭；以動者尙其變；以制器者尙其象；以卜筮者尙其占。」再則曰：「夫易聖人之所以極深而研幾也。唯深也，故能通天下之志；唯幾也，故能成天下之務。（通其變遂成天下之文；極其數遂定天下之象。）子曰：『易有聖人之道四焉』者此之謂也。」是故孔子所贊之易，不單單是作爲「卜筮之用」的易。孔子深明易自伏羲畫卦，歷經夏、商、周三代，其在中國文化創作上所發生之功能。而那項功能便是探賾、索隱、極深、研幾、通志、成務。而「卜筮之用」只是「言者」「行者」「制器者」「問吉凶者」四項借助中之一項而已。假如今日中國學人仍然把易看作是「卜筮之書」，並且藉此採用了隋唐以後用銅錢卜卦的方法來成卦問占，以預測國事，或者決定個人的行止，豈不是大背孔子贊易的意趣？並且忽視了易在中國歷史上對於創造性的智慧（Creative intelligence）（魏晉時代之「三玄」啓發了隋唐的大乘佛學）及文化作業的貢獻（易提供了觀念、理想、價值、意義種種基型理念）？

孔子讀易於韋編三絕之後，引發了他的聰明睿知及精爽神思，探索了易的奧秘意蘊並建立了一項形而上學。那個形而上學既可爲文化創造的指標，亦可爲一切學問的理論基礎。撮其要約有以下數端：

㈠易之所示者乃形而上之道也。繫辭傳有謂「易者冒天下之道也」。冒者、帽也。乃是籠罩一切天道、地道、人道之道也。同時又函蓋一切之理，故謂「易簡而天下之理得」。再則又顯示一切價值中之最高價值，故謂「易之善配至德」。

㈡易之所示者乃天、地、人三材之道，而人實爲「道樞」。繫辭傳有謂「易之爲書也廣大悉備。有天道焉，有人道焉，有地道焉。兼三材而兩之故六，六者非它也，三材之道也。」唯聖人能「仰觀」「俯察」「探賾索隱」「極深研幾」，所以能「通神明之德」「類萬物之情」。又文言傳有謂「夫大人者與天地合其德，日月合其明，四時合其序，與鬼神合其吉凶。先天而天弗違，後天而奉天時。天且弗違，而況於人乎？況於鬼神乎？」誠如孔子在禮運篇之所謂：「故人者，其天地之德，陰陽之交，鬼神之會，五行之秀氣也。」「故人者天地之心也」，是爲「道樞」。

㈢易之所示者乃天地創化生生不已。是故繫辭傳有謂：「天地之大德曰生。」而「生生之謂易」。又謂：「夫乾其靜也專，其動也直，是以大生焉。夫坤其靜也翕，其動也闢，是以廣生焉。」故其所生者必為「陰陽合德」「剛柔有體」，而此所生又為能生。於是綿延不絕，永不困窮。

(四)易言「生生」絕非一盲目的衝動，如叔本華在其理型世界及志願世界（The World As Idea And The World As Will）中之所言者；更非一「原生物質」（Prima materia）之「大爆炸」（a big bang），如今日天文學家之所推想者。故繫辭傳有謂：「一陰一陽之謂道（生生之道），繼之者善也，成之者性也。」是故「生生」緣於「善意」，因「生生」，於是萬物一一成其性。所謂成其性者，卽萬物一一得其所以為一之道、之理、之價值也。是故「生生」乃「成性存仁（原作「存」字）道義之門也」。是故易之「生生」顯示條理、目的與價值。

(五)易言神妙，但非指萬物之外有一造物主，如西方基督宗教之所假設者，亦非謂梵天之上有一神明，操持人間禍福成敗，生死存亡，獎勵懲罰，如某些墮落宗教之所言者。易「顯道、神、德、行，是故可與酬酢，可與祐神。」（繫辭傳）「道」「神」「德」「行」實總世界緣起及文化創制兩者而言。就前段所言「繼善」「成性」「成性存仁」之理，則世界緣起既非盲目衝動，亦非機械式之爆炸！然則生生創化歷程中所顯者「道」也、「神」也。「神者，妙萬物而爲言者也。」（說卦傳）　蓋以創化歷程之詳情淵兮、惚兮、難於窮詰。是爲「神无方，而易无體。」（繫辭傳）　於是於無可奈何中名之爲神。神者、神秘也。爲理知所不能入，爲感官所不能及，爲言語所不能道，是爲不可思議。正如老子論「道」，所謂「玄之又玄」「象帝之先」。亦正如西哲懷特黑在他的歷程與眞實（Process and Reality）一書中所言：「在創化歷程中上帝是被創造出來的」（God is created in the creative process）。此亦與易顯「道」「神」「德」「行」之意相近。至於文化創造則重在「德」「行」，而「德」「行」無所出，必賴「道」「神」爲其本。是故凡百文化作業如不本乎宗敎聖情（人類至高之精神生活遵於道，而達於神。）及道德誠信，必爲無根之木、無水之萍，鮮有不枯萎而死者。

至於孔子贊易之見於十翼者，有吾師方東美先生加以抉發，歷舉「生之理」、「愛之理」、「化育之理」、「原始統會之理」、「中和之理」、「旁通之理」（見「哲學三慧」）。讀者可加覆按，以見易之博大精深。

在上面雖然我們已經從各個方面對於易究竟是什麼這個問題做了一些引導性的說

明，但還沒有全部的深入的來說明易的製作在圖、象、數那些方面的奧祕，和那些奧祕與發自個人潛意識或者民族集體潛意識中的詩、神話、歷史傳說（historical anacdotes）和原始科學（primitive science）之間的關係。在進入此項討論之前，我們應當破除幾項妄見。

有些學人學了一些西方淺薄的社會學或者文化人類學之類的術語，便得意洋洋的把那些術語用來解釋中國典籍、禮俗、歷史文化，以爲發了「千古之祕」。實際上那些學人所知的，也只是西方十九世紀在「實證主義」（positivism）卵翼之下的，具有西方白種人强烈種族偏見的社會學或者文化人類學，而對於晚近深度心理學家如雍格（C. Jung）、列瓦・施阜斯（Levi - Strauss），乃至於較早一些社會學家如竇罕（Emil Durkheim）和列維・柏魯（Levy - Bruhl）等人曾就人類文化創作與歷史記憶的源頭，來說明各民族初期詩歌、神話、歷史傳說，和原始科學及形而上學的關係，亦茫然無知。於是那些中國學人對於中國經典中所記錄的資料，只能膚泛的用十九世紀的西方術語加以附會，加以曲解。

譬如在易經說卦傳裡，在乾、坤、震、巽、坎、離、艮、兌這八卦之下，繫以天、地、雷、風、水、火、山、澤，並繫有馬、牛、龍、雞、豕、雉、狗、羊，及首、腹、足、股、耳、目、手、口種種實象，於是便有人把八卦所取之象，作爲是中國古代部落所用之八種圖騰（參看古史辯中某君論文），或者把這些實象說成爲「唯物主義」，甚至把易中所擧對待的關係（相輔相成的關係）陰陽、剛柔等等，當作是正反對立的辯證（參看高亨周易雜論），或者更牽附八卦的構形與龜甲上鑿灼的部位有關係，而不知伏羲畫卦距殷商龜卜早了幾千年（參看中央研究院歷史語言研究所某刊中某君文章）。我認爲這些研究是膚泛的、淺薄的、假科學的，由這些研究所滋生的妄見是可怕的。

爲了瞭解易的眞正面目，我們不妨採用艾立亞得（M.Eliade）、雍格、康福得（F.M.Comford）、波蘭伊（M.Polanyi）、凱西勒（E.Cassirer）等人對於古代詩歌、神話、歷史傳說及宗教典禮，相互關係的見解，來對於易的成卦、卦辭、爻辭中的歷史傳說、卦之取象，及易中所顯的中國人的和諧觀（idea of harmony）作一番說明。

㈠就易之成卦言，實具有甚深的奉行開天闢地的宗教典禮的意味（cosmogonic ritualism）。請看繫辭傳上說：

「大衍之數五十，其用四十有九。分而爲二以象兩。掛一以象三。揲之以四以象四時。歸奇於扐以象閏，五歲再閏，故再扐而後掛。……天地之數五十有五，此所以成變化而行鬼神也。」

從這一段話，我們可以看出每當成卦求筮告的時候，不管是古代君王、諸侯或史臣必須要用五十根蓍草，舉行一次天地開闢象徵性的典禮。「大衍之數五十，其用四十有九」者，置一不用，所以酬謝畫卦者伏羲（伏羲疑是盤古之音變。「盤」之聲母爲重唇音P，變爲輕唇音F，「古」之聲母爲重音K，變爲柔音SH）。「象兩」者，天地開闢也。「象三」者，天、地、人三材也。「揲四以象四時」者，指明乾坤創化非時不成。四時者，時之節奏也。「象閏」「再扐」之事，所以說明成歲，乃時之大節奏也。過此以往，則歲歲年年重復之矣。

盤古開天闢地之神話雖不見於儒家及道家經典，但流傳於中國西南一帶苗、猺、獞、夷民族之間，並建有盤古廟。同時最近大陸上考古之所得，伏羲女媧石刻及帛書畫像（皆作男女人面蛇身蛇尾相交）每每出於西漢初年之古墓。加之屈原天問中已明言「女媧有體，孰制匠之？」今繫辭傳但言伏羲氏發明文化器物之事，而不及伏羲氏開天闢地之事。蓋後世儒家或以爲開天闢地的神話「不雅馴」，於是站在人的立場，不予採信。但是在成卦問筮典禮上，君王、諸侯及史臣不妨用了自然物之蓍草（「

神物」）經由數理之演算，獲得成卦之法及「之卦」之規律（「出入以度、內外知懼」），則又隨時隨地（如左傳所載者）在表演此開天闢地，人神參與之宗教典禮。此間消息耐人尋味。

依作者個人之經驗，若根據繫辭傳所言之成卦法，約需十多分鐘方成一卦。若依宋朱熹筮儀所言之焚香虔敬種種過程，可能須要二十分或三十分鐘。想春秋時代或早在西周時代，此項典禮或須更長之時間來扮演，所以表示虔敬。周易成卦法對古人而言，絕非一項泛泛的數字遊戲，實具有深切的宗教含義。開天闢地，四時成歲之事原屬千古之謎。現代天文物理學家只能用「物質的」「機械的」說明其所以，而不能說明其爲什麼如此。而古之聖人及後世史臣竟能用蓍草，憑數理之關係，重複作象徵性的開天闢地之扮演，實出於中國人潛意識中「天大、地大、人亦大」（老子）之心理因素，及人能「參天地化育」的信念。較諸古代希臘戴奧尼索斯神話（Dionysus myth）爲了「一元復始，大地回春」的宇宙神祕，希臘人舉行狂歡大會而涉及狂飲（葡萄酒）、狂舞及放蕩不羈之情慾動作，終於導致死亡的恐怖，大異其趣。（請參看培忒之希臘研究（Walter Pater: Greek Studies））較諸某些原始部落民族於舉行「割禮」（initiation）時，每於歌舞祝禱取血獻祭中，參以野蠻巫術，亦有天淵之別（關於「割禮」參看艾立亞得及列瓦・施阜斯之著作）。

(二)易之取象近乎詩，其手法爲「賦」「比」「興」。所謂「賦」者「敍物以言情」，所謂「比」者「索物以托情」，所謂「興」者「觸物以起情」。可是卦辭爻辭所用的「賦」「比」「興」不單單是爲了表情，並且爲了「寓言」。所謂「寓言」者就是取象於某一種東西，如「牀」、「輪」、「井」、「黃牛之革」、「十朋之龜」、「大輿之輹」，或者取象於某一突發事件或者情景，如「鼎顛趾」、「過其祖遇其妣」、「小狐汔濟濡其尾」、「睽孤見豕負塗」、「明夷于飛垂其翼」、「噬臘肉遇毒」、「密雲不雨自我西郊」等等悟得其意義，而領取其教訓。想來那些事物情景所含的意義。對於殷周之際的人是很顯豁的，不須要任何心理上的努力便可領悟的（直接觀照）。在大體上我們可以說詩的「比」「興」「賦」其目的在抒情，而卦辭爻辭「比」「興」「賦」的目的是在引起直覺觀照，取得預見未來的智慧。

如離卦以日爲象，九三爻辭「日昃之離，不鼓缶而歌，則大耋之嗟。凶。」日昃之時當在午後日落之前，人人應有休憩娛樂。「鼓缶而歌」正是娛樂之道。如「不鼓缶而歌」，則於生活無調劑，勢必早致衰老，而徒嗟無益，是乃凶兆。爻辭之作者因日昃而起「興」、思及休憩娛樂。又以日昃之時「比」諸年老大耋之生命。又九四爻辭：「突如、其來如、焚如、死如、棄如。」此一爻辭中，共用五個「如」字。如者「比似」之謂也。「突如、其來如、焚如、死如、棄如」正所以形容日落晚照之景象。在夕照之中因雲氣之濃淡、風向之轉移，於是夕陽現彩，瞬息幻變。「焚如」正如大火焚山，彩燄遮天。瞬卽光芒暗淡，日落如死。使觀看者頓然有遭受遺棄之感，是爲「死如」「棄如」。凡此雖爲「比似」之辭，但描寫如實亦可謂爲「賦」體。

又明夷象曰：「以蒙大難，文王以之；」「內難而能正其志，箕子以之。」是則此卦之作在影射文王被囚、箕子佯狂之事。故其取象亦必以此爲準。初九爻辭「明夷于飛垂其翼」。此處「明夷」明言「赤鳥」之神話。據山海經及楚辭天問有謂天有十日，形如赤鳥。羿善射，下其九烏。爻辭言「垂其翼」，此言日照已近黃昏，卽將消逝，故「垂其翼」。爻辭又謂「君子于行、三日不食，有攸往、主人有言。」此之君子暗指文王與箕子。如「三日不食」則生命必然危殆，正似文王與箕子之所遭受之苦難。──文王被囚於羑里，箕子佯狂出宮爲奴──「有攸往、主人有言。」此言文王與箕子之所以蒙難，皆因「主人」有言。此「主人」者乃殷王受也。又凡卦爻辭中有「有言」之處，皆指憂患煩瑣之事。六二爻辭：「明夷、夷於左股、用拯馬壯、吉。」爻辭明明以馬受傷爲夷。但所傷在左股，而未傷及馬壯，尚能行走，故不失爲吉。九三爻辭仍以傷象爲言，但「明夷于南狩，得其大首」。言於狩獵時，雖有傷夷，但得其「大首」。「大首」者，獵物也。所以暗示姬昌得志而後爲周之文王；箕子「正其志」而後爲周之臣佐。六四爻辭「入于左腹，獲明夷之心。于出門庭。」爻辭仍言傷象，其傷入於左腹而及於心部，此言傷及要害，生命堪虞。於是文王不得不逃出牢門，箕子不得不出宮爲奴。六五爻辭「箕子之明夷、利貞」。卽言箕子之明夷既「利」（有利於人民）且「貞」（正其所志）。上六爻辭「不明晦、初登于天，後入于地。」取象於日之朝升夕入，因生明晦，此所以明示殷受之由明而入於晦。同時亦所以指明文王與箕子之由明而晦（蒙難）而又由晦而明（各得其志）。總明夷六爻爻辭無不取象於傷、夷兩象，譬如日之「登天」「入地」，馬之「夷」「壯」、狩之「得」「失」。此類「比喻說辭」（metaphor）往往言在此而意在彼，亦所以卽物言情，而情有不盡之處，應由讀者想像得之。其取象雖極自由，但爻辭之作者思想脈絡極爲明白清楚。

他如中孚六三爻辭「得敵、或鼓或罷、或泣或歌。」豐上六爻辭「豐其屋、蔀其家、窺其戶、闃其无人、三歲不覿。」睽上九爻辭「睽孤見豕負塗，載鬼一車，先張之弧、后說之弧。」皆賦體也。否九五爻辭：「其亡，其亡，繫于苞桑。」井九二爻辭「井谷射鮒，甕敝漏。」鼎九四爻辭「鼎折足，覆公餗，其形渥。」皆是「比喻說辭」。其他凡用「如」字或「若」字之辭句，如晉爻辭中之「晉如」、「摧如」、「愁如」，屯爻辭中之「班如」「漣如」，離爻辭中之「突如其來如」、「焚如」、「死如」、「棄如」，及「沱若」、「嗟若」，大有爻辭之「交如」、「威如」，節爻辭中之「不節若、嗟若」，皆「比喻說辭」之形容詞或副詞也。「比喻說辭」而兼具「興」體者，如小畜九三「輿說輻，夫妻反目」。輿說輻，則寸步難行。藉「輿說輻」之尷尬情形，以喻夫妻不能和諧。他如大過九二「枯楊生稊」，以喻「老夫得其女妻」。九五「枯楊生華」，以喻「老婦得其士夫」。又中孚九二「鳴鶴在陰，其子和之。我有好爵，吾與爾靡之」。皆是「比」「興」兼用。舉一實情實景以起興，舉一事例以譬喻之。在殷商文獻中如尚書盤庚之「若火之燎于原，不可嚮邇，其猶可撲滅。」及商頌之「八鸞鶬鶬，以假以享。」「豐年穰穰，來假來享。」「陟彼景山，松柏丸丸。是斷是遷，方斲是虔。」皆兼「比」「興」兩體也。

大抵易之卦辭爻辭原出於民間口語，不若商頌及周之「雅」「頌」之修整，但往往出於韻文，是故保有長期口傳之迹象。又易之取象光怪陸離，出人（今之讀者）意表者，如「見龍在田」、「亢龍有悔」、「牝馬之貞」、「龍戰于野」、「眇能視、跛能履、履虎尾」、「噬臘肉遇毒」、「噬乾胏得金矢」、「剝牀以足」、「剝牀以膚」、「碩果不食、君子得輿、小人剝廬」、「需于沙、需于泥、需于血」、「遯尾」、「好遯」、「嘉遯」、「肥遯」、「和兌」、「孚兌」、「來兌」、「商兌」、「引兌」、「鴻漸于干」、「鴻漸于磐」、「鴻漸于陸」、「鴻漸于木」、「鴻漸于陵」等等，皆應屬於「比喻之辭」。象在此而其意則另有所指。殆若易中每一辭、每一語句，皆隱含一個故事。而此項故事所以爲卦爻辭作者所採用，必因其具有某項教育的意味。以其有關於吾人之立身、處事及吾人之言語、行動，是故卦辭爻辭所取之象雖不外「比」「興」「賦」三種手法，但其目的大異於詩中之象。詩之取象，抒情（興、觀、群、怨）成份多於教誨。而易之取象似乎以寓言之手法，以喚起筮問者之警惕，自反（求「自知之明」self — knowledge）、趨吉、避凶。是故卦爻辭多吉、凶、悔、吝、厲、孚、艱貞、災眚、有攸往，无攸利等等警惕字樣。清儒焦循曾謂「易乃勸人改過之書」（易廣記），誠有以也。

又卦爻辭中保留有若干歷史事故，經卦爻之作者（恐非一人而是出於多人集體創作）引用之，作爲寓言。如泰及歸妹兩卦中所言「帝乙歸妹」（帝乙歸妹乃殷周之際之大事。但據「歸妹衍期，其君之袂不如其娣之袂良，」則此乃一不愉快之婚姻。帝乙之妹（俔天之女）所嫁爲西伯昌。或因此一失敗之婚嫁，導致殷周反目，而有西伯被囚，終於叛亂之事。其詳見作者易學新探第九頁）。如旣濟所言「高宗伐鬼方，三年克之」。未濟作「震用伐鬼方，三年有賞于大國。」（「震用」二字可能爲「高宗」二字之錯簡。）皆言殷武丁時代與敵人鬼方作戰，遭遇頑强之抵抗。經三年之久，乃克服之，其艱苦之情況可想像得之。作爻辭者引用此一歷史事故所以示警惕、讚毅力。大壯六五謂「喪羊于易」。旅之六爻除六五外，皆言旅客於旅途中所遭遇意外之事，而上九則謂「鳥焚其巢，旅人先笑後號咷。喪牛于易。」據楚辭天問竹書紀年皆言殷之先公王亥旅居有易時，因有淫亂事，爲有易緜臣所害。是故大壯所言「喪羊於易」，及旅言「喪牛於易」，似皆指王亥喪身於有易之事。爻辭之作者引用之，使讀者不忘殷鑑也。明夷之象辭謂：「明入地中，明夷。內文明而外柔順，以蒙大難，文王以之。利艱貞，晦其明也。內難而能正其志，箕子以之。」此已明言此一卦所影射之歷史事故，乃文王曾囚於羑里，及箕子出宮爲奴。此二人之遭遇近似，皆曾於極艱困之環境中受傷害，但終能由晦而明，各正其志。爻辭作者引用此一殷周事故，所以策勵讀者應處變不驚，歷盡艱險，終能完成其心志也。他如隨上六言「拘係之乃從維之，王用亨于西山。」及六二言「係小子，失丈夫。」六三言「係丈夫，失小子。」皆暗示文王曾被囚，又曾爲他人所釋放。晉卦辭謂「康侯用錫馬蕃庶，晝日三接。」此康侯乃封於衞、周之康叔。卦辭作者引此事件，藉以說明畜牧事業繁盛之道（「晝日三接」）。益六四「中行告公，從，利用爲依遷國」，此「依」字乃「殷」之原字，又鑑於益六二謂「王用享于帝」，六三「中行告公用圭」，似皆言殷盤庚五遷殷之首都之事。鑑於尙書盤庚上、中、下三篇殷之遷都遭致上下不歡，故盤庚不得不「中行告公」「用享於帝」也。此亦「殷鑑」之一也。豐上六所言「豐其屋，蔀其家，闚其戶，闃其无人，三歲不覿。」可能指殷之失國而安陽首都荒蕪，故箕子過其地有黍離之嘆。凡此歷史上眞實事故既經卦爻辭之作者徵引，必有其道德教育之含義。但今之讀者以事隔久遠，無從揣測之而已。我們從易中引用開天闢地的神話，歷史上意義重大的事故，所以證明中國人在荒古時代便有了明白的「歷史意識」（historical consciousness）。尙書堯舜典記載了民族偉大人格的事功，作爲後人立身的楷模。易中引用了殷周間失國與建國所經過的慘痛教訓，作爲後人的「殷鑑」。中國人可說是最尊重歷史的民族。目睹今日中國人不僅忘了本，並且似乎斷了根，試問怎不令人浩嘆！

大抵一個民族的歷史記憶往往與那個民族的神話、宗教、詩歌、傳說分不開的。

在那些神話、宗教、詩歌、傳說（原始嗎？實在是那個民族最高的精神創造的表現！）中保留了集體的、代代相傳的民族智慧。同時那些精神創造的表現法，原來不是由於「理性分析」的思考得來的，而是出於直覺觀照、精爽神思。所以後代人稱讚那些民族天才如伏羲、神農、黃帝、堯、舜、禹、湯、周公、孔子是具有聰明睿知的聖人。有時那項歷史的記憶，因爲朝代的興衰或外族武力的或文化的侵略，好像是中斷了，但是假如保存在神話、詩歌、歷史傳說和宗教習俗中的語言文字和其他各種在生活中的「象徵作用」（symbolization）仍然存在的話（例如國劇中所保留的語言、動作、故事情節種種），那個民族文化是不會死亡的。必有新的民族天才憑藉歷史傳統使之復現生機，但絕不可能是復古，而是因應時變的創新。

同時那些保存了民族記憶的神話、宗教、詩歌、傳說，絕不是分立而互不相關的，在它們之間隱隱中有一個「文理脈絡」（contex），把它們貫串起來。在中國那個「文理脈絡」便是以孔子爲集大成的儒家所倡導的「唯人主義」（manism）。在儒家看來神話有神話的教育價值，宗教有宗教的教育價值，詩歌音樂有詩歌音樂的教育價值，歷史傳說有歷史傳說的教育價值。教育的目的無他，只是建立「人之所以爲人」，再用那種「人」的精神來「移風易俗」「化成天下」而已。是故孔子搜集了當時所留存的古代典籍的斷簡殘篇，作爲敎育的材料，那便是今日的易詩書禮樂（今佚）春秋。易中的十翼，尤其是文言傳繫辭傳多有孔子言語。這是他對於易的新解釋，賦以更多的哲學含義。孔子對詩書禮樂皆曾加以整理編輯。春秋可能是他所記錄的。因爲他用辭審愼，隱然間他對於歷史事件和人物有所論斷和褒貶。到了六國秦漢時代便有些學人根據孔子在春秋裡的用字，找出了孔子對於歷史事件論斷的條例，並且加以演繹，把春秋變成了一種政治哲學和法律哲學的書，這顯然是孔子所始料不及的。

易學應包括「圖」「象」「數」「辭」各方面的硏究。關於「象」的問題，因爲卦辭爻辭的艱深，自秦漢以來不知有多少學人從種種通路去探索求解，但仍然是茫無頭緒。所以我在這篇論文中曾指出易之取象是古代中國賢豪集體智慧的產品，而那些智慧深藏於潛意識中須待天才表而出之。在圖式方面，除成卦的過程中已牽涉到解「多項未知數方程式」的數理關係外，因爲八卦在八角形方位上排列的不同，於是有「河圖」和「洛書」兩種不同的數値。而「洛書」因爲縱、橫及交叉的成數俱爲十五，形成了一種魔方陣（magic square 這是中國人最早發現的對稱模式）。由三三排列到九九排列須要高深數學處理。這相當於今日西方數學上的矩陣學（matrix）。「六十四卦方圖」與「六十四卦圓圖」更具有整齊的對稱性質，這是中國人企圖應用數學上的原理來瞭解宇宙（cosmos）的構形。這項嘗試已經開了現代西方理論天文學及理論物理學的先河。至於由六十四的排列而悟及二元數系（binary system）（一與〇）更是家喻戶曉的事。又因爲易數所表現出來「比例」的性質而影響中國古代樂理：如宮、商、角、徵、羽、變商、變徵七聲之間的數距，與无射、黃鐘、大呂、太簇、姑洗、應鐘、蕤賓、夷則、夾鐘等十二律之間「三分損益法」（見管子）的製定。他如中國醫理與藥理亦無不受易之對稱的、平衡的、比例的「和諧觀」所影響。凡此足以證明中國自荒古時代所傳下來易圖、易象、易數、易辭實蘊含若干至高原理（principles of the first order）或基型理念（archetypal ideas）。那些基型理念對於中國人的文化創造具有模式作用。艾立亞得認爲神話中有「眞理」；假如她的意義是指現代純理科學的「眞理」，則易圖、易數、易象、易辭裡蘊藏的「眞理」，除上面所提到的「矩陣學」、「天文曆算」、「樂理」、「醫理」等等外，還有許多須待現代學人繼續加以探索，加以指證。

㈢易的「和諧觀」。我在前文曾提到在六十四卦共三百八十四爻中陰陽的分佈具有一項對稱的、平衡的、比例的關係。在「河圖矩陣」、「洛書矩陣」、「六十四卦方圖」及「六十四卦圓圖」也具有那些性質，再加上整體和諧的「太極」，儼然形成爲中國人在文化生活中所追求的最高理想——人類在這地球上是爲追求理想而生活。理想的實現，是緩慢漸進的，歷經艱苦磨折的。不能因爲理想不曾完全實現，便認爲理想是錯的——爲了體認「和諧觀」的特殊重要性，我們必須把中國人的「和諧觀」和其他古代民族神話或者史詩中「鬥爭論」作一番比較，方能顯出中國人的「和諧觀」是正確的，是可以作爲全體人類生活指標的。假如我們因爲這强權霸道的世界只講權力的鬥爭，而又充滿了利害的衝突，便放棄了互助合作的整體的和諧，這是自暴自棄，忘記了我們做人的天職。

談到「衝突鬥爭」心態，我們不妨先從現代西方人說起。大抵現代西方人講「衝突鬥爭」表現在三個層次：第一個層次是屬於肉體方面（somatic）。在他們看來在宇宙創化的過程中，那無生命的東西和有生命的東西皆受空間的限制，「衝突鬥爭」是經常的事件。星體和星體有時相衝而毀滅。地球內因爲力的不平衡，發生了地震或者火山爆發。在植物世界裡花草樹木因爲爭取生存空間、吸收養份與陽光，往往以他物的生命作爲自己生存的條件。在動物世界裡這種情形更爲普遍，所以達爾文和赫胥黎定下了「生物進化」的定律：「物競天擇，適者生存」——近二三十年來西方生物學家如波塔南弗（Ludwig von Bertalauffy）等人從實驗方面證明「達爾文的學說」須要修改。「物競天擇，適者生存」，不是自然律，乃是「達爾文定律」。而達爾文所說的「適者」實在指的是强者。「達爾文學說」帶給西方人以極大的衝擊。自從十八世紀以來，西方帝國主義者在這地球上實行了「弱肉强食」的政策，不僅掠奪他人生存空間（領土）和物質資源，並且利用宗教及某些假的科學（pseudo－sciences），瓦解他人的民族意識及價值體系。或者經由戰爭、暴力、迫害來達到亡人之國、滅人之種的目的。奉行「達爾文主義」的不僅是那些號稱民主自由的國家，就連實行馬列主義的共產國家也是「達爾文主義」的忠實信徒。馬克思和達爾文是用一個鼻孔出氣的。

「衝突鬥爭」表現在第二個層次是屬於心理方面（psychic）。這一層面的「衝突鬥爭」不是屬於人與人之間，或者國與國之間，或者黨派與黨派間的衝突，而是在一個人內心中的「衝突鬥爭」。如「動機」與「動機」之間的衝突，「潛意識」（多重動機的集團）與「意識」unconscious against conscious）的衝突，「小我」與「超我」的衝突（ego against super－ego），「愛」與「恨」的衝突（the group of love－instincts against the group of death－instincts）。把一個人的內心變成了時時在交戰的場所。這一項內心的衝突矛盾必然導致神經的或者精神的病症。這兩種病症普遍的在政治權力鬪爭頻仍的共產主義社會裡和工商繁榮的社會裡流行。這不僅毀壞個人健全的人格，也導致社會秩序的紊亂。在一個「現代化」的國家裡，政府花費在預防犯罪及拘禁囚犯的錢，遠超過爲增進人民精神福利所花費的錢，同時神經病和精神病患者與日俱增，無法遏止。自十九世紀以來我們目睹兩次世界大戰和若干民族國家裡政變、革命、暴動、暗殺再加上汽車肇事的傷亡，假如有人說現代世界眞好像變成一座瘋人院，難道是「過甚其辭」嗎？

第三層面的「衝突鬪爭」可名之爲「災禍臨頭」的預感（noetic）。這項預感似乎不見於人以下的低級動物之中，而只是蔓延在這永不知足而又追求無限的——空間的無限、時間的無限及可能性的無限——人的世界裡。在動物世界裡動物行爲所表現的最大關切是爭取生存（survival），但是人類所最關切的是如何製造緊張（tension）的氣氛，把個人投入進去，盲目的從事於種種業力的創造，藉以延續並且加深那種緊張的氣氛。如此，在個人方面感到「充實」，在社會方面說是「進步」，殊不知這樣做法正是作繭自縛，永遠脫不了身。就在這製造緊張氣氛的時候，不管所遭遇到的是自然界的阻礙——物質的、空間的——或是歷史傳統的阻礙，或者是社會習俗的阻礙，或者國與國間之阻礙，統統要加以克服。在那一項克服阻礙過程之中，無不全力以赴，生死以之。甚至於不惜訴諸大規模戰爭。在發明和製造武器方面又不惜使用任何武器，企圖一舉而殲滅敵人，毀壞一切文化產品，縱然那武器不僅會殲滅敵人，並且能毀傷自己，他們也正在加緊的製造。那一種同歸於盡的心理狀態，眞正是達到了瘋狂之地步。這是現代文化所暗藏自我毀滅的特徵。

這一項自我毀滅、同歸於盡的企圖，在中國人看來，顯然違背了宇宙創化的目的。我在前面曾引據易經繫辭傳說：「天地之大德曰生」而「生生之謂易」。今日西方人（包括斯拉夫民族）拼命在發展科技，製造同歸於盡的武器。我們找不出他們要這樣做的眞正理由，除非他們是眞正的瘋了。在我看來現代西方人是正處於十字路口。不論他們是在從事於任何作業，他們在內心中發生了掙扎：究竟他們是要發揮那動物的根性，或者應當接受神靈的召喚；究竟他們應當接受當前的現實，或是爲了追求理想來提高人性的潛能；究竟他們應當把握事實（事實也是他們思想所幻構出來的）而無視事實所應依據的價值規範，或者他們應當堅持價值規範來改造事實；究竟他們應當追求那無限制的自由，或者他們不得不接受那冷酷無情的必然性（necessity）。現代人是生活在種種衝突矛盾之中！雖然他們能把臭皮囊昇入太空，可是在心靈上仍然陷在「煉獄」中。這第三層次的「衝突鬪爭」最是使人沮喪，明明是現代人走入自設的陷阱，且愈陷愈深，但是又感覺到時時在「進步」。這是典型的悲劇。旁觀者一方面不得不讚美那悲劇英雄的豪情壯志，一方面又歎惜他們難逃那自我毀滅的運數。

現代人悲劇性的衝突鬪爭老早便隱藏在他們民族神話、史詩、宗教信仰，及歷史傳說之中，而那些正和易中所蘊藏的「和諧觀」背道而馳。

要想瞭解西方民族原始的神話、宗教信仰和歷史傳說等等，我們必須從他們的史詩裡去找。讀了從十世紀至十三世紀有關寄居冰島的日爾曼民族、條頓民族的神話和英雄事蹟（Edda and Saga）（請參考 Bertha S. Phillpotts：Edda and Saga, 1931），眞足以使人不寒而慄。那些英雄並不是爲了某項高尚目的，或者生而具高貴的品德而戰鬪，在面對不可抵抗的强敵，不管那强敵是兇神魔鬼，或者是野蠻的强盜，他們以能夠殺死敵人爲樂。他們旣不是爲了解脫而視死如歸，也不是爲某項高尚價值而從容就義。他們是在無可奈何中毆兇鬪狠，藉以表彰他們個人的健壯與勇力。看來他們好像是一群職業性殺手，在戰鬪狂熱中連六親都不認。他們把人生意義寄託在戰鬪的過程中，對自己無悲泣，對敵人無同情。正好比在羅馬鬪獸場中一樣，他們純粹憑動物的本能和獅子、老虎格鬪。在這種情況之下，那一班「北方民族」(Nordic race)，不相信宇宙創化中有什麼神聖的目的和秩序（divine purpose and divine order），也不相信這世界和人生有什麼價值意義。二十世紀兩次世界大戰，可證明他們從「北方民族」遺傳得來那毆兇鬪狠的習性。（在東方的日本人，一方面出於崇拜日爾曼人的心態，一方面由遺傳得來的倭奴（Annu）及蝦夷部落的野蠻根性，爆發了侵略戰爭，終於導致敗亡、毀滅。縱然是在極悲慘情況之下——國土爲他人佔領，國防爲他人所限制——日本人仍然缺乏悔過的誠意。）讓我們聽一聽「北歐民族」的歌聲吧（Edda and Saga 第一百三十五頁）！

蒼白洶湧的浪淘着海灘
衝擊着沿海淵深的洞穴
魔鬼巨無覇走來了　這
預兆　在戰鬪之神黑翼
翺翔之下　你我命該喪
亡　兄弟相砍　親友相
殺　這是風暴的時代

這是豺狼的時代　讓我
們反叛神旨　直到世界
的滅亡　我們要同歸於
盡　海洋掀起巨浪比高
山還高　讓號角吹響
宣佈世界末日到臨　向
魔鬼奧丁祈求神的密旨
　大樹嗥吼　無常巨鬼
到處橫行　焚毀神座及
一切建築物　太陽變黑
　大地沉淪　群星失去
光芒　紛紛墜落　在火
燄中天旋地轉　化爲灰
燼

我們再看看作爲西方人寶貴遺產的希臘神話，在我看來可能荷馬給與西方人的影響遠甚於聖經。歐洲最早的文學創作是荷馬的伊里亞德和奧狄賽。在伊里亞德史詩裡「衝突鬪爭」是主題，神與神之間的衝突、神（多數）與人間的衝突、敵人與敵人之間的衝突、領袖與隨從之間的衝突、貴族與平民之間的衝突、國王與僧侶之間的衝突、個人與上帝之間的衝突。就是在這些衝突中的對手又各個有不同的意向、不同的理由。荷馬在伊里亞德中運用了他文學詩歌的天才，對於一位英雄如何介入了一個衝突鬪爭，在那項鬪爭中受傷了、死亡了、成功了、勝利了，予以生動的描寫，今日讀起來使人熱血沸騰，或者使人哀感悲傷。

在特洛伊十年戰火中，阿奇里斯（Achilles）可當得是一位英雄好漢，他那矛盾衝突而又複雜多變的個性，誠然可作爲舞台藝術的好材料。使我深信十六世紀的莎翁創造那些複雜多變的人品如馬克伯（Macbeth）、奧賽羅（Othello），和哈姆雷特（Hamlet）是受了荷馬的影響。荷馬刻劃了阿奇里斯的個性，如何爲了希臘統軍元帥阿嘉曼儂（Agammenon）的武斷，藐視了他的英勇，使他忿而退出戰場。因此使希臘聯軍遭受敗辱，如何他的好友培屈克勒士（Patroklos）陣前喪亡，引起他爲好友復仇的憤火，於是返回戰場；如何他面對敵方大將赫克忒（Hector）奮勇作戰，十分艱險，終於把天下無敵的赫克忒一戈刺死馬下，拖着赫克忒的尸首在他的馬後，環繞戰場，向特洛伊城上的觀衆躍武揚威。如何他不肯歸還赫克忒的尸首給特洛伊的人；又如何在當天晚夜赫克忒的老父拍萊姆（Priam）走入他的營帳，老淚縱橫的向他懇求他兒子的尸首，使赫克忒獲得人人所應得的葬禮，阿奇里斯拒絕他的請求，但又終於慷慨的允許拍萊姆取回他兒子的尸首，因爲他知道他自己未來的命運也難逃赫克忒所遭遇的下場。這些不但是描寫十年特洛伊城戰爭中最精彩的一段，同時也是刻劃出英雄阿奇里斯內心的矛盾衝突。有人說這是「荷馬式的和諧」（Homeric harmony）。在我看來，荷馬所描寫的希臘世界，加上希臘人心中所幻構奧林比亞世界（神所棲息之所），統統是忿怒、嫉妬、仇恨、私慾泛濫、殘暴鬭爭的世界。再看希臘古代作家海希奧德（Hesiod）的神的家譜（Theogony）中所記載的，都是神與神之間的鬭爭。宙斯（Zeus）在群神之中所以能取得最崇高的地位，因爲他釋放那些巨無覇（Giants）——他們無惡不作所以被鎖銬起來——要他們去征服了那些惡貫滿盈的惡鬼（Titans）。他用暴力來統治群神。他正和他的父親一樣，對於他的兒子十分嫉妬。他吞噬了他的太太美的斯（Metis），於是他成爲唯一的統治者，只有他具有「善」和「惡」的知識。從他頭腦中生下了一位女千金翠陀精尼亞（Tritogeneia），翠陀精尼亞竟然是一位邪惡的、覇道的、愛鬪的女魔之主，她愛好暴動和戰爭。

談到特洛伊之戰，也是奧林比亞諸神所牽引出來的惡作劇。宙斯原是人間誓言的監護者，而他自己竟然誘騙特洛伊人，破壞他們和希臘人所訂的和約。據云宙斯和女神艷美斯（Themis）合謀導演這場十年大戰：在皮留士（Peleus）婚筵上，阿奇里斯的父親歐尼士（Eris）受命於宙斯和艷美斯，開始了天后海瑞（Hera）、戰神阿佘娜（Athene）和愛神阿弗羅黛（Aphrodite）之間的爭吵。於是經由巴黎士（Paris）這小子判斷的錯誤，引誘了海倫（Helen）逃往特洛伊城。這是那場戰爭的主因。從這些事端裡，我找不出西方哲學家和文學批評家所說的「荷馬式的和諧」。

有人謂阿奇里斯歸還了赫克忒的尸首，是由於赫克忒父親的哀懇，而動了他的惻隱之心，這只能說阿奇里斯尚有一點人性，這與「和諧」有何關係？也有人說阿奇里斯感於一個英雄好漢的下場終久難逃一死，於是把那爲好友復仇的憤怒，轉變成了自艾自歎。縱然他歸還赫克忒的尸首是出於他的自艾自歎，這也與「和諧」二字無關。難道說一個人由憤怒殺人（雖然說是爲好友復仇）變爲謙和遜讓，這便是「和諧」嗎？這只是矛盾衝突的心態中所滋生的暫時的鬆弛和平靜。

至於荷馬以後希臘悲劇故事，如阿嘉曼儂爲了使希臘兵丁平安渡海，竟將他的愛女伊蕾克卓（Electra）作爲犧牲獻給海神，又阿嘉曼儂於十年戰役勝利歸來時，爲其妻克麗檀娜卓（Clytemnestra）謀殺致死。而克麗檀娜卓憤慨其夫以愛女作爲犧牲，久與其堂弟通姦，共據王位。又阿氏之子奧瑞特士（Orestus）回國爲其父復仇，竟弑其母。再如奧迪蒲士（Oedipus）原爲棄兒，誤殺其父，而又誤娶其母。遭此傷天害理之事，奧氏終於出亡他鄉。在雷電交加之下，墜入深淵。至於其他悲劇故事無非是逆倫、敗德、背義、叛道之事。只有尤利匹底斯（Euripides）在處理這些悲劇故事的時候，發出了道德人性的呼聲。到蘇格拉底和柏拉圖時代纔對於荷馬所描寫的奧林比亞群神的惡作劇，加以嚴厲的批判，甚至於說「希臘人是荷馬教壞的」。

在柏拉圖哲學裡所包容的「畢達哥拉斯氏神秘宗教觀」（Pythagorean mystical religion）本來可以發展出一項「和諧宇宙論」。由那項「和諧宇宙論」再發展爲「物物和諧」「事事和諧」的「融貫和諧論」（Theory of comprehensive harmony）。不幸蘇氏、柏氏過份崇尚理性知識，使「融貫和諧論」不曾獲得充足的發揚光大。關於這一點請參看康福得的未曾寫出的哲學

（The Unwritten Philosophy）中的「層層和諧論」（Harmony of Spheres 一四至二七頁）。

至於埃及古代神話所描繪上帝浩勒士和上帝塞斯（God Horus and God Seth）的鬪爭，波斯神話阿維斯達（Zend-Avesta）中所描繪黑暗之神與光明之神交互統治人間，造成了善惡二元的對立。此項兩元論導致艾理曼（Ahriman，罪惡之神）與奧瑪得（Armazd 善良之神）之間永恒的鬪爭。其他凡在宗教上尊奉一神或者二神或者多神，在哲學上主張一元、二元或者多元論者，皆足以導致分裂、鬪爭、混亂與毀滅，一神論或者一元論足以導致武斷的、排他的、暴君式的現象。善惡兩神論或者二元論足以導致分裂、緊張、衝突、鬪爭的現象。多神論或者多元論足以導致混亂、分爭、無政府的狀態。

從人類史及人類當前處境來看，同時比較其他文化，不管是已經死亡的如古代埃及、巴比倫、希臘、羅馬文化，或者目前西方文化，假如中國文化綿延至今確有其特色，且能對於西方文化有補弊救偏的用處——西方當代哲學家早如歌德、伏爾泰，近如雍格、雅斯培士（Karl Jaspers）皆如此認可——那是因爲中國人古老的神話、歷史傳說、哲學智慧和宗教典禮是出於中國聖哲健康的心靈。那項健康的心靈使

「情」「理」交融，同時在追求眞、善、美融會在一起的和諧。在易經裡中國先哲用了各種圖式如「陰陽太極圖」（拙著易學新探頁一二〇至一二四）、「六十四卦方圖和圓圖」（前書頁一二六）、「河圖」（前書頁一二七至一二八）、「洛書」（前書頁一二九至一三一）及卦的方位和數値，來顯示對稱、平衡、比例的性質。而這些性質也便是「美之所以爲美」的條件。再從這些圖式的欣賞中，中國先哲運用他們「仰觀俯察」「近取遠譬」「探賾索隱」「勾玄致深」的才能，領悟到宇宙創化的秩序和美妙，社會人際間的秩序和美好，人性各部份的和諧和美好。在中國語言、詩歌、音樂、書畫、舞台動作、庭園佈置、公共建築（如宮殿、廟宇等等）、社交禮節中，無不一一表彰此秩序、節奏、和諧之美。幾乎任何一項中國人的文化作業無不以美化人生爲目的。孔子終身爲了要恢復周代的「禮樂之教」，不惜去魯十三年奔走於道路干謁王侯。晚年則以「禮樂之教」教授門徒。究竟「禮樂之教」是什麼？「禮樂之教」者乃美化人生之教也。所以在易經乾卦、文言傳中，孔子贊曰：「乾始能以美利利天下，不言所利大矣哉」。是則「美」與「利」（benefits）不可分。在坤卦文言傳中，孔子又曰：「君子黃中通理，正位居體，美在其中，而暢於四肢，發於事業，美之至也」。是故人心通理，且能端正其行爲，於是方有健康之身心，從事於創造美的文化。創造美的文化幾乎是中國人的第一要務。而美之所以爲美則又不能離乎平衡、對稱、比例所形成的「融貫的和諧」。現在翻譯雅斯培士在悲劇是不夠的（Tragedy is not Enough）中之一段，作爲本文的結束：

凡是一個民族對於宇宙和諧作了解釋，並且在實際生活中實踐和諧的道理，那個民族對於人生不會採取悲劇性的看法。特別在佛教未傳入中國以前，中國人確是實踐和諧的民族。在中國文化中一切悲慘的不愉快的罪惡，祇被看作是無可奈何的暫時的紛擾。在那個文化中無駭人聽聞的疾變，無不近情理的排斥或者贊同。換言之中國人對於這個世界不加以裁判，但只有感歎而已。中國人看人生，不把人看作是在走頭無路中被整得寸斷分裂。縱然在受苦、受難、死亡到來的時候，仍能保持那種好整以暇的姿態。在中國文化中，中國人並沒有絕望的人事糾纏，也沒有不可告人而無法滿足的黑念頭；一切的一切是明白清楚的、美好的、眞實的。但是話要說回來，中國人不是沒有受驚駭、受殘暴的經驗，恐怕中國人所受的驚駭和殘暴不在任何其他民族之下，但是嚴肅、高雅仍然是中國人生活中主要的情調。在那種生活裡生存鬪爭和離經叛道是不存在的。中國人的歷史意識使他們知道他們和他們悠久的歷史根源分不開的。一個人在現世所求的不是什麼偉大的社會運動，而是要重建那個有秩序的善良的傳統，而那個傳統是永恒的眞實(eternal reality）。一旦一個民族意識到生命悲劇的意義，於是那毫無悲劇陰影的安全感便喪失了，而那一項順乎自然的而又高貴的人性和「樂天知命，安土敦仁」的精神，同時那個民族豐富的實踐智慧便也喪失了。在某些時代，中國人確曾保有那些可貴的精神財富。就是目前中國人在面部所表現出來那種和易而嚴肅的表情，與今日西方人緊張的神經質的面部表情，恰好是一個顯著的對比。

七十年二月台北五欄居

（本文作者程石泉博士現任師範大學哲學系教授）

第二篇

易經哲學的人類文明之道

第三篇　易經哲學的人類文明之道

●高懷民●

壹、道德人生的方向

易經哲學對人道的經營，首先是爲人生指出一條道德的路。「道」與「德」爲人生所應隨時操持的思想，在易經傳文中處處可見，「道德」一詞也是最早見於說卦傳，本文且師此意，名之曰：「道德人生」。但要想明白爲什麼人要走這樣的路以及如何去走，就必須從它的整個思想體系中去瞭解。

易經哲學的思想體系，就思想進展的程序上說，是個一往一反的圓道。首先，由溯源人及萬物之本而立「太極」，所謂「太極」非如西方柏拉圖的「觀念」（idea），也不同於亞理斯多德的「第一形式」（first form），也非宗教中的「神」（God），乃即宇宙萬物的變化而立；透視宇宙萬物的變化爲一大流行作用，肯定此流行作用之爲眞，而且爲宇宙萬物所從出之大源，故而賦以「太極」名。故太極者，自有以下數方面之義：一、它是一大流行作用，絕對無待；二、它與物爲一，萬物的變化即是它自身作用的呈現；三、由萬物之變化上，證知此一大流行作用爲圓道之周流；四、生化萬物是它的自然之性。易經傳中揭示此數義之處多多，不勝枚舉，今僅就繫辭傳中引錄幾處文字爲例如下：

「夫易廣矣大矣，以言乎遠則不禦，以言乎邇則靜而正，以言乎天地之間則備矣。」（言其爲絕對、爲一。）「範圍天地之化而不過，曲成萬物而不遺。」（同上）「天下之動貞夫一者也。」（文中「一」字卽「太極」之符號，言天下萬物之變化卽太極之流行。）

「爲道也屢遷，變動不居，周流六虛，上下无常，剛柔相易，不可爲典要，唯變所適。」（言其流行義，且爲周流。）

「生生之爲易。」（言其變化生生之性）

由太極之絕對下落乾、坤之相對，乾爲陽，坤爲陰。乾陽坤陰之對立，以太極之作用爲周流故，有周流乃有往反進退，往而進者爲陽，反而退者爲陰。廣推此義於萬物之變化，陽又爲剛、爲健、爲生長、爲光明、爲君子、爲大、爲尊長……等，陰又爲柔、爲順、爲衰落、爲黑暗、爲小人、爲小、爲屬下……等。乾陽之作用表現於宇宙間合於天道之變化，坤陰之作用表現於宇宙間合於地道之變化，所以說天地變化生萬物，也同於說乾坤或陰陽變化生萬物；而實在說來，都是太極之變。這一由太極下生萬物的程序，易經哲學則以一套簡明的思想符號——「象」表示之，如下：

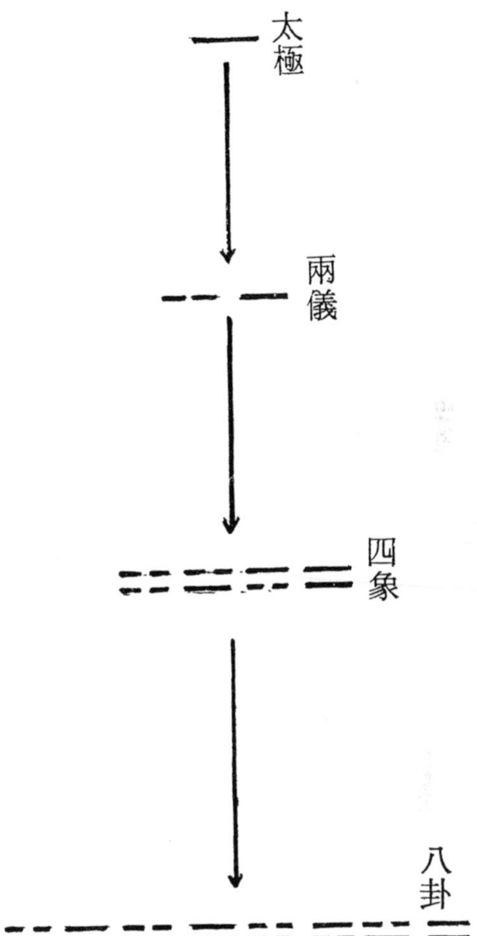

八卦的八組符號，分別取天、地、雷、風、水、火、山、澤八種物象，藉以代表萬物，所以這一程序所表現的，乃是由形上到形下的自然生生之道。人爲萬物之一，八卦落降到萬物，也就是落降到人。

由太極落降到人、物這一路變化生生，易經名之曰「道」。從實質上說，「太極」與「道」無殊，只是所指不同，前者就萬物所從出之大源上言，而後者則就萬物化生之法則言。是以說萬物生於「太極」或生於「道」，均無不可。

以上的敘述，旨在說明人的來路，人乃根於太極、陰陽而生，或言根於道、根於天地而生。那麼，下面就可以說到人要奔赴的前途。

人的前途，簡單說來，就是上述自然生生之路之反，反於道，反於天地。何以要反？因爲道的流行爲周流故；人自太極、陰陽而化生，至於人，到了反而歸於太極、陰陽的時候。萬物都是道的流行變化，也都有反，唯人爲萬物之靈，故當此時而反。然而，道的流行爲形上的精神作用，而人生變化卻包括精神與形體兩面，形體滯礙，與其他萬物同，故人的反於道，自以精神而言，此變化精神使反於道的努力，即爲易經哲學所提倡的道德人生之所本。

人類歷史是漸進的，由隱至顯，事實表現之前有意識形態的建立，易經哲學的提倡道德人生，就哲學而言，自是人類道德生活的第一道曙光，可是無疑地人類道德意識的覺醒，理應在更早期的遠古時代。至少我們可以說從人類自覺到「我爲人」的時候便已開始了道德意識；因爲自覺到「我爲人」，乃有「我當過不同於萬物的人的生活」，這也就是人反於道的開始。所以，易經哲學的提倡道德人生，如實說來，乃是在人類已經開始其道德意識之後，肯定此一內在意識的成熟而使之成爲學說，將人心中蘊積已久的共通意願，彰明出來，使成爲人生應當如是如是的哲學理論。也正因爲有人類演進的歷史背景作基礎，易經哲學的主張才更見其眞正的價值。

人既已決定了前途方向，從此便可依於道德，奮力向前，始於作君子，極於作大人或聖人。何謂「大人」？易經哲學爲「大人」下的定義是這樣的：

「夫大人者，與天地合其德，與日月合其明，與四時合其序，與鬼神合其吉凶，先天而天弗違，後天而奉天時，天且弗違，而況於人乎？況於鬼神乎？」（乾文言）

簡單說來，「大人」的精神境界，已經是化一己爲天地、爲道，乃人反於道的成功，所以是道德人生的最高理想。

易經哲學的這一道德人生，其主要關鍵厥在人類開始反乎道的起點上，也就是「知反」的一念間。在「太極→陰陽→萬物」的自然生化中，人與萬物爲同等地位，而今人類以靈智首出庶物故，知反於道而上行，萬物則以靈智不足故，不知反於道而下流，是爲「人」與「物」的差別；也就是說，「知反」是人之性，「不知反」是物之性。如此，人類中也就有了「君子」與「小人」之判，凡知反於道以道德人生自勉者爲君子，凡不知反於道或知反而不反，甘自墮落者，即爲物性深重，爲小人。孔子在論語中，曾以最簡明的兩句話道出了此一義，他說：

「君子上達，小人下達。」

「上達」即反於道，「下達」即流於物。爲了更明白起見，我現在用簡圖將這一思想表示如下：

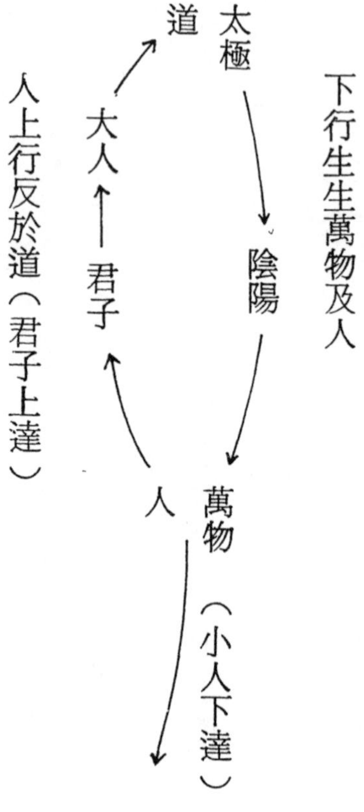

貳、生命的意義

人生有意義嗎？生命只不過是偶然發生的現象呢？還是有其尊嚴性？人可以對生命不負任何責任嗎？還是承擔着某種不應逃避的使命？這是易經哲學經營人道的另一着重點。

有兩項事實是不容置疑的：一是人同於萬物之變化，生死之間只有數十年寒暑；二是人的靈智高於萬物。如以前者爲立場而言，則人生有意義或無意義實無關重要，反正人生恍如春花榮枯，秋雲來去，身不由己，任由它造化推遷，有意義不爲多，無意義也不爲少。然而如以後者爲立場而言，便不然了，由於人爲萬物之靈故，人若棄其靈智而同於萬物，則心實不能安；反之，若用其靈智於暴虐萬物，則心又實不能忍。此「不能安」與「不能忍」的心情，爲人類所同感，卽此，就證明了人生不是可以任意放辟邪侈的一段過程。天地自然之道加於人的，在心性精神之中有其規範，尋求這種規範的根源，得到天地自然之道之賦予人者何在，也便知道了生命的意義。由此，易經哲學又循着天地萬物生生之道建立起內體性命之源的主張。最足以明確代表這方面含義的，是以下兩句話：

繫辭傳：「成性存存，道義之門。」

說卦傳。：「窮理盡性，以至於命。」

這兩句話是一條路，只是前者直下把握人受於天地之性，存養不離以反於道；後者則在盡性之前，加上窮萬物之理，窮理仍是在於盡性。那麼，究竟何謂「性」？如何去存養？又何謂「命」呢？我想先將乾、坤兩卦的彖傳引錄在下面，然後再作說明：

䷀ 乾彖傳：「大哉乾元，萬物資始，乃統天。雲行雨施，品物流行。大明終始，六位時成。時乘六龍以御天。乾道變化，各正性命。保合太和，乃利貞。首出庶物，萬國咸寧。」

䷁ 坤彖傳：「至哉坤元，萬物資生，乃順承天。坤厚載物，德合无疆。含弘光大，品物咸亨。……（下解釋卦辭，略。）」

由彖傳之文可以知道，人及萬物之「性命」乃始於乾道變化，屬於精神部分；至於形體部分，則為坤道變化所生（子夏易傳：「坤，承乾也，造形始也，女之道也，專其命而不失其作者也。」），這是易經哲學的創生論。

「性命」之起，源自乾道變化，也卽是「性」「命」二字的文字結構的緣起。「性」字从心从生，謂人生而具於心者。「命」字从口从令，謂道之賦予人者。故此二字，一言上所與，一言下所受，其實指則一，中庸「天命之謂性」一語，道盡其義。然而，觀上乾彖傳之文，言「乾道變化，各正性命。」「各」「正」之義又何在呢？

於此當有所識別：言「各」正性命者，謂萬物性命之不同，自乾道變化之始已有分別；而言各「正」性命者，謂萬物各就其不同之性命得其正道。此「各」「正」之義，爲後來儒家哲學之正統主張，前者爲孟子與告子辯犬牛之性之所本，後者則爲孟子性善說之所本。孟子之所以被後人尊爲「亞聖」，正因爲他對孔子哲學思想的根本處得到了悟（易象傳爲孔子思想）。那麼，我們再進一步問：何以自乾道變化之始，萬物性命就會各有差別呢？又何以由乾道變化所生之性命要特別標立一個「正」字呢？

這兩個問題都是從前節說過的太極爲一大流行作用上來。應知乾與坤之對立，是在坤繼乾而起的後追認，當坤之未興，唯有乾道流行，此時之乾道流行卽是太極之絕對（太極之符號「一」與乾之符號「一」相同，卽由此），只是在思想層次上有別，那就是在太極爲無時無位無方無所指，而在乾道則爲指向生生萬物的流行變化。因爲乾道爲生化萬物之始，卽其流行，卽其生化，故所生萬物之性隨在而立，這便是萬物性各不同之由。又因爲乾道之流行變化原卽太極之流行，純然一片自然，萬物性命乃由此純然自然中生化，不落絲毫滯礙，故爲性命之「正」。「正性命」是易經哲學對人道的一切經營的總方向，「成性存存」所存者爲此「正性命」，「窮理盡性以至於命」所盡所至者也爲此「正性命」。

以上所述性命之發生與上節所述太極、陰陽之生人及萬物，可以說一內一外從兩方面說明人的來歷。此中最重要的認識有三點：

第一，將每一個人的生命植根於太極動生之始的乾道變化，建立起生命的尊嚴。由於人人感到自已生命來路的深遠，遂而人人重視生命，也自然志於擴大發揮其生命力，頂天立地之念油然而生，試想這對人類心理上是多麼大的一個鼓舞！易經哲學更推此意而立「天、地、人三才」之說，天在上，地在下，人居中，天地爲能生之父母，人類爲所生之子女。

第二，人與人以外的萬物有着同根之誼的關係，由是人與萬物可以性情相通。人與萬物雖天性不同，但終是同出於乾道變化，不同的是性之「分」，相同的是性之「質」。由是人不但應該仁民，也應該愛物，後來張載「民胞物與」之言卽在此一體認下成立。這一體認，可視之爲人的生命意義的橫面的開展，與上第一項的體認同樣是大鼓舞。人在這一體認下，於是小我的生命成爲大我的生命，有限的爲一己謀幸福的生命成爲無限的爲萬物謀幸福的生命。

第三，爲人生建立一條正道。此正道的準則卽天地之道的自然流行，因爲道的作用內在於人心，故人人反省自心，一念之間卽可得到，所以孔子說：「我欲仁，斯仁至矣。」孟子說：「萬物皆備於我矣，反身而誠，樂莫大焉。」這裏似乎還須要提出「情」字作一說明，何謂「情」？情乃性之發動於心之謂；性內在於心，或隱伏不動，當其動而欲表現於行爲，則爲情。情有正有不正，正情爲情，不正之情則爲欲。乾道變化，唯生「正性命」，下落情與欲者，乃由於坤道變化生形體故，人因爲有了形體，執着於形體，乃有欲，故存養正情袪除邪欲爲人生正道的基本工夫。易經哲學勉人從「知幾」開始，「幾者，動之微，吉之先見者也。」，把握情之初動，期其正，自然登上正道，孟子曰：「乃若其情，則可以爲善矣。」此「情」卽「正性命」之質。由「命」下落於「性」、下落於「情」，爲人生正道的三階梯。

結合以上三點認識，足見易經哲學用心於人道的偉大精神，通天地之道下貫於各個人之性情，成一通上徹下、廣運無際的生命之流，由是而肯定生命的尊嚴與意義。周易六十四卦三百八十四爻，如實而言，每一卦爻象都是日常生活中一事例，設常情以顯性命天道。此義且明白表現於卦序排列上，依照六十四卦之排列分上下經兩部分，上經首乾、坤二卦，爲天道之始；下經則首咸、恒二卦，爲人道之始。咸、恒之言男女，同於乾、坤之言天地，這便是易經哲學尊嚴人類生命的教化，故孔子在咸、恒二卦象傳中都以「天地之情」爲言：

䷞ 咸　彖曰：「咸，感也……天地感而萬物化生，聖人感人心而天下和平，觀其所感而天地萬物之情可見矣。」

䷟ 恒　彖曰：「恒，久也……日月得天而能久照，四時變化而能久成，聖人久於其道而天下化成，觀其所恒，而天地萬物之情可見矣。」

男女之情爲人生常事，而在易經哲學教化下，便使人感到此事莊重無比，不敢稍存輕忽之念。

自近世科學發達以來，求生命之源於物質分析，降至最近，有試管嬰兒之誕生，潮流所趨，未來人類之生命，勢將決定於實驗室中之配合設計。科學之參天地造化之功能，固然可敬佩，然而人心中對生命之尊嚴將盡失，生命一失其尊嚴，則人心自不以生命爲可貴；我恐人類社會將受此輕率生命之影響而失紀，後果難言。我在此並非對科學作指責，只是就易經哲學重視生命之一義言，實應爲今後人類所警惕。我覺得人類唯有在重視生命的思想下，才有幸福可言，否則，如視生命爲偶然或草率的發生現象，則人類未來生活必將淪於玩忽墮落，哲學界諸賢，今後當措意於此。

叁、行爲準則之一——效法天地

上一、二節對人生道德方向的指引及對生命尊嚴的建樹，都是思想認識方面的事，二者固然是文明人類必具備的重要條件，然而人畢竟離不開現實生活，將思想認識落實到現實生活中，成為生活言行的規範，才能對人生有實際的效用，而人類世界的是否當得起「文明」二字，如實說來，也全視人類在現實生活中的表現而定，是以我們現在來談易經哲學如何規劃人類生活言行準則的問題。在這方面，當然，易經哲學盡了最大的努力，今為篇幅所限，我們不能作全面而週詳的介紹，茲提出後文三項主張，略述其梗概。本節且先述人當效法天地一項。

易經哲學主張人當效法天地，從前述之思想體系已可知是很自然的，因為人與天地既為一道之分殊現象，而人又具有認識此道之流行之靈智，則人自當躋身於道，與道同往。雖然，這件事卻不是輕易作到的，因為人雖是生於道，但當形上的道凝聚而現形下之形體之後，人便各自執着於小我的形體而橫生重重疊疊的欲念，從而障蔽了「道心」。其他物類由於靈智低下，生活為物欲所控制，固不必論，人類雖然為萬物之靈，也仍然不能擺脫此一執着。人類之所以靈於萬物者，也只是自覺到受制於物欲而謀所以擺脫之而已。所以易經哲學之要人效法天地，正如同放下一條繩索，期望為萬物之靈的人類能夠攀援而上，以掙脫物欲之海。今大要而言，效法天地可分作以下三義。

一、法天地生生之德

孤陰不生，獨陽不長，必也「天地絪縕，萬物化醇。」故法天地生生之德即法天地調和生物之意。何以如此？理由最直接，因爲如果無天地之能生，人及萬物都不存在。今人既站在被生的立場，則天地生生之德自爲第一重要義。易經哲學中對「生生之德」之讚嘆，如：

「大哉乾元，萬物資始，乃統天。」（乾彖傳）

「至哉坤元，萬物資生，乃順承天。」（坤彖傳）

「天地之大德曰生」（繫辭傳）

「一陰一陽之謂道，繼之者善也。」（繫辭傳）

「大」、「至」、「善」，這些最高的表示讚嘆的字，都拿來用在生生之德上。在易經哲學的影響下，中國文化中無不以「生生之德」居於最高位。在儒家，「仁」之義，主於生生，故行仁之極致，爲「贊天地之化育，與天地參。」在道家，老子之三寶，「一曰慈」，也是主於生生，故屢言「生而不有，爲而恃，長而不宰。」其他各家，在學說立論上，均以此義爲理據。易文言傳謂「元者，善之長也。」也正由此。

二、法天地健順之性

乾坤的哲學義，從二字的文字結構上可知。「乾」字說文解字云：「乾，上出也，从乙。乙，物之達也，倝聲。」是乾字以「乙」爲義，乙爲「物之達」，說文「乙」字又言：「象春艸木寃曲而出，含氣尚彊，其出乙乙也。」可知「乙」爲象形字，象春艸木始生時寃曲之狀。故「乾」字在造字之始卽代表萬物發生的大作用大勢力，正是易經哲學「乾、健也」的本義。「坤」字从申，「申」字古與「屈」字義相對待，繫辭傳：「尺蠖之屈，以求信（按卽申）也。」又言：「往者屈也，來者信也，屈信相感而利生焉。」尺蠖古稱屈申蟲，其行進時一屈一申，屈爲收縮身體，蓄力作勢；申爲放鬆身體，舒展申布。屈先發，申繼起，故古人取屈申蟲之行進以譬喻乾坤二作用之交替流行，坤字卽取此義，也是從易經哲學「坤，順也」的本義上來。乾健而坤順，是就哲學思想本身言，合於天地則天健而地順，合於人類則男健而女順，用於家庭、社會、國家卽尊卑、長幼、上下、君臣之德，爲任何人脫離不開的。

三、法天地變化之正

乾坤二卦之言健言順，是就純陽純陰之理所當然處言，實在，現象界萬物均爲陰陽並具，無純陰純陽之存在。六十四卦除乾坤外之其他六十二卦，便是實實在在從萬物中設例以教人明於變化之正。但由於萬物變化之繁雜，其情其狀，委實描之不盡，故易經哲學一再表明此一用心：

「聖人有以見天下之賾而擬諸其形容，象其物宜，是故謂之象。聖人有以見天下之動而觀其會通，以行其典禮，繫辭焉以斷吉凶，是故謂之爻。極天下之賾者存乎卦。鼓天下之動者存乎辭。化而裁之存乎變。推而行之存乎通。神而明之存乎其人。默而成之，不言而信，存乎德行。」（繫辭上傳）

「夫易，彰往而察來，而微顯闡幽，開而當名辨物，正言斷辭，則備矣。其稱名也小，其取類也大，其旨遠，其辭文，其言曲而中，其事肆而隱，因貳以濟民行，以明失得之報。」（繫辭下傳）

這些話無非在說明藉有限的卦爻象以示明無限的天地變化之跡，由在卦爻象上可見可知的天地變化之跡，再推知不可見不可知的在理中的必然變化，以達到「神而明之」

的地步。

以下且舉數義，不及詳釋，僅錄卦爻之文並作簡要說明：

不爲已甚義——如䷂屯上六之「乘馬班如，泣血漣如。」䷅訟上九之「或錫之鞶帶，終朝三褫之。」䷉履六三之「武人爲于大君。」䷏豫六三之「盱豫。悔遲，有悔。」等，均示人行事應知易道之窮極則反，素其位而行，才能免除凶咎。

安時處順義——如䷄需九五之「需于酒食，貞吉。」䷉履九二之「履道坦坦，幽人貞吉。」䷖剝上九之「君子得輿。」䷠遯九四之「好遯，君子吉。」等，均示人行事應明於時位，不得志則靜處以待時，庶幾轉凶危爲吉安。

見善則遷或見不善則避義——如䷂屯六三之「君子幾，不如舍。」䷅訟九二之「歸而逋，其邑人三百戶无眚。」䷌同人九三、九四之「升其高陵，三歲不興。」與「乘其墉，弗克攻，吉。」䷏豫六二之「介于石，不終日，貞吉。」等，均示人行事應審明主客形勢，明辨是非。

臨危知戒懼義——如䷋否九五之「其亡其亡，繫於苞桑。」䷉履九四之「履虎尾，愬愬，終吉。」䷐隨九四之「有孚在道以明，何咎？」䷠遯初六之「遯尾，厲，勿用有攸往。」等，均示人行事應知自處之道，或臨危地，或遇危事之來，預作防範，以趨吉避凶。

易經哲學要人效法天地，並非意味着人類當永遠臣服於天地之下或人性的受限制而不能自由發展，它所代表的乃是深切的體認。所謂天地，是指天地之道，即宇宙萬物所以如此如彼的自然的法則，人類既不能脫離此法則而生而長而存在——實際上，根本談不上「脫離」二字，因爲人即是天地之道本身的呈現——那麼，便只有一條路可行，便是「唯道是從」，和諧此一大宇宙自然的法則共進，老子說：「執大象，天下往，往而不害，安平太。」正是明白道出此意。人智，對易經哲學而言，當然可貴，可是終是天地之道之所生，所以應當效法天地。

肆、行爲準則之二——執守中道

「中道」之義，爲中國哲學思想大精采處之一，昔堯禪帝位于舜時，命之曰：「咨，爾舜！天之曆數在爾躬，允執其中。」舜後來禪位于禹時，也命之曰：「人心惟危，道心惟微，惟精惟一，允執厥中。」堯舜此言，遠在公元前兩千多年（按辭海年表，公元前二二八五年堯命舜攝政，二二二四年舜命禹攝位），可見「中道」一義之早爲我古聖先王所重視。

中道思想，自易經哲學來。易八卦，每卦三畫，取象於天地人，稱「三才」或名「三極之道」，因爲易經認爲整個宇宙是一大象，天在上，地在下，而人居中，故以天地人配合三畫卦象原是自然的配合。重八卦爲六十四卦後，以六十四卦爲八卦之兩兩相重而成（繫辭傳：「因而重之」「兼三才而兩之」），故仍重上下或內外卦義，以二、五兩爻爲「中」。然五爻當陽正位，爲「剛中」之正；二爻當陰正位，爲「柔中」之正。在卦象上看雖是上下二中，因陰陽二性有別故，仍爲二中之義。

卦象上爻位之中，只是藉人居天地之中之象以明人當執守中道之義，此中道之義爲何？要可作兩方面論：

一曰：不偏人天義。

一曰：因時因位義。

茲分別論述如下：

一、不偏人天，進德修業

人爲天地自然之道所生，本文前已說過，由道而命、而性、而情，性情是每個人得之於道的一分，是謂德。然而，性情在於人，只是精神一面，人之所以為人，尚有形體一面；形體之生，生自坤道變化，坤為繼乾而起之作用，故形體也同樣是自然所生。因而站在人的立場，唯有順受其正，肯定性命與形體同為人之本分所具有。也就是說，人一方面固然要努力於盡性知命以達天道，期與天地合其德；另一方面也應該善理形體，使形體能夠在正性正情之下活動而不為物欲所制。這兩方面對應於人的整個生活，也就是一方面要追求遵循天道之大則，一方面也要重視社會日常生活，使天道與人事融通和合，此之謂得其中道。

人努力於遵循天道之大則叫做「進德」，努力於社會人事的建樹叫做「修業」。德業並重，義即不偏人天，這在易經哲學中，屢見於文字，例如：

文言傳：「君子進德修業：忠信所以進德也，修辭立其誠，所以居業也。」

「君子進德修業，欲及時也。」

繫辭傳：「可久則賢人之德，可大則賢人之業。」

「盛德大業至矣哉！富有之謂大業，日新之謂盛德。」

「夫易，聖人所以崇德而廣業也。」

而最足以代表此方面義者，莫過於下面這句話：

「夫易，開物成務，冒天下之道，如斯而已者也。」「開物成務」是「修業」、是「人」，「冒天下之道」是「進德」、是「天」。以「天」或「進德」爲經，以「人」或「修業」爲緯，編織成中道義。

然而，易經哲學更着重的是藉卦象舉實例以示人，以下且舉例以顯此義，如：

䷂屯六二：「屯如邅如，乘馬班如，匪寇婚媾，女子貞不字，十年乃字。」六二之「屯如」「邅如」及「班如」，一由於所應之九二在坎險之中，再由於初九之上犯。然六二、初九、九五均爲當位之爻，得性情之正，而初九與六二之相近而感，也是陰陽感應的自然之道。雖然，人事社會的法規不可不從，六二不可棄九五而從初九，「乘馬班如」爲天，而「十年乃字」爲人。故孔子象傳曰：「六二之難，乘剛也；十年乃字，反常也。」言「反常」，意謂雖反天道之常，卻合人事之規範。」

䷘无妄六三：「无妄之災，或繫之牛，行人之得，邑人之災。」无妄卦象動而合乎天，六三爻承乾天而失位，意謂志在天道而疏於一己之行事，故爻辭以繫牛不當其處所而有失牛之災。是多於天而少於人之佳例，非中道之行。

二、因時因位

再從時位變化方面講中道，易稱「時中」，時中卽位中，因爲時與位作用於物上，從不分離。乾卦象傳謂「時乘六龍以御天」，「六龍」卽言位。艮卦象傳謂「時止則止，時行則行，動靜不失其時，其道光明。」也是時位並舉。

時與位統是道的現象，所以都是流行義，䷊泰卦九三爻辭中有兩句非常簡明扼要的話，云：

「无平不陂，无往不復。」

上句言位之變，下句言時之變，泰九三因處下卦乾陽之極，進而入坤陰，故易以此爻示人當明於陰陽往復之變，明此道而因時因位行事，乃謂得宜，卽合乎中道，故下文云：「勿恤其孚，于食有福。」

雖然，人有陰陽二性之別，男女在中道之行上，所持原則不同，乾坤二用便是指示二性用中的大原則：

乾用九：「見群龍无首，吉。」

坤用六：「利永貞。」

乾性剛健，當行事時進取在先，故應因時位之不同，審度考察，變通而制宜，「无首」義爲不在行事之先心存執着於一成不變，應視「群龍」之時位而決定首尚之行事方針（「羣龍」指「六爻」），如此行事方吉。至於坤，性柔順而承乾，當行事時爲輔助在後，故不必審時度位，卽不論任何時位，均宜於持守順德，「專其命而不失其作」（見前引子夏易傳文），故言「利永貞」；「貞」謂坤所守之「牝馬之貞」，卽坤象傳中之「柔順利貞」「安貞之吉」。乾坤二性各得其性之正，便是人生日用上的中道之行。

現在，也舉兩處卦爻象的實例以明此義：

䷂屯九五：「屯其膏，小貞吉，大貞凶。」

屯之九五，以陽剛居中正之位，下應六二，於義當可得志行事，大展抱負，然而爻辭卻言「大貞凶」，何以故？便由於遭時不濟。時當屯邅險難之秋，雷雨滿盈，天造草昧，卦之主爻在於方生之初九，九五雖居尊位，審時度勢，也只能作到「小貞吉」，孟子說：「雖有智慧，不如乘勢。」卽此之謂。過此强求，必欲大有爲，卽失中道，雖正也凶。

䷏豫六二：「介于石，不終日，貞吉。」

豫之六二以柔順而居中正，時當逸豫之時，可以盡其歡樂，然以明於時位之變，知豫之易於溺人，當其他諸爻皆沉溺於歡豫之際，自已獨守中正，與卦中「由豫」之九四不應不比，操如石之堅志，持正道於小人羣中，故吉。

因時位之變以持中道，古人以「執中用權」作喻，權爲稱之錘，錘位置之變化隨所稱物之輕重移動，無固定不變之位，所以「中道」一義是活的，不是死的。也正因爲如此，行爲上的中道一義最不易把握，然而人類的高度靈智也正表現在這種活的行爲準則上。

伍、行爲準則之三——自求多福

由前所述，我們已知易經哲學的基本形上思想是肯定宇宙萬物的本來面目爲一大流行的道，人在道之流行中，雖然爲萬物之靈，然而決不能與道之流行作用相抗相違，必欲違抗，則定遭凶咎。那麼，如此說來，人的靈智又有何用呢？是否就棄其靈智任運推移了呢？不然，人的靈智仍然有用武之地；也就是說，人雖然不能違抗於道，卻能經由對道的認識而乘道前進，先天而天弗違，後天而奉天時，安時處順，以獲福祉。後來儒家極力强調人智，謂人類可以參贊天地之化育，正是易經哲學的正統思想。

發揮人力以御天道，在理論上並無不通之處，因爲人之落降爲個別體有欲念的存在，與道之自然流行固然有了差別，但個別體有欲念的人，究其本也仍是道之所生，人之得能靈於萬物的靈智，也何嘗不是道之自然流行？所以，人以其靈智求合於道，本質上也正是「道爲一」的表現。人如果放棄靈智而不用，取用於物，那樣反倒是棄置了道之自然生人之義，成了「不道」的作法了。

對於人如何運用靈智以求福祉的作法，易經哲學是先把人的行事劃分爲不同等級，重要的有五類：

吉

凶

悔

吝

无咎

「吉」與「凶」之義，一言得一言失，卽一爲行事得乎正道，一爲行事失於正道。「悔」與「吝」均言「小疵」，卽行事已有違道之處，但「悔」乃過而知悔，有改過之意，故義近吉；而「吝」乃過而無改過意，故義近凶。至於「无咎」，或意指犯過而已改過，或意指預知有過而不犯過，或意指防過得宜而免於過等等情況。這五種價值標準，大體上已包括盡人生的各種行爲，然後人智運用於其間，致力於消除凶吝，獎掖无咎，而歸趨於吉。由於人事紛雜，各個人的行爲千差萬殊，由此言人智之用也自然不能周全，易經哲學舉六十四卦三百八十四爻爲實例以教人，也只是要人「引而伸之，觸類而長之」，以達「神而明之」的地步。今且歸納易經之意之主要者，爲以下幾方面，扼要敍述並舉例以明：

一、明順逆，往來安處，不離正道

說卦傳：「數往者順，知來者逆。」順與逆是易道流行加於人的兩種感受，就易之爲道言，二者均爲正，然於人而言，則感受相反。何謂順？陽往之謂。何謂逆？陰來之謂。人在易道流行中，無一往不返之陽，也無永來不復之陰，必輾轉於陰陽流轉之順逆中，此爲道之自然流行義。以此故，易經乃勸人處順不必求久安，處逆不必墮妄行，二者原是人本分中事。當順時，人可用智慧保其順勢，雖失順不必嗟嘆；當逆時，人可賴明智挽其頹勢，雖窮厄而遯世勿悶。所以一個明智的人，雖然置身於順逆往復的人事浪濤中，卻能像穩健的舵手，駕御身心隨浪起伏而不失於正。且舉例如下：

䷋否九五：「休否，大人吉。其亡其亡，繫於苞桑。」否卦，於人爲處逆之時，九五於此時居尊位，上下不通，政令不克下達於民，難爲君王可知。雖然，明智有德之大人則能體天道而中行，最重要者，此時不能安其尊位，應惶恐戒懼，以危亡爲憂，一念之虞，可成休否之德。

䷝離九三：「日昃之離，不鼓缶而歌，則大耋之嗟，凶。」

九三處重離之中，下卦之上，譬若日之當中，進而入於日昃。然日之升降爲天道之常，正如人之盛衰之年，唯有順受，人生才有快樂，如果不明此道，徒歎大耋之將至，豈非自貽凶咎？

二、精察動始，見幾而作，不俟終日

人智之用的最省力有效的方法，是知幾於事物始動之際，繫辭傳孔子說：「知幾其神乎！君子上交不諂，下交不瀆，其知幾乎！幾者，動之微，吉之先見者也，君子見幾而作，不俟終日。」言「幾」爲「吉之先見者」，說得實在太好了，因爲在事物始動之時，正其動向，則以後千里之差可免，自然是吉了。孔子的話也就是老子說的：「其安易持，其未兆易謀，其脆易泮，其微易散，爲之於未有，治之於未亂。」孔、老的思想都是從早期易經哲學中來。然而，「知幾」一事說來容易，想要做到則非大明智不可，故易經以聖人之道言之，謂：「夫易，聖人之所以極深而研幾也，唯深也故能通天下之志，唯幾也故能成天下之務。」

以下再舉例，以見此一方面之義：

䷂屯六三：「卽鹿无虞，惟入于林中。君子幾，不如舍。往，吝。」

六三當屯難之時，才弱而失位，冒進而欲入山林，臨坎險而無應，前途之易遭危難可知，故爻辭戒以不如見幾而捨此入山林之事。如必逞强用事，一意前往，則可能災禍隨之。因凶事未見，故言吝。

䷅訟九二：「不克訟，歸而逋，其邑人三百戶无眚。」

九二以剛健之才居坎險之中，爲性險好訟之徒。然上與九五爲敵應，九五居全卦之尊，又爲乾陽之中爻，大中至正，自非九二之所能訟欺者。九二見幾，知勢不敵，乃「歸而逋」，由此其邑人並受無訟之福。

三、善補過，不遠而復，是爲元吉

在行爲上犯了過失而知改正，不止人類能做到，其他許多動物都能做到，但其他動物的改過行爲均爲直覺經驗所導致，而人類的改過行爲則遠超過直覺經驗以外，如過尚未至即知其將來而防之、由犯一過而推知其他同性質之過而避免之，尤進一步，且視犯過為改善人類生活的必要途徑，由犯過中獲得寶貴的心得，而藉改過使生活行為更進步。易經哲學則名此為「善補過」，著一「善」字，含義無窮。

正因為犯過這件事有鞭策人類進步的功能，所以易經哲學並不把犯過視為人類行為的大缺點，它是人類生活中不可避免的現象，而重要的不在禁止人不犯過，乃在嘉獎犯過以後的善補過。能夠作到善補過的人，不但同於未犯過，且勝過未犯過，這便是䷗復卦初九稱「元吉」的理由。復初九爻辭是這樣的：

「不遠復，无祇悔，元吉。」

復卦五陰，一陽來復於初，初為陽位，故象人之復於正道。復之一陽即䷖剝之上九，由剝盡至復來，歷「七日」而反，象犯過之人過失不久而知補過來復，故言「不遠復，无祇悔。」「元吉」為吉之大者，文言傳：「元者，善之長也。」以「元吉」二字嘉獎不遠而復之初九，足見易經哲學之用心。再如䷉履卦上九也稱「元吉」，爻辭為：

「視履，考祥其旋，元吉。」

履上九一爻居全卦之上，獨與六三相應，有前進而不忘回頭檢視自己行為之象，能如此，自然有過卽改，故也「元吉」。

六十四卦中，發揮善補過之義之處多多，舉例如下：

䷆師上六：「大君有命，開國承家，小人勿用。」

上六居師之終，喻戰陣之事畢，分土裂封，建設國家之事始。但此時最應注意者，不可封土地與小人，小人在戰陣中或勇奪三軍，卻無治理家國之才，擁有土地而不知理治，易造成後日割據叛逆之亂，故戒以「小人勿用」，愼於始者可防永終之弊。

䷅訟九四：「不克訟，復卽命，渝，安貞吉。」

當訟之時，九四以陽剛之才，不中不正，初六應之，六三承之，爲健訟而多欲者。然九四體乾而上承九五，不居陽而居陰位，象自知不克與九五爭訟，復從天命而臣於九五。按九四變陰則上卦成巽，順事九五則訟事不成，故言：「渝，安貞吉。」

四、謙謙君子，卑以自牧，揚人文之光

在人類自求多福的行爲中，易經哲學更鼓吹一項重要的品德，便是謙德。謙德的提出，在中華民族歷史演進上佔着極重要的地位，依照一般的說法，我民族的演進是由野、而質、而文，謙德便代表着由質而登升於文的境界。「文」之一字在字義上重

於外在的表現，乃人類充實於內之後更進而表現美文於外，所以謙德可以說是人文化成的光輝的表現。

六十四卦中有謙卦，其象為䷎，坤地居上，艮山在下。山高於地，原是實情，但卦象為象徵性符號，藉以明理，山居地下義取高者不自高而以卑下自居，是為謙德，故文王卦辭曰：

「謙，亨，君子有終。」

言有謙之德，則一切行事都可成功。孔子更於彖傳中大加發揮謙之精神，曰：

「謙，亨，天道下濟而光明，地道卑而上行。天道虧盈而益謙，地道變盈而流謙，鬼神害盈而福謙，人道惡盈而好謙，謙，尊而光，卑而不可踰，君子之終也。」

讀文王、孔子之言，再驗之以文王、孔子之行事，便知他們對謙德操持之力。中華民族歷史上被尊敬的聖賢，無不是謙以自牧的人，都是出於易經哲學的提倡。

謙德非如其他德行之有固定的行使範圍，它乃是普遍性之德，於一切人一切事一切時一切位都需要它。人類對天地謙，成就宇宙一大整體的和諧；人對人謙，成就人類社會的和諧。謙是高尚的道德，代表着人性的自覺與提升。

由此，我們不僅想到當前的世界，由易經哲學的謙德一面看當今的人類，實感充滿了狂傲之氣。今日人類喜言「征服」二字，征服太空，征服海洋，征服物質世界，征服天道自然之法則，人類能力的增長固然是件喜事，然而征服的結果，所留下的唯是一團熾盛的人欲，謙和之心盡失。如此下去，人類與天地之整體和諧不存，而人間社會生活也將因而失和，今日人類愈演愈烈的自相算計自相謀害，又何嘗不可以說是缺乏之謙德所致呢？

（本篇節錄自中研院國際漢學會論文）

（本文作者高懷民教授現任中國文化大學哲學系主任）

第四篇

易學「辭」、「變」的影響與價值

第四篇　易學「辭」、「變」的影響與價值

●蔡　麟●

壹、緒論

陳立夫博士殫精極慮於我中華文化之發揚，一本　國父從根救起我國固有道德智能之原則，孜孜有年矣。今將編易學應用之研究第二輯，囑稿於卑末。第以才淺識陋，甚感惶恐，以　長者之命，敢不恪遵！唯以所言鄙陋，恐污巨編，謹以拋引之忱，乞就教於高明，則其願也。

據漢人之記述，「易起於數，而長於變」（漢書律曆志），然以之數式之證與原理之說，致無以徹曉其眞象。經近人之鑽研，八卦之形成，以二項分配爲之基石，以排列組合成其變化，由簡入繁，出神成化，若只就八卦言，以幾何圖形之三度空間說之已足。然易道甚深，非八卦或六十四卦所可盡其義而明其妙，自太極以迄於無窮卦，從陰、陽兩爻機率相埒之試驗次數言，可以

$$\sum_{r=0}^{n}\binom{n}{r}=2^{n}\qquad(0\leq n<\infty)$$

（n爲試驗之次數，r爲所欲得陰爻或陽爻出現之次數）而得，若太極，其值爲1，

乃$\binom{n}{r}=\binom{0}{0}=\frac{0!}{0!(0-0)!}=2^0=1$。其意爲試驗之次數爲0，卽試驗尙未開始也；若兩儀、四象、八卦之2、4、8，乃其組合各項係數（coefficient）之和也。如此推之，則六十四卦，非成於八卦之「重」（重係偶合），而乃試驗次數爲六之所致也。就「生生」之義言，繼續演算之，則二項分配幾與常態分配無別，參Pascal triangle 可知。唯天下萬有之變，必有其極限，亦自然之理也。果試驗次數底於無窮大∞，依Bernoulli Law計之，則其橫行之値（係數乘其機率之和）爲1，若依L'Hospital's Law 計之則得0，是「變」生矣。1爲陽爻，0爲陰爻，是兩儀也。得0可謂物極必反，正符我先哲之訓，得1可謂萬變不離其宗，謂爲「不變」可也（證見後）。

易繫辭言易學之四大功能：「以言（義理）尙其辭，以動尙其變，以制器者尙其象，以卜筮者尙其占。」以人類之需要揣之，恐尙不止此。易爲我國及人類第一本書，當初或只有卦畫之圖象，而無文辭之解說，夏、商連山、歸藏，卽或有辭說，恐亦極簡淺，迄周初繫辭成，方煥然大備，十翼晚出，解說益詳。初民生活，計數與符號（文字）爲所必須，今以陽爻爲1陰爻爲0，按位計値，則任何一數値，悉寓太極、兩儀、四象、八卦、十六卦……等於其中，確而無誤，故今電子計算機仍援之以計値。

漢人鄭玄諸賢，確易之三解爲：「變」、「不變」，與「簡」，自來無異議。「不變」者，乃光明磊落之一面，天無所不覆，朝陽之無所不照臨，正所謂「天不變，道亦不變」，乾卦足以代表之，儒家得之爲多。「變」者，乃因時、空之改，爲順適環境之宜，不得不因時、地、事、人而變，「變」所以自保求生，就生物學、人類學、生態學究之甚明，否則蘋果樹何以能盆栽而結實纍纍，供人悅目觀賞，蛇與蛙又奚能因其生存環境而變其膚色哉？「簡」者，義近「不變」而爲「變」後之實，如地之無所不載，江海不拒細流，泰山弗讓土壤也，厚德載物，坤卦似可代表之，墨家得之最切。唯「變」甚複雜，上至乾下迄坤，萬態雜遝，千儀層出，微妙玄通，深不可識，道家得之特厚，老子一書「辭稱微妙難識」者以此，故法、兵、縱橫諸家宗之。

漢人司馬談、司馬遷、劉向、劉歆、斑彪、斑固等謂易爲六藝之原，而諸子百家乃六藝之「支與流裔」（文見漢書藝文志，考其意遠至司馬父子），是易爲我中華文化之根源明甚矣。若莊子齊萬物而一生死之論，是由「變」至「簡」之證，故各家之學雖各執一端，難免偏弊，然其說互通之處甚多，且指歸又一——世界大同，易之所謂

「天下一致而百慮，同歸而殊塗」者，殆謂此乎？我中華文化係獨立發展而成，同源同歸，大哉中華！

就易學之功能言，有哲理（言）之溢揚，有應用（制器、手段）之微妙。若春秋時公輸般之巧，無以細考。漢末諸葛亮以其「物究其極」之性，「長於巧思」之能，「工械技巧」之才（均見三國志本傳），其「元戎（連弩）」、「木牛」、「流馬」之製作，雖有遺制，亦難深究。考孔明一生之最大成就，厥在「八陣」戰法，其原作雖燬於晉初「八王之亂」，然從戰史考之，其戰法係出自心法，非演自孫、吳，究易「變」之義，輔之以卦圖，推之以數式，變化萬千，盡涵兵法之神而遠有以過之，蓋直接援數學之理而成，考其實，卽今之游擊戰法也。

易學爲我中華文化之原，數千年來，其在義理上之影響，似遠較科學應用之影響爲巨，今謹就：

第一、易學之構成與其對我國各派應用哲學之影響。

第二、易變、諸葛「八陣」與游擊戰。

兩方面言之。作者淺薄，所言或出臆斷，或郢書燕說，唯以應立夫先生之命，且時值艱難，此乃拯亂之藥石，先哲遺我者碩矣，第求賢達指教之，則幸甚矣！

貳、易學之構成與對我國哲學之影響

一、概說

易學一書，於秦皇焚書時，以列於卜筮之林而幸免於焚。就我國古書而論，應為一部最早和最完整的經籍了。然而，一般人一談到易，總覺得它難——充滿着神秘的色彩。非但被列為「三玄」（易、老、莊）之首，且視為怪誕迷信之源。只要一看到一（陽爻）、- -（陰爻）兩符號，就認為「玄」，而視之為畏途，名之為奧，而退避三舍，心中總懷有幾分恐懼感，也不是沒有理由的。

第一是易之作者，所謂「易道深（深在何處，始終無人予以揭穿）矣，人更三聖，世歷三古（漢書藝文志）。」所謂「三聖」，指伏羲、文王（及周公）、孔子（其實未必盡然）而言，舊說每謂「伏羲制卦，文王（周公）繫辭（卦辭與爻辭），孔子作十翼（亦曰傳）。」可見易為衆手雜作，而非成於一人，唯從時代上言，自以伏羲為最早。

第二是書名屢更，周禮春官太卜曰：

「掌三易之法，一曰連山，二曰歸藏，三曰周易（其中區異何在，迄無法究知）

。」

漢鄭玄曾予以解釋說：「連山者，象山之出雲，連連不絕；歸藏者，萬物莫不歸於其中；周易者，言易道周普，无（同無）所不備。」這些話已經夠「玄」的了，且前二者已逸，更使後人莫窺其津涯。

易學一書雖因時代之變遷而有所更易，但就其原作者言，依各家之說，自以伏羲爲創始人。唯其原始的版本，是否如朱熹所說的那樣完整無疵：

「其卦，本伏羲所畫，……其辭，則文王、周公所繫，……其孔子所作之傳十篇（即十翼，大有問題，說見後），凡十二篇（分爲上下兩篇）（朱熹：易經本義序。」

他又謂「易本卜筮之書。」且劉歆亦直言：

「漢興，天下唯有易卜，未有他書。」（漢書劉歆傳）亦大爲可疑，因爲：

(1)繫辭曾言明了易的四大功能曰：

「以言（談義理）、尚其辭，以動（人類的活動）、尚其變，以制器（物器的創造）者、尚其象（卦畫所表露的形狀而模擬之），以卜筮者、尚其占。」

如此，則「卜筮」只不過爲易學四大功能之一而已。「掌三易以辨九筮之名」，本爲周初太卜所司，而左傳、國語所載有關之筮詞，若：晉成公自周歸，晉人筮之，「遇乾之否，曰配而不終，君三出焉。」（國語晉語卷三）；陳懿氏欲以女妻陳（完）敬仲，其妻占之曰：「吉，是謂鳳凰于飛，和鳴鏘鏘，有媯之後，將育於姜，五世其昌，並于正卿，八世之後，莫之與京。」（左傳莊廿年），其筮法未盡與今本同，其詞亦與周易卦辭大有別，可知「占」與「辭」及卜筮之法，未必如劉歆所言之簡而一。就漢代言，周勃陳平等將迎代王（劉）恒入承大統，代王疑之，筮得「大橫」，占曰：「大橫庚庚，余爲天王，夏啓以光。」（史記文紀、漢書文紀同），亦與易卦辭異，是劉歆之言，未可深信。卜筮爲宇宙洪荒時期所必須，由於人類知識有限，凡對怪異突發之自然現象，和未來不定情境（uncertainty）之疑懼，概求決之於「神」——卜筮，易上繫乃有「八卦定吉凶，吉凶生大業」之說，今雖可以五度空間（宇、宙、合人類生理及心理狀況）解釋之，然在古代則幾近乎迷信，雖言或偶中，恐亦係巧合，初未可據之以爲行爲取捨行止之依據也。姜尚弗信「卜龜兆不吉，風雨暴至」，而强武王即行以與牧野之師（史記齊世家），荀子曾興「唯聖人唯不求天」之論，左傳不亦云：「國將興，聽於人，將亡，聽於神（成元年）」嗎？若昆陽兵敗，王莽率百僚人民之郊哭；淝水喪師，苻堅攜家人登五將山以避災，又何補於泯滅？迷信是無補

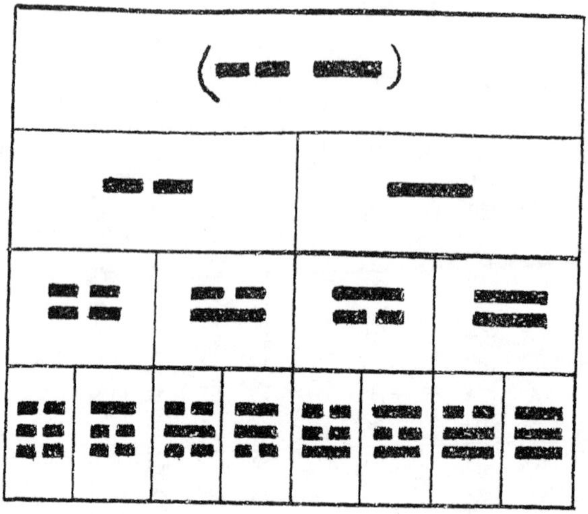

附圖一：易學符號簡示圖

於事的，若「易本爲卜筮之書」爲眞，則易學的價值就掃地無存了，又何以能成爲六藝百家之原？談卜筮，係爲機率（probability）問題，各卦俱可經由數學推算而得，至於每卦代表何意？則任何人悉可一任己意爲之，而吉凶又純爲人類心理上一種「莫須有」的感覺，今則雅不足取矣。況易之本義，既具有四大功能，初未可以秦火之幸，而徒取其「占」之一端，以視之爲易學之基石。

⑵易與文字符號之作用：

文字爲符號之一種，且「人之所以異於禽獸」而善於學習者，初有賴符號之選用，又爲其日常生活之弗可或缺者，卦「象」之爲用，即在此。易本成於陽爻、陰爻兩符號，論其原始之作（參附圖一），則只有太極、兩儀、四象，與八卦，據云至文王囚於羑里時，方重之而爲六十四卦（姑依司馬遷周本紀之說，實則不然），簡而且易，唯每卦代表之意義甚繁，在「宇宙洪荒」時期，若言其爲我國文字之起源可也（請參拙著諸葛亮之管理哲學與藝術第一章）。就吾人所知，早於甲骨文兩千多年前之「刻畫文字」，乃爲我國目前已發現之最早文字，但切不可謂其爲我國最初之文字。蓋初民生活之所需，甚爲簡陋，而文字之始創，亦以愈簡而愈妙，姑可以易卦各象爲我國之最早文字可也。胡不視⚊、⚋兩符號之簡明，又易刻畫否？若較之西人所謂埃及楔形文字（由土坯畫而成之書板 stylus on backed clay tablets）爲世界第一本書（註一），就一個中國人之立場言，殊難苟同，就我國之歷史觀點言，不能與西方同日語也（參前引拙著同書同章）。

⑶易起於「數」而長於「變」：

「數」在我國每以宿命論（fatalism.）之「天數」（命）（或天命）言之，此爲誤解，其實「數」乃數學（mathematics）之意。考易卦之形成，基本上起於二項分配（binomial distribution）之原理（證見另節），各卦畫之數，即爲二項分配各項（terms）係數（coefficients）之和（summation），若兩儀之「兩」，四象之「四」，八卦之「八」，六十四卦之「六十四」等等。唯「太極」一名，則尤屬切要，可以一度空間之直綫方法表示之，若：

附圖二：兩儀及太極原生圖

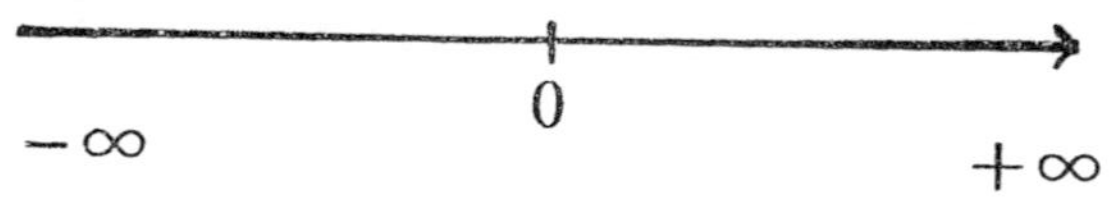

由負量（negative value）轉變爲正量（positive value），其中間交會（或分界）點爲0，即爲「太極」，因由0左向則爲負値，右向則爲正値，其本身爲正、負（陰陽）交會之支點（fulcrum），非正亦非負，性屬中和，質之生物精卵交合之實，足以證之，可謂之爲原始點（origin），亦爲終極點，就巴斯哥定律（Pascal distribution）之二項定律分配係數而言，若援用L′Hospital′s Law 計算之，則

$$\sum_{r=0}^{n} \lim_{n\to\infty} \binom{n}{r} p^{n-r} q^{r} = 0$$ （證見另節）

是「八卦由數起」（漢書律曆志）一語，良屬切要。若從「四象」來觀察，則益爲明顯，「四象」實爲二度空間問題，試觀下圖：

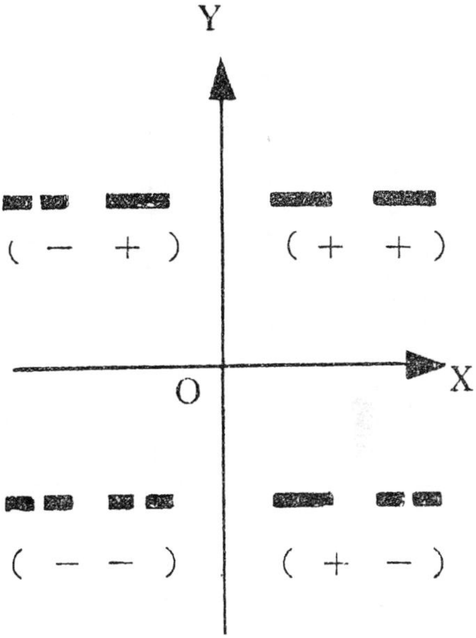

附圖三：四象形成圖

「太極」（即0）益明，而「四象」遂援之以成（唯一陰一陽者有二，若弗計其出現之先後次第，一如人生二兒，先男次女或先女後男，似無甚關係，故老子謂爲「二生三」（而非二生四）。」至於「八卦」呢？固可以三度空間繪圖（參附圖四）表示之，然而易既起於「數」，就不必僅爲二、四、八、六十四，可直演至千千萬萬卦俱可（此亦說明各卦卦辭之解設，殊無足重視），唯不可以至無窮大（infinity）（證見另節）。果爾，則「卦」既畫不出，而且「窮則變」的問題就會發生了，因爲天下萬物俱有其極限，否則人可如秦始皇、漢武帝、明世宗的幻想，求神藥、尋仙桃，長生不老，而活到

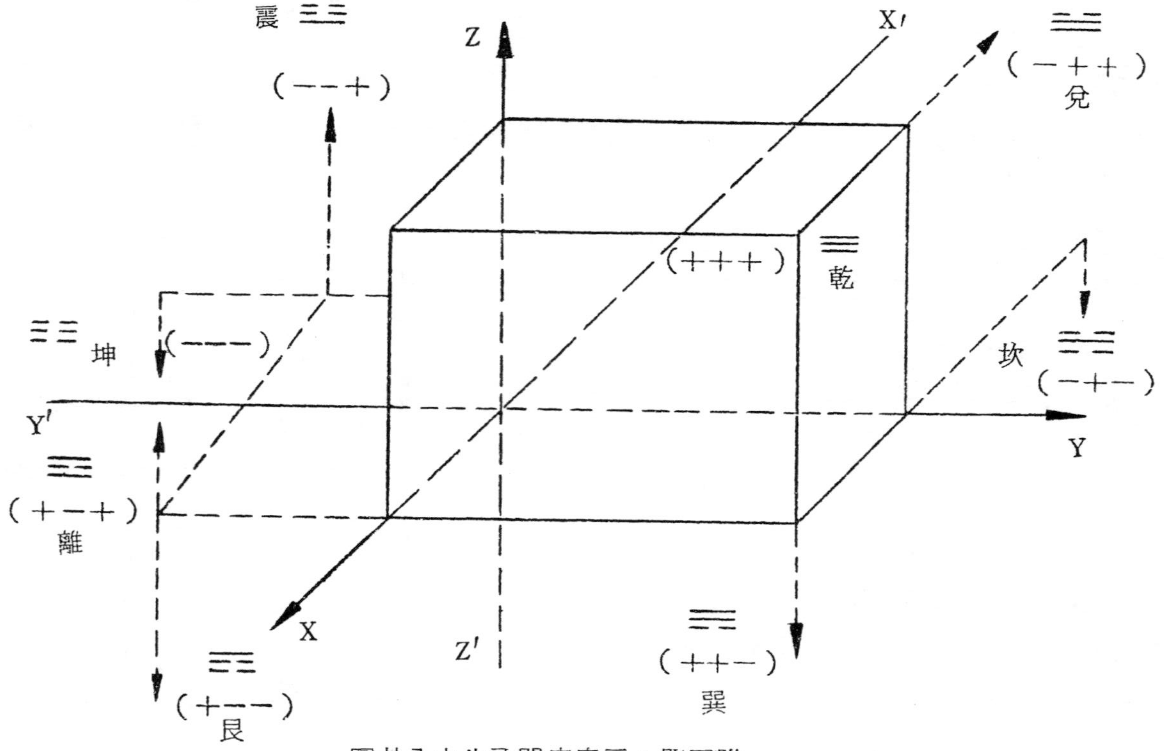

附圖四：三度空間所生之八卦圖

萬萬年，螞蟻可以大如牛，樹可以高至天了。但事實上爲不可能，姑置數式表達於弗問，然而我國先哲所謂：

「日中則移，月滿則虧，物盛則衰，天地之常（恒）道也。」（史記范睢、蔡澤列傳）之論，豈亦可目爲異端邪說而棄之弗顧哉？

自然，對宇宙萬有之「變」遷，必心懷動態觀（dynamic concept），方可得其實，果徒以靜態觀（static view）觀之，則今日吾人仍應當穴居巢處，以效遠祖而弗改，爲無懷氏、樂天氏之民，或傲然贊漢、唐之盛，以蠅附驥尾視四夷可也，可能乎？果爾，若非夜郎自大，即狂妄無知。何者？空與時有別，而人與事有異也。

試觀隋煬帝伐高麗時軍容之盛：

「八年（大業八年）出左右各十二軍，總會平壤（漢之樂浪），凡一百十三萬三千八百人，號二百萬。其餽運者倍之。……每軍大將、亞將各一人，騎兵四十隊，隊百人。十隊爲團，步卒八十隊，分爲四團，團各有偏將一人。其鎧冑纓拂旗旛，每團異色，……其輜重散兵等亦爲四團，……進止立營，皆有次序儀法，癸未第一軍發，日遣一軍，相去四十里，連營漸進，終四十日發乃盡。首尾相繼，鼓角相聞，旌旗亘九百六十里。御營內合十二衞，三台、五省、九事，分隸前後

、左右六軍，次後發，又亘八十里。近古出師之盛，未之有也。」（資治通鑑隋紀五）

結果呢？窮中夏之力，以討彈丸之藩，以西方「戰爭公算」言之，頗類越戰之況，應當是摧敵致果，靡有遺類了，但事與願違，煬帝三次親征，既不能使「良將成功」「智士晉謀」，反而「軍中之事，決於一人」，失機喪敗，士氣消沈，政體崩解，似宜其然。煬帝敗北而返，不敢回長安或洛陽，乃潛居揚州，心灰意懶，引滿自醉，嘗自照鏡，顧謂其皇后蕭氏曰：

「好頭頸，誰當斫之！」后驚問之，乃曰：

「貴賤苦樂，更迭爲之，亦復何傷！」（同書卷一八五）結果煬帝的頭竟爲其侍衞長宇文化及所斫。談「吉凶生大業」，無非指人類活動而言，（以煬帝之年號「大業」故取之爲例），事之成敗，在人乎？在「天」乎？故四度空間，只可謂爲宇宙萬事萬物變化之必要條件，而未可視之爲充分條件。蓋人類活動之成敗，唯視「人」而異耳。但所謂動態者，「動」雖由人，唯缺少不了生存空間的「宇」，和時間因素的「宙」，更離不開人類的一切活動的「變」。唯從時間上看最清楚。若以萬分之一秒計之，確「飛鳥不飛」。

附圖五：四度空間人類活動簡示圖

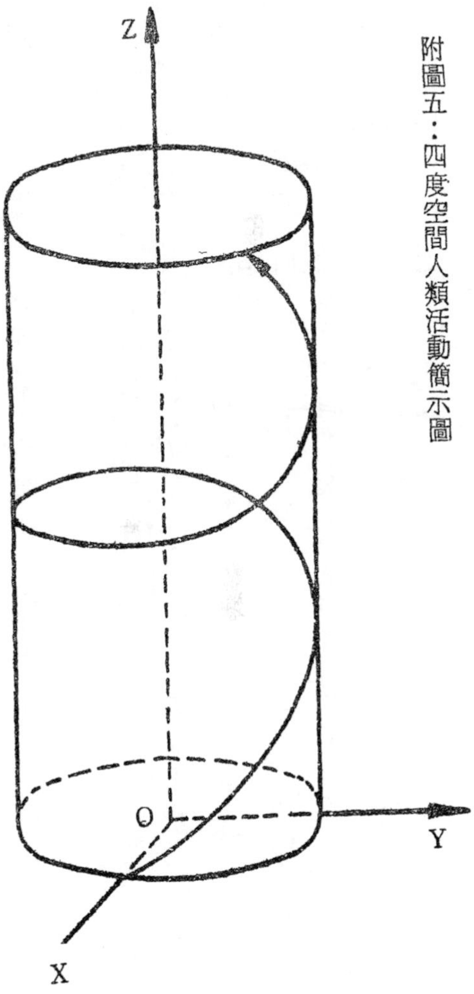

若以t代表時間，就附圖五來觀察，依照螺旋線（helix）的方程式，則爲：

$$\begin{cases} x = a\cos t \\ y = a\sin t \\ z = bt \end{cases}$$

因爲 $\begin{cases} x = a\cos t \\ y = a\sin t \end{cases}$ 的軌跡正表示圓柱體的面，

則 $\frac{z}{t} = b$ 恰足以表明 z 的上升，與時間 t 成正比，也就是說人類的一切活動，俱爲時間的涵數，因爲螺旋綫會隨着時間的流轉而上升，正足以表明人類一切活動，悉與時間成正比（參劉毓璋易經之數探討合訂本第一章）。

從以上的討論中，用簡單的幾何解釋，固可以看太極、兩儀、四象、八卦的構成概況。且對

> 「易有太極，是生兩儀，兩儀生四象，四象生八卦（此點有誤，容後論之），八卦定吉凶（此爲以卜筮者尙其占的本源，今日觀之，了無意義），吉凶生大業（可以心理學原理釋之，而擺脫迷信的窠臼，說見前）。」（易上繫）

亦可略曉其梗概。而用(1)宇—上下四方曰宇（或六合，由三度空間所構成），(2)宙—古往今來曰宙，及(3)人類之心理及生理活動等五度空間來研討，所謂「易著天地、陰陽、四時、五行，故長於變」（史記太史公自序）的「變」字，也可更進一步而得其解，似遠比以乾、坤代表「天地」（即太極），兩儀代表「陰陽」，四象代表「四時」

，東西南北中（或金木水火土）代表「五行」（實爲八卦，弗慮次第，去其重複，則八卦實爲四卦，中含太極合爲五，與南韓國旗同）爲妙。因爲用靜態的意味（若四時可除外）的因素，來解釋「變」，不易顯露出「變」的眞貌，且「生生之謂易（易上繫）」之「生生」，才是活生生的「變」；而「變」的因素，總脫離不了環境─宇、時間─宙、和人類生理的活動。天下萬類萬物（包括人類的本身）無時無刻不在變─隨時間與空間之「變」而「變」，故謂整個的宇宙人生，全是動態中「變」─自動和被動的「變」，「變」到直令人難以相信的程度，尤其是「人」，獨不見百里奚居虞則愚，居秦則智？徐元直仕漢則智，仕魏則愚？胡不味中庸「素富貴、行乎富貴，素貧賤、行乎貧賤，素夷狄、行乎夷狄，素患難、行乎患難？」及孔子「邦有道、則知（同智），邦無道、則愚。」（論語公冶長）之語乎？「變」爲宇宙萬有之本體，考其意，卽西方近代所發現而力予闡揚之dynamics一字，孰信我先哲已於數千年前得之、守之、識之、行之，亦殊足葆之矣。至於「數」的問題，容下節言之。

二、「易起於數」之探索

「伏羲畫八卦，由數起。」（漢書律曆志）易之構成，就上節幾何方法之解釋，故可言之成理，覩之有物，然而只能局限於「八卦」，三度空間之立體。但既言「數」，豈立體可竟！若再向下衍變，如六十四卦者，豈可以幾何繪圖方式解之否？而況弗止此歟？易學之形成，基本言之，實成於二項分配（binomial distribution）之原理，而所謂太極、兩儀、四象、八卦，以及六十四卦者，乃就二項分配各項係數（coefficients）之和而言。初無任何神秘之處，唯在初民時期，既無文字之助，更談不上什麼數學定律、原理與公式了，然就其內涵言，則了無二致，直有出人意表者。而歷代卻列之爲「玄」（包括太史公在內），橫加臆度，任意詮注，致說愈多而愈「玄」，注愈夥而愈淆，注來詮去，圈子兜的越大越遠，則越使後人難明其究竟，復加上陰陽、五行、卜筮等方技之混入，遂成爲「玄而又玄」之物，迷信畏忌之源，殊屬可惜。閱焦延壽易林、黃宗羲易學象數論、邵雍先天圖義、朱熹周易本義、胡一貫翼傳、胡渭易圖明辨、萬澍辰周易變通解諸書可知。試以

「易有太極，是生兩儀，兩儀生四象，四象生八卦。」（前引易上繫）

而言，由太極至八卦，何以會由「生」而成？又如何能「生」？又何以所生只是兩儀、四象、八卦？且彼此間「生」的關係，亦大有軒輕。「四象」既不能生「八卦」（若以樹形圖解言之，或強可（參附圖六），然亦不符易之本義，老子之「三生萬物」，其誤亦同，試問三何以能生萬物？）而況天下萬事萬物之衆且廣乎？實則易卦卦畫

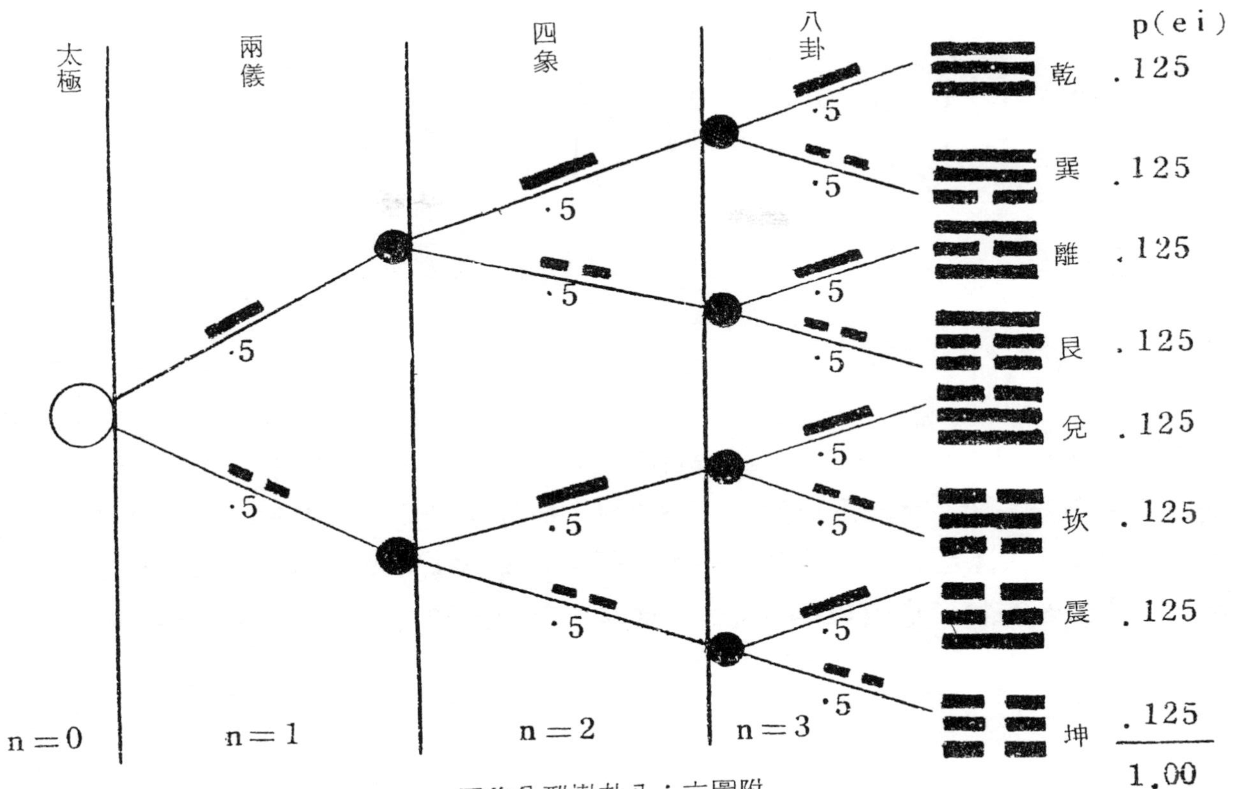
太極
兩儀
四象
八卦
p(ei)
n=0
n=1
n=2
n=3
·5
乾 .125
巽 .125
離 .125
艮 .125
兌 .125
坎 .125
震 .125
坤 .125
1.00

附圖六：八卦樹型分佈圖

之形成，悉由於二項分配一公式：

$$\sum_{r=0}^{n}\binom{n}{r}=2^{n}$$

此式證明之亦甚易，n 代表試驗的次數（number of trial），其範圍為 $0\leq n\leq\infty$〔唯若等於無窮大（infinity），則意義就會發生了巨大的變化，且無窮大只是一種觀念，而非為數字，故運算起來，方法不一，頗費周折。〕r 代表成功（或失敗）的次數，在二項分配中，只有 a、b 兩種事件（events）之出現，其範圍為 $0\leq r\leq n$，試證之如下：

從二項定律（binomial theorem）得：

$$(a+b)^{n}=\sum_{r=0}^{n}\binom{n}{r}a^{n-r}b^{r}$$

若 $a=1$，$b=1$

則 $(1+1)^{n}=\sum_{r=0}^{n}\binom{n}{r}1^{n-r}1^{r}=\binom{n}{0}+\binom{n}{1}+\binom{n}{2}+\cdots+$

$$\binom{n}{n-r+1}+\binom{n}{r}+\cdots+\binom{n}{n}$$

$$\therefore 2^n=\binom{n}{0}+\binom{n}{1}+\binom{n}{2}+\cdots+\binom{n}{n-r+1}+\binom{n}{r}+\cdots+\binom{n}{n}$$

於任意值 a、b，其各項係數之和，必分別爲：

$$\binom{n}{0}+\binom{n}{1}+\binom{n}{2}+\cdots+\binom{n}{n-r+1}+\binom{n}{r}+\cdots+\binom{n}{n}$$

故不管 n 之值爲何，則其和爲 2^n。

故(1)就太極言，n 爲 0，其係數之和爲 $2^0=1$

(2)就兩儀言，n 爲 1，其係數之和爲 $2^1=2$

(3)就四象言，n 爲 2，其係數之和爲 $2^2=4$

(4)就八卦言，n 爲 3，其係數之和爲 $2^3=8$

(5)就六十四卦言，n 爲 6，其係數之和爲 $2^6=64$

從以上數式來觀察，益足以證明，四象不能生八卦，各卦皆由太極（或兩儀）所生。因「太極」本含陰、陽兩爻（即兩儀），老子的「三生萬物」，其誤亦同。至於六十四卦名曰「重卦」（八卦相重），亦係偶合，實皆爲太極所演生，且不只六十四卦而盡，可繼續生生下去，但似以不可至 8 爲妙。果爾，則與 Bernoulli Law 相悖　且卦畫也畫不出了，其係數之和雖亦爲 $2^8 = 8$（2>1），但 8 既係一觀念，在實用上，價值不大。

若就太極、兩儀、四象、八卦…六十四卦等，依傳統次第，置於等邊三角內（參附圖七），則恰與巴斯哥三角形（Pascal triangle）合（參附圖八）。巴斯哥對 n 之值，未言明範圍，若與事件出現之機率相連計算之，就矛盾叢生了，容證之如下：

1. 假設 $p(A)$ 爲 A 事件之機率，$q(B)$ 爲 B 事件之機率

而 $p(A) = 1 - q(B)$，試證 $\sum_{r=0}^{n} p^{n-r} q^{r} = (p+q)^{n}$

$$\because \binom{k}{r} = \frac{k!}{r!(k-r)!}$$

$$\therefore \binom{k}{0} = \binom{k+1}{0} = \binom{k}{k} = \binom{k+1}{k+1} = 1$$

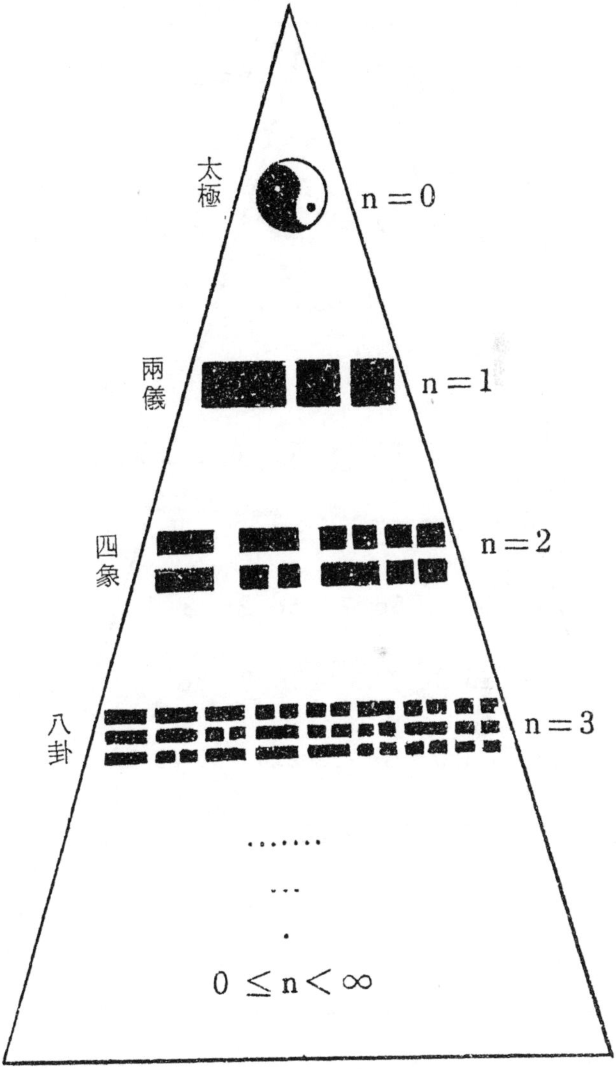

附圖七：易圖與巴斯哥三角形比較圖

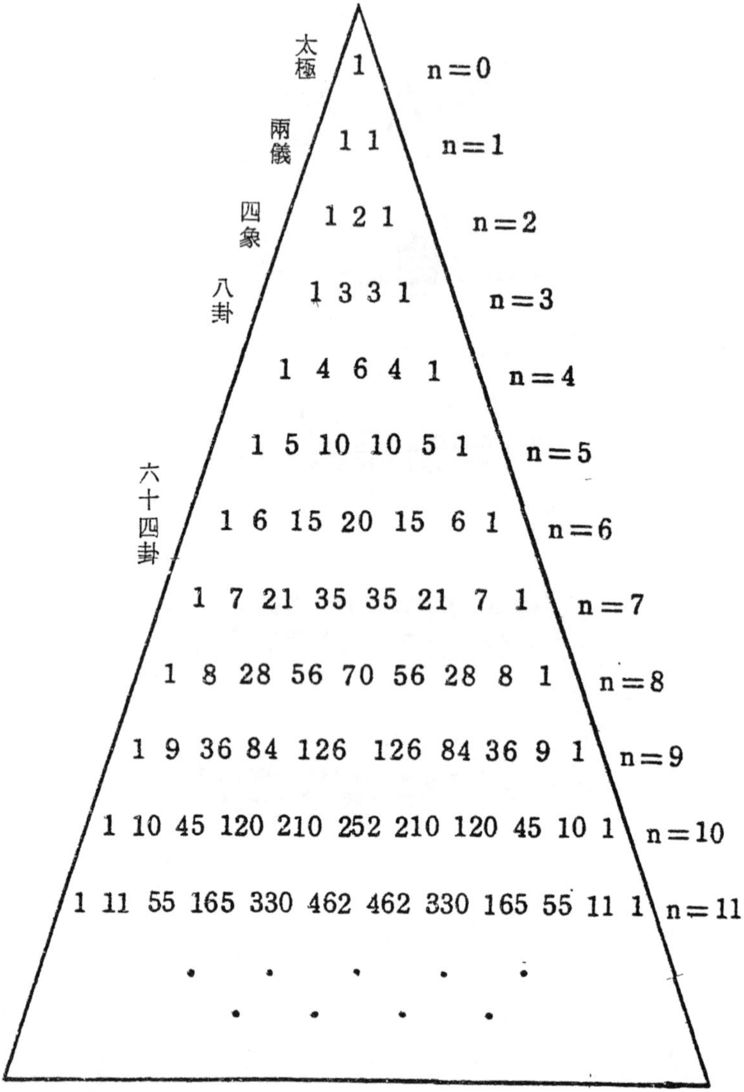
太極
1
n=0
兩儀
1 1
n=1
四象
1 2 1
n=2
八卦
1 3 3 1
n=3
1 4 6 4 1
n=4
1 5 10 10 5 1
n=5
六十四卦
1 6 15 20 15 6 1
n=6
1 7 21 35 35 21 7 1
n=7
1 8 28 56 70 56 28 8 1
n=8
1 9 36 84 126 126 84 36 9 1
n=9
1 10 45 120 210 252 210 120 45 10 1
n=10
1 11 55 165 330 462 462 330 165 55 11 1
n=11

附圖八：巴斯哥二項分配各項係數三角形

而 $\binom{k-1}{r}+\binom{k-1}{r-1}=\frac{(k-1)!}{(k-r-1)!\,r!}+\frac{(k-1)!}{(k-r)!\,(r-1)!}$

$$=\frac{(k-1)!\,(k-r)+(k-1)!\,r}{(k-r)!\,r!}$$

$$=\frac{(k-1)!\,(k-r+r)}{(k-r)!\,r!}=\frac{k!}{(k-r)!\,r!}=\binom{k}{r}$$

就歸納法（ inductive method ）而言，若令 $n=1$，則

$$\sum_{r=0}^{1}\binom{1}{r}p^{n-r}q^{r}=p+q=(p+q)^{1}$$

若 $n=k$ 時，如

$$\sum_{r=0}^{k}\binom{k}{r}p^{k-r}q^{r}=(p+q)^{k}$$ 成立

當 $n=k+1$ 時，則

$$(p+q)^{k+1}=\left[\sum_{r=0}^{k}\binom{k}{r}p^{k-r}q^{r}\right](p+q)$$

$$=\sum_{r=0}^{k}\binom{k}{r}p^{k-r+1}q^{r}+\sum_{r=0}^{k}\binom{k}{r}p^{k-r}q^{r+1}$$

$$=\binom{k}{0}p^{k+1}+\sum_{r=1}^{k}p^{k+1-r}q^{r}\left[\binom{k}{r}+\binom{k}{r-1}\right]+\binom{k+1}{k+1}q^{k+1}$$

$$=\binom{k+1}{0}p^{k+1}+\sum_{r=1}^{k}\binom{k+1}{r}p^{k+1-r}q^{r}+\binom{k+1}{k+1}q^{k+1}$$

$$=\sum_{r=0}^{k+1}\binom{k+1}{r}p^{k+1-r}q^{r}$$

則 $n=k+1$ 時自亦可成立。從歸納法言，$\forall n\in N$（N為自然數）時，則

$\sum_{r=0}^{n}\binom{n}{r}p^{n-r}q^{r}=(p+q)^{n}$ 成立

又因 $p(A)=1-q(B)$ 即 $p(A)+q(B)=1$

故 $\sum_{r=0}^{n}\binom{n}{r}p^{n-r}q^{r}=(p+q)^{n}=1^{n}=1$，$\forall n\in N$

就 limit 的定義來看，

$S_n=\sum_{r=0}^{n}\binom{n}{r}p^{n-r}q^{r}$，即爲 $\lim_{n\to\infty} S_n=\lim_{n\to\infty} 1=1$

可以直接獲得證明，此即 Bernoulli's Law 對 Pascal triangle 每一橫行（row）係數乘以其機率之和均爲1之據。試就八卦證之，

$\because p(⚊)=q(⚋)=\frac{1}{2}$ （一體之兩面，故其機率各爲 $\frac{1}{2}$ ）

$\therefore\ 1\times(\frac{1}{2})^3+3(\frac{1}{2})^2(\frac{1}{2})+3(\frac{1}{2})(\frac{1}{2})^2+1\times(\frac{1}{2})^3$

$=\frac{1}{8}+\frac{3}{8}+\frac{3}{8}+\frac{1}{8}=1$

其他各卦皆然。因爲當 $n\to\infty$ 時，幾近於常態分配（normal distribution）之狀證之，即

$$\sum_{r=0}^{n}\binom{n}{r}p^{n-r}q^{r}\xrightarrow[n\to\infty]{}\int\frac{1}{\sqrt{2\pi}\sqrt{npq}}\,e^{-\frac{(n-rp)^2}{2npq}}\,dn=1$$

2 但若 $n\to\infty$ 時，以不同之方法運算之，則其結果亦大異。

(1)以Bernoulli's Law 言之，加入 limit 一觀念，則

$$\lim_{n\to\infty} S_n = \lim_{n\to\infty} 1 = 1$$

即

$$\lim_{n\to\infty}\sum_{r=0}^{n}\binom{n}{r}p^{n-r}q^{r}=1$$

∵ $S_n=\sum_{r=0}^{n}\binom{n}{r}p^{n-r}q^{r}=1^{n}=1$，$\forall n\in N$

對任意$\Sigma>0$存在一自然數N_0，故使

$|S_n-1|=|1-1|=0<\Sigma$

$\forall n>N_0$，故數列S_n為收斂，且其收斂值為1

故從 limit 之定義來觀察，則知

$$\lim_{n\to\infty}\sum_{r=0}^{n}\binom{n}{r}p^{n-r}q^{r}=1$$

(2)唯引用L' Hospital's Law，其情況就大異了。若從數式來觀察，則

$$\lim_{n\to\infty}\binom{n}{r}p^{n-r}q^{r}$$

其第一項 $\lim_{n\to\infty}\binom{n}{0}p^{n-0}q^{0}=\lim_{n\to\infty}\dfrac{n!}{0!(n-0)!}p^{n}=0 \quad (0<p<1)$

其末項 $\lim_{n\to\infty}\binom{n}{n}p^{0}q^{n-0}=\lim_{n\to\infty}\dfrac{n!}{n!(n-n)!}q^{n}=0 \quad (0<q<1)$

至於其中任一項

$$\binom{n}{k}p^{n-k}q^{k}=\frac{n!}{k!(n-k)!}p^{n-k}q^{k}$$

$$=\frac{n(n-1)(n-2)\cdots(n-k+1)}{p^{k-n}}\cdot\frac{1}{k!}q^{k}$$

$n\to\infty \quad n(n-1)(n-2)\cdots(n-k+1)\to\infty$

$p^{n-k}\to 0$，$p^{k-n}\to\infty \ (0<p<1)$

而依L′Hospital′s Law 對 n 微分，則因

$n(n-1)(n-2)\cdots(n-k+1)=n^{k}+f_{k-1}(n)$

可得

$$\lim_{n\to\infty}\frac{n^{k}+f_{k-1}(n)}{p^{k-n}}=\lim_{n\to\infty}\frac{\dfrac{d^{k}}{dn^{k}}\left[n^{k}+f_{k-1}(n)\right]}{\dfrac{d^{k}}{dn^{k}}\,p^{k-n}}$$

$$=\lim_{n\to\infty}\frac{k\,!}{(-1)^{k}p^{-n}(lnp)^{k}p^{k}}$$

$$=\frac{k\,!}{p^{k}(-1)^{k}(lnp)^{k}}\lim_{n\to\infty}\frac{1}{p^{-n}}=0\text{，}\ 0<p<1$$

$$\therefore\ \lim_{n\to\infty}\binom{n}{r}p^{n-k}q^{k}=0$$

故 $\displaystyle\sum_{r=0}^{n}\lim_{n\to\infty}\binom{n}{r}p^{n-k}q^{k}=0$

從以上證明言之，則得如下三種不同之結果：

(1)依Bernoulli's Law，則得

$$\lim_{n\to\infty}\sum_{r=0}^{n}\binom{n}{r}p^{n-r}q^{r}=1$$

(2)援L' Hospital's Law，則得

$$\sum_{r=0}^{n}\lim_{n\to\infty}\binom{n}{r}p^{n-r}q^{r}=0$$

(3)然就不定式的情況來看，既然 $p(A)+q(B)=1$

而 $\sum_{r=0}^{n}p^{n-r}q^{r}=(p+q)^{n}$

則當 $n\to\infty$ 時，兩邊取極限，得

$$\lim_{n\to\infty}\sum_{r=0}^{n}\binom{n}{r}p^{n-r}q^{r}=\lim_{n\to\infty}(p+q)^{n}$$

$$(p+q)^{\infty}=1^{\infty}$$

那麼如果取任意數 $a\neq 0$，則

$a^{0}=1$，若等號兩邊開方，則

$$a = 1^{\frac{1}{0}} = 1^{\infty} \neq 1$$

a 既爲任意數，其値爲何，無須論及之，然不等於1則爲事實，此點雖與一般觀念上有出入，然亦無妨，1的方次可不管其爲何數，均等於1，唯∞則屬例外；這裡牽涉及數論、數學哲學（mathematical philosophy）及數學邏輯（mathematical logic）問題，非數語可盡（註二）。

還有至今先有雞或先有蛋的問題（chicken and egg dilemma），西人尚不得其解，但我國老子於數千年前已解之矣，曰：

「天下萬物生於有（being），有生於無（nothing or zero，實即太極）。」從以前討論知太極即0，

又應作何解？亦可以不定式方法釋之：

設任何數 $a > 1$，則

$$0 < \frac{1}{a} < 1$$

$\therefore \left(\frac{1}{a}\right)^{\infty} = 0$，等號兩邊開方，則

$$\frac{1}{a}=0^{\frac{1}{\infty}}=0^{0}$$

如此，則 a 與 $1-a$（但 $0<\frac{1}{a}<1$）悉爲不定式了，就 0^0 觀之，直覺想法，必等於0，實則非也，豈老子有誤而被列之爲第「二」玄也。然胡不昧釋教最高境界之「眞空妙有」一語乎?人間世本非盡可經由直接感觀所可澈曉者，這是人生，也是哲學，豈可忽之?!

從超級幾何機率（hypergeometric probability）的原理來看，則八卦中的任一卦之出現（即任一事件之發生），乃爲一單項事件（simple event）（即任一卦），而包涵於一事件集合（event set）：

$$E=\{e_1,e_2,e_3\cdots\cdots\cdots\cdots e_8\}$$

如不計各爻出現之次序（order），則⚊或⚋出現的先後數目，爲從0到3，而構成一不定變數函數（random variable function），一般以 $x_e=\{0,1,2,3\}$ 表示之。而其出現之機率，就不相等了，試觀下表：

附表一：任意變數分配表

Xe，RV	0	1	2	3
$\binom{n}{x}$	1	3	3	1

如此，則其機率爲：

$$f(0)=\binom{n}{x}p^{n-x}q^{x}=(1)(\frac{1}{2})^{3}(\frac{1}{2})^{0}=\frac{1}{8}$$

$$f(1)=(3)(\frac{1}{2})^{2}(\frac{1}{2})=\frac{3}{8}$$

$$f(2)=(3)(\frac{1}{2})(\frac{1}{2})^{2}=\frac{3}{8}，f(3)=(1)(\frac{1}{2})^{0}(\frac{1}{2})^{3}=\frac{1}{8}$$

合以上各式，若列詳表以明之，則得：

附表二：任意變數分配詳表

Xe, R.V.	p(xi)	Simple event	Simple points	p(ei)
$X_1 = 0$	⅛	e_1	☰	⅛
$X_2 = 1$	⅜	e_2	☴	⅛
$X_3 = 2$	⅜	e_3	☲	⅛
$X_4 = 3$	⅛	e_4	☱	⅛
		e_5	☶	⅛
		e_6	☵	⅛
		e_7	☳	⅛
		e_8	☷	⅛
	1.00			1.00

而不定變數機率分配之狀況，亦可以一簡圖表示之：

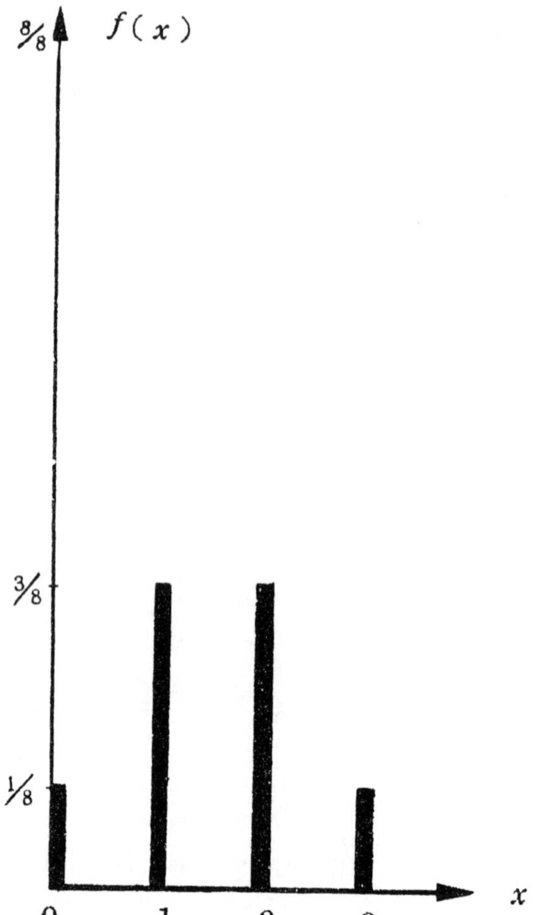

附圖九：八卦機率分配圖

八卦之形成，如不計其爻出現之次序，則可以四個不定變數代表之，韓國國旗以乾、坤、離、坎四卦代替八卦，未知其依數學原理抑依義理而成之？如此，觀老子對四象的解釋，曰「二生三」，確然。以此類推，則六十四卦，亦可以七卦代之矣，不論次第，去其重複則然也。

易學的數學結構，雖然如此驚人的嚴密，但易終爲易，數千年來，其在義理方面的影響，似遠勝於其在「制器」（科學）方面的影響。

以數學解易學，未免生「以今論古」或「穿鑿附會」之嫌，然而從以上三種不同運算所得不同的結果而言，亦各具有其不同的意義：

第一由Bernoulli's Law 所得之 $\lim_{n\to\infty}\sum\binom{n}{r}p^{n-r}q^{r}=1$ 而言，正表示易學「不變」的本質，無論試驗的次數如何變（由0到∞），其各項係數乘機率之和，始終爲1。

第二用L'Hospital's Law而得 $\sum_{r=0}^{n}\lim_{n\to\infty}p^{n-r}q^{r}=0$，適表明了我國「物極必反」的哲理，0卽太極（說見前），爲一切力量之泉源，亦爲萬事萬物創始的原動力，由「生生」之變，變來變去，復反於原始，豈非「簡」字得解？自然無論最後得0或得1，在其演化過程中，全在「變」。是易之三解，曰「簡」、「變」、「不變」，已盡得之矣，容下節言之。

第三以不定式的原理，所得 $a=1^{\infty}$，a 既爲任何數，則 1^{∞} 爲不定式，適足表示宇宙萬有演化到無窮大時，則可能產生驚人的突變，我國自來有「滄海桑田」之說，以兩漢之隆，誰能意及「五胡」之亂？以「天可汗」之尊，廣設六大都護府於四陲，以鎭撫四夷，孰又料先生五代之亂，後起蒙元、女眞之入主？當核子動力（atomic energy）未發現以前，人類豈有登月升空之美夢？當人造衞星未設置以前，誰又會思及人類彼此間之交往，竟會有天涯咫尺之便？此類突變，俱非始料可及者，然卻由「生生」而來，「生生」者「變」也，旣「生生」不息，來日突變必與日俱增，初未可逆料也，且拭目以待之可也。

數學本爲人類分析和解釋宇宙萬類的有力工具，而且在人類（卽使初民社會）日常生活中所必需，易本有計數的功能，若以⚊代表1，以⚋代表0，任何卦畫（不限於八卦或六十四卦），由下向上，自個位數以迄其極（按需要而定），如乾䷀卦，則其值可計算如下：111，111 $=2^0+2^1+2^2+2^3+2^4+2^5=1+2+4+8+16+32=63$。是任何一數値，悉寓太極、兩儀、四象、八卦……於其內，按位定數，和而得其值。又如革卦䷰，011，101 $=2^0+0+2^2+2^3+2^4+0=1+4+8+16=29$。因爲世人通用之阿拉伯數字，5與6，6與9，9與7等易混，且爲數太多而易錯，故今電子計算機仍用0與1，按位定值，簡而確。易學本多數學問題，若：

(1)由太極、兩儀、四象、八卦……之「生」，固然充分表現出一個「變」字，其實悉由二項定律一公式：

$$\sum_{r=0}^{n}\binom{n}{r}=2^n$$

（說見前）所構成，2^n乃不問其試驗次數（即n）爲何值，乃係數之總和也。

(2)「天一、地二，天三、地四，天五、地六，天七、地八，天九、地十。天數五，地數五，五位相得而各有合。天數二十有五，地數三十。凡天地之數，五十有五，此所以成變化，而行鬼神也。」（易上繫）

自來解之者，語愈繁而愈使人蹈入迷蒙，解越多，越令人不解（參孔穎達撰定周易正義、于省吾雙劍誃易經新證、程頤易程傳、朱熹易本義等），令人讀之，眞覺得「玄」、「奧」異常，深不可測。其實，此乃數學問題，三組等差級數，(1)天（陽）爲奇數：一、三、五、七、九，(2)地（陰）爲偶數：二、四、六、八、十，(3)合陰陽而言，奇、偶俱備，由一至十，計之甚易：

(1) $An' = \frac{n}{2}(a+l) = \frac{5}{2}(1+9) = 5 \times 5 = 25$

(2) $An'' = \frac{5}{2}(2+10) = 6 \times 5 = 30$

(3) $An''' = \frac{10}{2}(1+10) = 5 \times 11 = 55$

天、地之數旣得，其玄奧就不難揭穿了。若「五位相得而各有合」，卽物理學所謂任一可見之實體，其所帶陰陽電荷之數相等。「所以成變化而行鬼神」者，因萬類萬物之體積、顏色、狀貌、重量等雖殊，只要可見可觸而存在者，其所帶陰陽電荷必相配而相等也。由陰陽爻之變，數值亦隨之而變。

若以數字0、1代陰、陽解之，亦確：

(1)天一、地二：卽⚍及⚎（卽四象之中二象），$01 = 0 + 2^0 = 1$（天一），$10 = 2^1 + 0 = 2 + 0 = 2$（地二），自太極、兩儀、四象……依次變其陰陽之位置，則數字卽可經計算而得，且當陰陽之數不等時，「變」又生矣，以下同此。

(2)天三、地四：☱（兌卦）及☶（艮卦），

$0+2^1+2^0=0+2+1=3$（天三），

$2^2+0+0=4+0+0=4$（地四）。

(3)天五、地六：☲（離卦）與☴（巽卦），

$101=2^0+0+2^2=5$（天五），

$110=0+2^1+2^2=0+2+4=6$（地六）。

(4)天七、地八：䷊（泰卦）及䷏（豫卦），

$000111=2^0+2^1+2^2+0+0+0=1+2+4+0+0+0=7$（天七），

$001000=0+0+0+2^3+0+0=0+0+0+8+0+0=8$（地八）。

(5)天九、地十：䷲（震卦）及䷧（解卦），

$001001=2^0+0+0+2^3+0+0=1+0+0+8+0+0=9$（天九），

$001010=0+2^1+0+2^3+0+0=0+2+0+8+0+0=10$（地十）。

（以上(4)(5)兩點，n之值爲4即可，始從易卦言之，雖與數無關，但可使人易解）其所表示的意義，第一是由簡入繁之「變」，第二凡每卦或每組陽奇陰偶之數相等者爲平衡而穩定，否則「變」又將隨之而生，第三所謂「變」，乃是陰陽爻交互移動，有其

定規，以組合（combination）計之卽得，無需效古人之强記，第四對各卦以其「象」之異而與之「象」，這是周代之事，「象」最初或無之，以之計數或用作文字皆可。

(3)「參五以變，錯綜其數，通其變，遂成天下之文，極其數，遂定天下之象。」（易上繫）

這幾句話，比上節所言者更「玄」而難解。其實，這亦爲數學問題，如果上節(2)淸楚了，則此「玄」自可迎刃而解矣。「參五以變」，卽天（陽）數之變，擧「天三地四，天五地六」而概言之，前者指兌☱、艮☶兩卦而言，就其値而言，則 $011=2^0+2^1+0=3$（天三），從後者看，則 $100=0+0+2^2=4$（地四）。若就五字言，乃離☲、巽☴兩卦之値可解：$101=2^0+0+2^2=1+0+4=5$（天五），$110=0+2^1+2^2=0+2+4=6$（地六），卽太極、兩儀、四象，由個位數變起，逢地易爲天可得。「天地之文」者，象也（夫易者象也），「極其數，遂定天下之象」者，天地（陰陽）易位，象自然隨之而變，「極」者，由個位數開始，而逐漸易之，至一卦之最高數爲止（今不宜仍固步自封，而以八卦至六十四卦爲止，在數值上可隨吾人之需要而任意爲之）。如此，則所謂「玄」就消失於無形了。

(4)「參天兩地，圓而函方。」（漢書律曆志）

此文亦頗費解，何以「天」三而「地」兩？試就兌☱及坎☵卦言之，計其值，則011＝$2^0+2^1+0=3$（三天），010＝$0+2^1+0=2$（兩地）來看，由巽變坎，爻變則象變，象變則值變，值變則文亦變，又有何玄？至於「圓而函方」，卽老子「大方無隅」之意，「大方（square）」本函於圓內，圓之大小，決於其半徑（radius），大小可不必計，然方既函於圓內，若繪方之次數$\to\infty$，則終必了無空隙，豈非成爲一點（參前引拙作第十章）乎？故「易起於數」，信矣。

三、易之三義與我國各派哲學之發展

「易者，易也；變易也；不易也。管三成德，爲道苞籥。」（易乾鑿度）

「易一名而含三義，易簡一也，變易二也，不易三也。」（鄭玄易贊及易論）

「夫乾，確然示人易矣，夫坤隤然示人簡矣。易則易知，簡則易從（其中少一重要之變）。」（易乾鑿度）

「易」（卽變）、「簡」（卽易）、「不變」（卽不易），乃易學之精髓所在。

初視之，似頗多矛盾衝突處，實則不然，此三者乃漢代謂易爲六藝與諸子百家「原」之依據。從上節數學分析言，已可略曉其梗概，但義理終未可與「制器」（科學）擬，而易學自始出（姑認爲伏羲畫卦）至今，在我國歷史上之貢獻，義理遠勝於科學上「尚其象」之成就（固足可惜，然直至清末，學人亦不知其究爲何物，惜哉！）。但易爲六藝及諸子百家之「原」，漢人已知之而言之矣，惟後人似弗之信亦弗之重，歷二千餘年而仍爲一個謎—且信且疑，而莫能明辨，但亦莫之拒。考其因，蓋恐仍由於「玄」之爲祟，而數—數字（以往總認爲是天命、天數、神道，或術數，而深不可測）的關係頗大，當然文字上的難解「易道深矣」，如以上所擧者，固不容忽視，然數之爲物，初非直覺觀察可信而弗疑者，對一般人而言，謂0。$=\frac{1}{a}\neq 0$，恐不易使其衷心悅而誠服，謂之爲「玄」可也，而況往昔？似初不足怪且未宜責也，所足喜者，易之三解：一曰簡—易也；二曰變—改也；三曰不易—不變也。漢人言之葆之，而後人仍疑而「玄」之者，或以工具不足，或只據文求義，或以其難解而棄置之、曲解之。試觀近人胡適之言：

「易經這一部書，古今多少學者做了幾屋子的書，也還講不明白，我講易經和前人不同。我以爲從前一切河圖、洛書、讖緯、術數、先天太極，……種種議論，都是謬說（實則未必盡然，先天太極，有其貢獻）。如今要懂得易的眞意，先要將這些謬說掃除乾淨。我講易，以爲一部易經，只有三個基本觀念，㈠易、㈡象、㈢辭。

……易經常把乾坤（一、- -）代表易的『簡』，有了極易極簡的，才有極繁賾的。所以說『乾坤其易之門耶』，又說『簡易而天下之理得矣』。……第二象，繫辭傳說：『易也者象也。』這五個字是一部易的關鍵。這是說一切變遷進化都只有一個『象』的作用，要知此話怎講，須先問這個象字作何解。繫辭傳說：『象也者像也。』……本來是『物生而後有象』，象是仿本，物是原本。到了後來把所仿效的原本叫做象。……象是原本的模型，物是仿效這模型而成的。…孔子以爲人類歷史上種種文物制度的起源都由於象，都起於仿效種種法象。」（胡適中國哲學史大綱卷上）

胡適對易所言雖簡，並無新奇可言。既忽視了漢人「易爲之原」之言，又置「易起於數」而不問，固然以往「做了幾屋子的書，也還講不明白」是事實，而他的講法是否明白了呢？豈不知「夫易，聖人之所以極深而研幾也，……幾者動之微，……知幾其神乎。」（易繫辭傳）「幾」意近於「機」—機會或機率，如風雲際會之類。又可直接解爲微妙的太極，乃宇宙萬有創生的原動力，莊子曾言「萬物出於幾入於幾」、「始卒若環，若得其倫」之宇宙循環論，或庶幾得之，然悉爲難以逆料的不定情境，因令人難解。對如此嚴重問題，豈能三言兩語道之盡耶？至於他所提出的「易」—

變，象—同相或像（model），意爲「以制器者尚其象」，本寓有模擬（simulation）之意，辭—各卦爻之釋文，古已有之，非胡氏之發明。初未脫離傳統的舊說，看不出任何令人折服的創見。

四、易學三義之綜合解

從鄭玄、郭象、王弼、二程、朱熹各說研之，似乎全未能盡其微妙，考其因，總不外乎⑴只就卦爻變化上鑽牛角尖，⑵未盡信易（原始的易見附圖二）爲數所構成，⑶懷着「神」、「玄」、「奧」的心情，往返兜圈子，甚至認爲「卦」、「卜」、「占」爲其中心骨幹，所以離題越來越遠，而大失易之本旨，使後人讀此類書愈多愈糊塗，不能不說是一件深足惋惜之事。數千載來，不知浪費了學人們多少精力和時間，其所得結論，不是認爲玄奧難解，而予以棄置，就是從義理上得些成語，視之爲格言（motto）；或故意加以神化，致有河圖、洛書、奇門遁甲之說；或竟視爲迷信，而置之不屑一究（民初以來學人大率作如此觀），一看到「成變化，而行鬼神」這類詞句，就會感到厭煩，一語唾之曰：「天下寧有此事？」很自然地會將易與僞書燒餅歌、推背圖（假託劉基著）歸爲一類。又因朱熹既言「易本卜筮之書」，那麼只有「張鐵嘴」、「李半仙」等賣卜丐食之徒，奉之爲瑰寶，懂不懂不必說，豈非笑談！

然易學何以會成爲六藝及諸子百家之「原」？蓋完全來自三義。天下萬有全會隨着時間、空間，和人類生理心理之狀況而「變」，但由於極限定則的制約，變到某一程度，會產生均衡（equilibrium），而形成暫時靜止之狀，否則魚會比水多，蛇會比人衆，無論就生態學（ecology）或數學來推求（說見前），全如此，在這樣靜止的狀況下（儘管是暫時的），可名之爲「不變」。還有「生生」之「變」，如果超越某一極限，就會還原，獨不昧愛因斯坦（Albert Einstein）所言：第三次世界大戰，人類用何種武器，吾不知，唯第四次世界大戰，人類的武器，將爲棍棒石塊否？「變」是由簡而入繁，「不變」是保持靜止，「簡」是還原以後的原來狀況。此一歷程：(1)「簡」→「變」→「不變」，或(2)「不變」→「變」→「簡」，以數式表示之甚明（證見前），然而掌握與促成此種變化的原動力，厥在「太極」，而概可以卦象表示之，如：

(1)「不變」：☰乾卦可以代表之，「天不變，道亦不變」，更代表光明—天無所不覆、日月無所不照臨，和積極樂觀—「天行健，君子以自强不息。」（易上繫）儒家得之最多，故其哲學之中心爲「仁」，「天何言哉，四時行焉，百物出焉，天何言哉。」，「唯天爲大，唯堯則之。」（均見論語）

(2)「簡」：䷁ 坤卦可以代表之。「至哉坤元，萬物資生，……厚德載物，……含弘光大。」（易上繫）意爲無所不載，博厚寬大。墨家得之最切，故能成其「兼愛」、「尚同」、「非攻」之說。

(3)「變」：最複雜也最重要，上至乾下至坤，無所不包，其形可因環境而變，其言亦因時間而改，其行爲乃因對象而異。以道家得之最著，所謂「玄同」、「玄德」、「微明」、「和同」，無非是「微妙玄通」，「因應變化」而已，故最難解而效用亦最大。

就我國歷史考之，對易學了解最徹底而予以應用者至少有二人，(1)老子援之以成其微妙玄通之哲學—道德經、(2)諸葛亮取之以演成其「八陣」（卽游擊戰）。其他各家如法、兵、縱橫等，乃摭自道之點滴而已，容後論述之（參附圖十）。

如是，則易爲諸子百家哲學之「原」，豈虛語哉？

我中華文化本爲獨立而成之完整單元，現在既然知其「原」、明其支、曉其終極的理想「大同」，欲達成理想，必須有妥當運用的手段—學說蓋見於諸子，「各推所長，窮知究慮，以明其指」，悉言之有物，非水中之月、鏡中之影也。若彊分畛域，棄彼守此，是「桃李不艷於春，而蘭菊不芳於秋（章學誠遺書）」，且手段（means

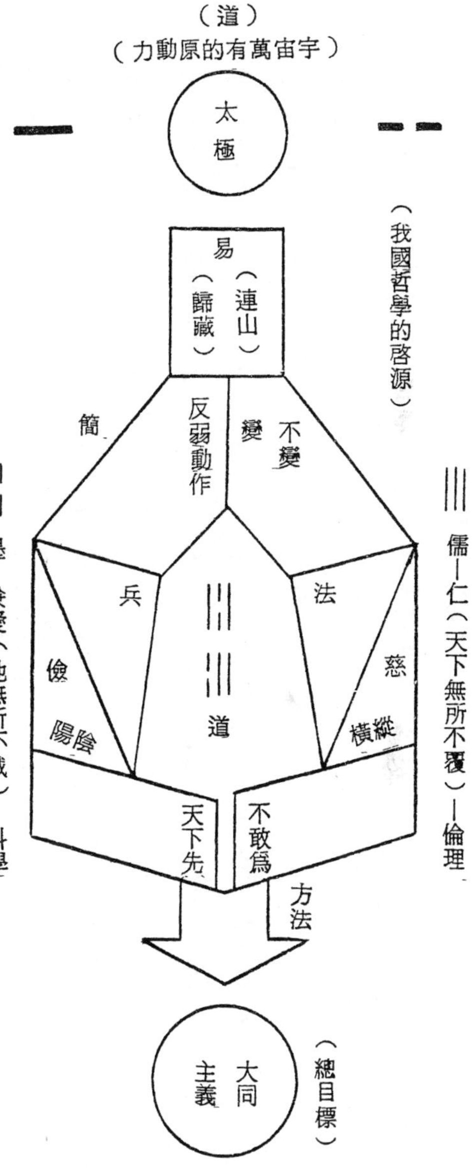

附圖十：我國同源同歸的管理哲學簡圖

）之遴選，初無妨於目標（ends ）之堅守，第因應變化而決之可也，且手段愈多，則其可採行之方法（alternatives）亦愈夥，寧非大有裨於目標之達成也乎？視附圖十可知矣。

附註

註一：John Drinkwater, '*The Outline of Literature*, London : George Newnes, Ltd. 1930, ch. 1

註二：Cf : Paul Benacerraf and Hilarg Putnam, *Philosophy of Mathematics* ; : *A Book of Readings*, Englewood Cliffs, N. J. : Prentice Hall, Inc. 1964 ; pp. 79-83 ff. Robert Blanche, *Axiomates*, New York : The Free Press, ch. 3; Elliott Mendelson , *Introduction to Mathematical Logic*, New York : D. Van Nostrand Co., 1964, chs. 3, 7; Immanuel Kant, *Prolegomena to Any Future Metaphysics* , Sect. 1-13, New York : Liberal Arts Press, 1950, chs. 1, 5,

叁、「易變」、「諸葛八陣」與「游擊戰」

一、概說

「功蓋三分國，名成八陣圖」——杜甫——

「內精八陣之變，外盡九成之宜，然後可以用奇」——汪宗沂——

「八陣」戰法為孔明一生最精心的成就，由於載籍殘缺，復經後人之穿鑿附會，幾乎變成了不可思議的神話了，事隔一千七百多年（孔明卒年為二三四），直使人且憾且疑，大有無所適從之感，若欲從最初的記載裡去探索，直屬徒勞，若：

「推演兵法，作八陣圖，咸得其要云。」（三國志本傳）

「推子八陣，不在孫、吳。」（三國志本傳裴注）

或云：「黃帝始制八陣法，敗蚩尤於涿鹿。隋韓擒虎曾以八陣法授李靖，李靖因之以制六花陣（均見三國志集解）」，從這些記載裡，既看不出八陣的眞貌，更無法窺悉八陣的微妙。誠有「非常之人，非常之業，泯沒於謬悠之口。」（梁啟超中國六大政治家序）之恨。八陣原文，據晉書的記載，乃燬於晉初「八王之亂」：

「陳勰爲文帝（司馬昭）所待，……及蜀破後，令勰受諸葛亮圍陣、用兵、倚伏之法，又甲乙校標幟之制，勰悉闇練之。」（晉書職官志）

司馬昭既視孔明八陣爲「密笈」，自不許其公之於世，故陳壽撰三國志時，只知其名，未睹其文，既不載本傳，亦未錄入其所編之諸葛氏集，後人自益無從得悉。若謂孔明八陣係演自黃帝、風后之陣法，然黃帝、風后之陣法又何在？亦難以據之而探究。

目前只好根據：

1.易長於變之「變」的原理。

2.兵學學說之精髓。

3.道家學說之菁華。

4.孔明北討之戰史。

綜合分析而揣度之，雖屬臆斷，但求言之成理，以膚淺之粗作，聊供賢者之評鑑耳。

二、易變與諸葛八陣

易學一作，繫辭與十翼悉成於周代，其原始之作，徒爲經由⚋、⚊兩符號所構成之卦畫，但其數學結構，極爲嚴密，其在數理的應用上，迄今仍爲電子計算機所宗，歷久而彌新。唯其成書之時代，自來咸謂伏羲畫卦，確切年代，雖有待考證，但總在西元前六千年左右，謂其爲我國第一本書（漢代學者咸信易爲六藝之原）或人類第一本書，似無不妥。

「易長於變」，考之繫辭「生生之謂易」之說，甚爲妥切，生生者，生生不息也。既「生生」又「不息」，其意則充份表示出一個活生生的「變」字。孔明八陣，既「不在孫、吳」，與其說是由「推演兵法」而成，雅不如謂其係成自孔明心法，既乏其確據，何必言「推演」？自然，八陣是一種作戰的陣法，當然離不了兵學戰陣的應用，强謂其爲「推演」，自亦無不可，然以八陣戰法特殊，既集各類戰陣之大成，且在戰鬥精神上，尤屬出神入化、深不可測，自成一獨立體系，稱之爲「諸葛心法」可也。

值建興六年至九年之間，凡五戰，而「亮率數萬之衆，其所興造若數十萬之功。」（三國志裴注）者，悉賴八陣戰法有據矣。

八陣之微妙，厥在其戰鬥精神—心理的廉價戰爭，就形態言，一般曰：「四頭八尾，觸處爲首」。

第一：「四頭」者，蓋指方陣之四角。方陣爲戰陣之基本形態，當駐軍防守時，最爲適宜。「方則止」（孫子兵法兵勢），因爲方陣的四邊，悉爲「率然」，「率然者，恒山之蛇也，擊其首則尾至，擊其尾則首至，擊其中則首尾俱至（竹簡吳孫子兵法）。」方陣用於防守時，固極適宜，然而用之於危疑地區之行軍，亦可確保全軍之安全，且戰且行，堅而難摧，隋時伐突厥，率以戎車爲方陣，步騎相雜，騎居其中，以備胡騎之奔突（參隋書楊素傳及資治通鑑隋紀四），當段凝統大軍赴楊劉時，李嗣源說莊宗直驅汴梁，方陣而行（參新、舊五代史莊紀、明紀）。方陣旣四邊皆具恒山之勢，安全可保，宜乎孔明行軍之「止如山」也（三國志本傳裴注）。就八陣而言，其止也，縱橫皆八——「八」固可以易學所慣用之符號（卦畫）八卦代表之，揣其意可爲兵種之區分、或兵種單位之化分，分則爲八，合則爲一，其爲用也，一視敵人之兵力與地形而調動，並無一成不變之成規，故爲衝不破、打不垮的兵陣，安靜而堅重，乃八陣之基本陣，質之建興六年祁山之戰，街亭兵破，「亮屯去數里不救，官兵相接又徐行。」（三國志本傳裴注），八年赤阪之防禦戰，九年南圍之守備戰可證（參附圖十一）。

第二：八尾者，八方也，「圓則行，故善戰人之勢，如轉圓石在於千仞之山者，勢也（孫子兵法兵勢）。」圓陣乃進軍或攻擊時所宜，以「其勢險，其節短」，圓旣

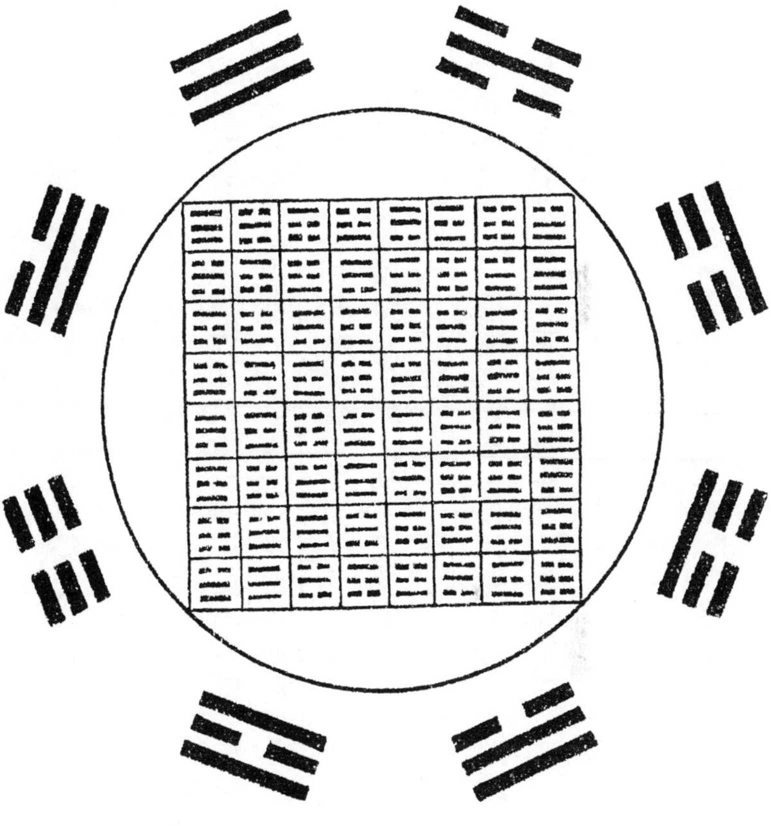

附圖十一：八陣方圓相育圖（方涵於圓）

易動，動則愈迅速愈妙。圓形如循環之無端，並無首尾之可言。唯「觸處爲首」，只要任何一方與敵軍接觸，則方向自可因敵人接觸之位置而定，則東、西、南、北、東南、西南、東北、西北八方可定矣。因方位不固定，第視與敵人接觸之方位而定，乃姑以易卦符號代表之。其優點在行動快速，無隙可乘，且一旦與敵人接觸，自可集中力量攻擊之，所以孔明行軍「進退如風。」（三國志本傳裴注）。若建興六年冬退軍之斬王雙，七年孔明之突臨建威，八年魏延、吳懿之遠征西羌，九年孔明之統衆赴敵，連戰於上邽、鹵城，退軍時復殺張郃於青封，十二年大軍作敵前有秩序之撤退，皆其例也。唯圓陣乃係由方陣所變化而成，兵力之分配與兵種之運用，亦悉視敵人之戰力與地形而定，其爲用在動（參附圖十二）。圓既如循環之無端，則前進、後退，或左右旋轉，運動自如，唯一旦與敵人遭遇，可依地形之需要而變化無窮，奇正相生，唯在用其「數」、强其「勢」、固其「形」耳，故孫子曰：

「治亂、數也，勇怯、勢也，强弱、形也。」（孫子兵法兵勢）

圓成於方（可由老子「大方無隅」一語得之），方涵於圓，圓復可變爲方，至於攻擊時所利之錐形、雁行、直銳、縱橫等陣（參竹簡兵法孫臏兵法），則俱可及時成之，例如：

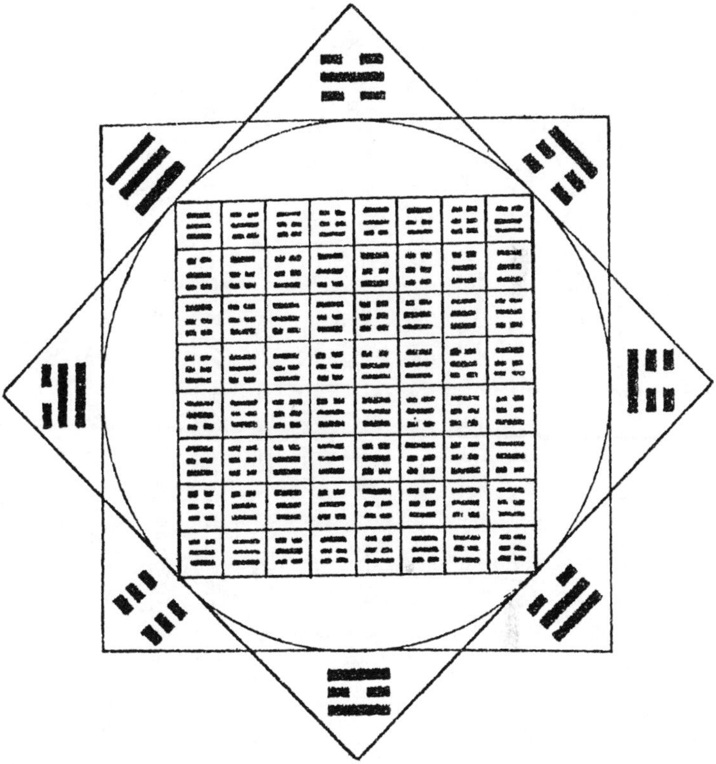

附圖十二：八陣方圓互包圖（圓寓於方）

建興九年孔明分圍攻祁山之軍，馳迎司馬懿之援軍於上邽及鹵城，爲了行軍迅速，其陣似必爲圓陣，於上邽擊潰郭淮邀擊之軍，其陣蓋爲錐形陣。小住上邽而大芟其麥時，其陣當爲方陣。於鹵城與司馬懿約期會戰時（同年五月辛巳），遣魏延、吳班、高翔三路接戰，其陣似爲橫列平行之直陣，而兵分三路迎敵，形雖橫直，而勢則縱銳，藉以展其威力，故能一鼓而破之。當其退軍途經木門道，張郃來追，時以地形狹險，沿山易伏，且行且伏，自以雁行陣爲宜，故號令一發，魏軍就殲，而張郃授首。

建興六年春祁山之戰，名爲圍攻，實則爲武裝耀威，若攻堅之軍，乃以堂堂之陣、正正之旗爲之，未必一鼓可下，然而漢軍之：「戎陣整齊，賞罰肅而號令明。」（三國志本傳）客軍攻城，而措施如正，所設似爲齊行的方陣，排成圓形。

七年爲支援陳式之後方，期其圓滿達成奪取武都、陰平兩郡之任務，孔明乃統軍突臨建威，驅走郭淮，其行軍之迅速如此，「圓則行」，亦疑其爲圓陣而急行矣，蓋客軍急行深入，不可不隨時備戰。

八年曹魏分兵三路來襲，孔明屯軍於赤阪以待之，以地形觀之，西有沔陽、東有城固、中有漢中，南臨漢水，北近秦嶺，是孔明置方陣於四隅，以確保安全，設半圓陣（亦稱却月陣）於漢水之北，俟敵衆進入其預設陣地時，既「先爲不可勝」，自可安然「待敵之可勝」，或予以各個擊破，或加以聚殲剿滅，或絕其糧道、斷其歸路，一舉而殲之，是孔明之防衞戰，乃方圓並用，正八陣之妙用得展矣夫？

十二年大軍逕出斜谷道直驅渭濱，設總司令部於武功五丈原，此次行軍雖爲大部隊之大規模運動，行則圓、止則方，大軍既達，龍驤虎視於渭南長安、陳倉之間，駐軍自爲丘井方陣，行師當爲重卦圓陣，四頭八尾，安若泰山，使軍事活動或分散或集中，一隨己意，然總司令部與各兵種各作戰單位間之連繫，却暢通無阻，否則何以能從容閑暇分兵屯田，又何以會大軍作敵前有秩序的撤退，而敵軍竟不能所制、亦了無所悉？此固爲奪心奪氣之功已收，然確切控制面、掌握線、孤立點之八陣戰法，亦已隱然可見矣。而其形態萬千，變化無常，形人致人之功能，奪氣奪心之效果，又豈非明晰而確切，考其原，乃直接應用易學之「變」字，方圓視行止，分合應需要，八陣之神微，意在茲乎？若謂其「治戎爲長，奇謀爲短。」（三國志本傳），其又誰能信之！治戎者乃正兵之常規，奇謀者奇兵之出奇變化也。

若視八卦的每一卦各爲一獨立之單元（object），如附圖十三所表示者，各獨立單元之機率爲齊等（equally likely），則在八卦中，每次取一個單元，而變更其位置排列之次第（ order ），如不考慮其出現之次第，只注重其組合的數量（ number of combinations ），因爲它們爲任意變數（ random variable ），以組合（ combination ）計算之，則所得之值均相等，即每一單元（卦）位置變化之次數各爲八‥試以組合方法計算之‥

$$C_r^n = C_1^8 = \frac{8!}{1!(8-1)!} = \frac{8 \cdot 7!}{7!} = 8 \quad \text{where} \quad n = 8, \ r = 1$$

且其排列之位置，縱排與橫排無別，故縱橫皆八，就八個獨立單元而言，其位置變動之總數，恰爲 8 × 8 ＝ 64，正所謂

「六十四魁，八八成行。」（高似孫緯暟）

「縱橫皆八」，合爲六十四聚，恰好形成一方陣。每一魁（卦），在軍事編制上，可視爲不同兵種之區分，或相同兵種之番號識別，或兩者兼而有之，俱無何不妥。若邵雍周易重卦之圓圖，六十四卦乃試驗次數爲六所組合而成，即‥

$$\sum_{r=0}^{n} \binom{n}{r} = 2^n = 2^6 = 64 \quad \text{where} \quad n = 6, \ 0 \leq r = 6$$

六十四重卦之數，以上述方法排列其位置，次第並不重要，則恰可構成一方陣，「四

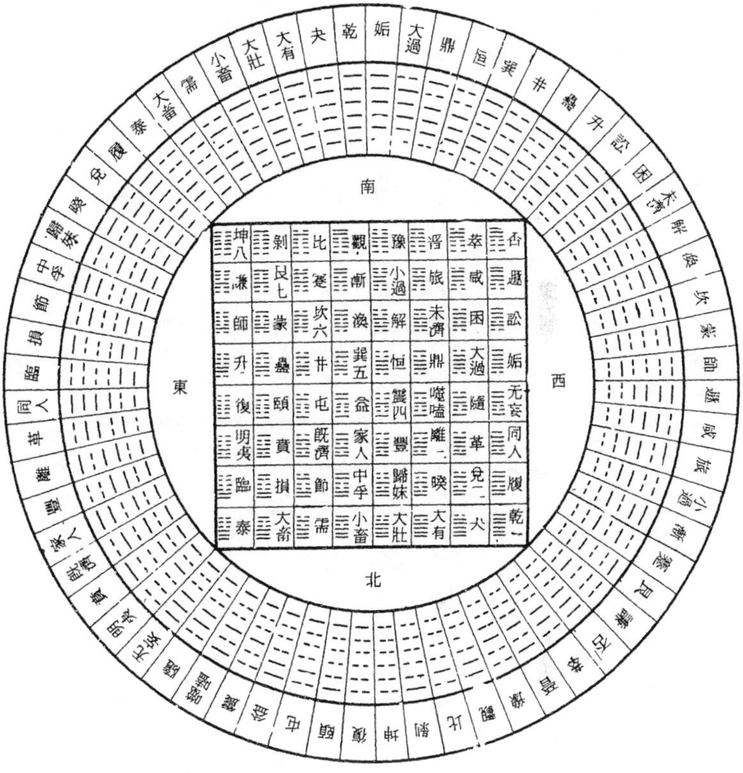

附圖十三：六十四重卦八陣方圓排列圖

頭」仍爲正方形之四角，唯「八尾」則每「尾」由一卦變爲八重卦。兵陣若一旦由靜改動，自方變圓，則其兵力之配合，可益爲雄厚而強大。由方陣改變成圓陣，若兵力不斷向外擴散分佈，則其影響的範圍益大，控制的面積亦更廣，如從不同兵力之分佈言之，就八卦八個基本單元而言，則有六十四種不同的擴散重疊法，果欲繼續擴大其影響範圍，則在圓陣之外圍，將可繼續重疊，以抵於無窮，正符易學「生生不息」之義。而且圓的本身，本來就涵寓著宇宙萬有原動力「太極」之義，其力量之發揮與演化，充沛著「變」與「生」，既符合自然之理，更顯露動態變化之實，如是則「八陣」之演，厥爲易學之直接應用可信矣（參附圖十三）。

易學甚古，以其難解而號爲我國「三玄」之首。然就其「原於數」、「長於變」的本質言，老子援之以成其道德之微，孔明用之以演其「八陣」之妙，前後映輝，異曲同工，亦云奇矣。

三、八陣之方圓變化

八陣戰法，本「不在孫、吳」（三國志本傳裴注），陳壽謂之成於「推演兵法」（三國志本傳），因其未睹原文，想亦係揣測。若云「推演」，就上節之討論，非「推演」兵法，乃「推演」易學而成之。然以文獻久缺，凡千七百餘年來，學者咸知有其物而莫曉其妙，致群說紛紜，衆疑橫生，逐漸變成歷史的神話了。或就「八」推之，或從「陣」言之，或由「圖」說之，或合而論之，莫衷一是。實則八陣戰法，勝孫、吳遠甚，殊未易言也。

(一)談「八陣」之「八」

何良臣云：

「諸葛亮乃原握奇，因乘之，推河、洛之方圓，寓井田之遺制，分四奇四正（合恰爲八），以西北乾位，故名天陣；西南坤位，故名地陣；東南巽位，故名風陣；東北艮位，故名雲陣；東方貴青，而爲龍陣；西方屬白，而爲虎陣；南方屬火，而爲鳥陣；北方屬水，而爲蛇陣；方將居中，握四陣爲餘奇，別有游騎二十四隊，以繫八陣之後。大抵陣隊相包，奇正數別，伸縮翕張，進退有節，爲方、爲圓、爲曲、爲直、爲銳，或滾或歸，或前或後，合而爲一，別而爲九，變之無窮，觸處爲首。」（陣紀卷三）

何氏之說，對「八」言之甚明，亦頗能道出八陣之「變」，「推河、洛之方圓」，「河（圖）、洛（書）」即易之別名，何氏一掃「推演兵法」之說，尤屬可貴，以方位之說，定「八尾」之數，深具創見，然徒談行軍與列陣之用，未及八陣循環無端之微，且强爲八名以符合「八」陣之數，甚無謂也，乃靜態觀的看法，若四奇四正之說，有違八陣奇正相生之妙，握奇、井田之論，亦頗牽强，井田尚可喻，握奇則無可考矣，所謂游騎二十四隊者，得非八尾卦畫之二十四爻歟？

文選謂：

「八陳、一曰方陳（基本陣），二曰圓陳，三曰牡陳，四曰牝陳，五曰衡陳，六曰輪陳，七曰浮沮陳，八曰雁行陳。」（文選四十一、五十六注）

此說除方、圓合於八陣之基本精神外，强以八名應「八」之數，無甚意義。

徐昂云：

「諸葛八陣，昉於黃帝風后，而實得於心法，非專推演也。故其壘石於沙，縱橫皆八。其曰天衡、地軸、天前衡後衡，與夫曰風、曰雲者，陣之名也。六十四者，陣之多寡，相乘之數也。佈之各有其方，列之各有其位，游兵二十四陣，在六十四陣之後，名曰却月陣，開闔作止，間陣與八陣皆同。下營之際，環衞於後，出入神速，應敵取勝者，此總圖之合歟？若其內外之分，爲天覆、地載；左右之分，爲風揚、雲垂；前後四隅之分，爲龍飛、爲虎翼、爲鳥翔、爲蛇蟠者，此八陣之變歟？合不自合，而包含無盡；變不徒變，而應敵無方，堅如盤石，觸之者

碎，熾如烈火，犯之者焦。此司馬懿所以甘受巾幗之辱，而終不敢輕出以取敗也。」（藍章八陣圖說序）

以八種陣名，應八陣之「八」，而以內外、左右、前後四隅辨之，談基本方陣，尚屬勉強，而「游兵二十四陣」，如何組成，又何必「列於六十四陣之後」？頗費解，豈每一陣各抽三人以為握奇乎？游軍乎？奇正本無區異，似無此必要，以孔明之略，恐非其所取也。

「八」之數，蓋依八卦之「八」而揣推得之，固不無可取，然其陣如何佈成？作用又何以如此熾烈，諸賢俱未能道其微。藍章依易八卦、二十四爻、六十四重卦之數，進而解之曰：

「六十四壘布於前者，八陣也。二十四壘環於後者，却月陣也。六十四重，易之卦也，二十有四作，易之畫（爻）也。卦定於方以知，故八陣象之，卦自畫起，方自圓生。壁門者，陰陽之象也，握奇者，虛中之象也。奇正之變，皆出於此。奇亦為正之正，正亦為奇之奇，彼此相用，循環無窮。」（藍章刻八陣圖序）

八陣直接演自易，似無足疑，然「易原於數（mathematics）」，「易長於變」，「八」之為數有其據，八陣之法，重在精神，似無必要強為之名，以恰符其數。奇既爲正之正，正亦爲奇之奇，又何需二十四游兵，以符二十四爻之數乎？

㈡說「八陣」之陣

談作戰，在古代戰爭中，固然「兵以詐立，以奇勝」的原則存在，「攻心爲上」與「屈人之兵，而非戰也」的學說盛行，然而眞想完全作到「不戰而屈人之兵」的事例並不多，既談戰，就離不了「陣」。故「陣」在兵學中，仍佔有其舉足輕重的分量。據史乘的記載，自來陣名綦夥，若黃帝之「握奇陣」、姜尚之「五行三方陣」、周公之「農兵陣」、楚武王之「荆尸陣」、鄭莊公之「魚麗陣」、管仲之「內政陣」、晉荀吳之「崇卒陣」、吳姬光之「鷄陣」、孫武之「乘之陣」、李靖之「六花陣」、吳璘之「叠陣」、張威之「撤星陣」、王夔之「圓陣」、戚繼光之「鴛鴦陣」等，名目繁瑣難以盡數，蓋各以己意，因敵而爲之，用之有成而爲之名，已難以細考。唯韓信的「垓下陣」，經富於情而麗於辭太史公的大手筆，描述的有聲有色，時韓信以二十萬衆敵項王：

「皇帝在後，孔將軍居左，費將軍居右，絳侯、柴將軍又在皇帝後，淮陰侯先合不利，却，孔將軍、費將軍縱楚兵不利，淮陰侯復乘之，楚以大敗。」（史記淮陰侯列傳）

韓信、劉邦、周勃、柴將軍列銳陣成正兵，孔、費二將軍分佈左右爲奇兵，韓信初以弱卒羸兵誘項王，佯以敗却爲餌；引其深陷，而後縱奇兵合正兵四面合圍以取勝，似乎不外乎一個大規模方陣之引用耳。

五代的梁、唐對峙於楊劉十餘載而勝負不決，當梁將段凝統大軍傾巢西行時，李嗣源諫李存勗率奇兵乘虛直搗大梁，方陣橫行，日夜疾驅，遂一舉而滅之，所用亦是方陣（新、舊五代史莊紀明紀）。

「方陣」一般用之於住營防禦，堅重而安靜，有時亦可用之於行軍與攻擊，拿破崙於一七九九年對埃及馬梅和克族騎兵團之戰，與隋代伐突厥之戰同，多用方陣，以防敵騎之奔突，戰、防悉然，李嗣源之策，用意亦在深入敵境，確保安全。圓陣對行軍急進時，自然迅速，但對特殊要衝地形之防守，若孤山海隅，亦宜用之。「八陣」之長在變，一方遇敵，立刻以有利陣式應之，圓可變方，方能成圓，唯在舍短用長，因應變化。

孫臏言陣，有十陣、有八陣，十陣者：

「有方陣、有圓陣、有疏陣、有數（密）陣、有錐行之陣、有雁行之陣、有鈎行之陣、有玄襄之陣、有火陣、有水陣，此皆有所利。方陣者，所以剸也；圓陣者，所以榑也；疏陣者，所以吴也；數陣時，爲不可掇，錐行之陣者，所以決絕也；雁行之陣者，所以接射也；鈎行之陣者，所以變質易慮也；玄襄之陣者，所以疑衆難故也；火陣者，所以拔也；水陣者，所以倀固也。」（竹簡孫臏兵法）

「用八陣戰者，因地之利，用八陣之宜。用陣三分，誨陣有鋒，誨鋒有後，皆待令而動。圖一，守二。以一侵敵，以二收。敵弱以亂，先其選卒以乘之。敵强以治，先其下卒以誘之。車騎與戰者，分以爲三，一在於右，一在於左，一在於後。易、則多其車，險、則多其騎，危、則多其弩。險易必知生地、死地，居生擊死。」（同書）

孫臏所談之「十陣」、「八陣」，前者爲列陣之形，後者爲兵陣之用，與孔明八陣，似無直接關聯，然亦有其相關之處。王當述孔明八陣戰法云：

「八陣之法，四奇四正，基部壁立，其體皆方，奇正相生，風旋日暈，其用皆圓。蓋方利於正，方其體，則其勢固密，故其徐如林，不動如山，難知如陰，此所以爲不可犯也。圓利於動，圓其用，則其勢健決，故其動如雷，其疾如風，侵掠如火，此所以爲不可禦也。其體雖方，而圓在其中，其用雖圓，而方在其內，此所以爲不可測也。奇正相循，出入往來，如環之無端，體用迭作，合散變化，如神之不窮。圓之爲用，如身使臂，如臂使指，雖五旅之師，師如一身，如木百圍，根株相連，各有體統，友禦相屬，各有條理，雖五師之軍，軍如一本，故其法曰：紛紛紜紜，鬥亂而不可亂，渾渾沌沌，形圓而不可敗。圓之爲利，其來久矣，圓之爲用，務以分其勢而散其兵，疑其心而亂其目。勢分則陣薄，兵散則氣怯，心疑則易却，目亂則易眩。圓之爲用，以將雜卒，卒恃其將；以强雜弱，弱恃其强；將卒相恃，理必俱勝，强弱相恃，勢不偏敗，突出爭先，鷹揚兎脫，不可拒也。併力齊怒，齊勇如一，不可遏也。其氣益銳，其節益險，如驚湍巨浪，不可涉也。如層崖峻谷，不可越也。使敵得之，如蟲之着網，魚之在笱，虎之陷穽。是以其將可却，其兵可殺，其重不可脫，此八陣之法也。營室之法，四奇四正，屯亦如之。戰陣之法，左旋右轉，教亦如之。教之有法，必欲其誠，蓋誠則久，久則天，天則神。故前後相屬，首尾相接，如得於天，如出於地，莫知其所以然而然者，入於神也。教之爲法，築土爲壇，其形皆圓，其數皆八，壇之高下，與人相稱，壇之濶狹，與陣相稱。奇旋向左，正旋向右，旋向左者，攻其外也，旋向右者，攻其內也。或旋向左，或旋向右，便其用也。或攻在內，或攻在外，亂其例也。」（趙忭趙清獻公集八陣圖集記）

王氏以四奇四正爲八陣之骨幹，方、圓之用爲八陣之精髓，言之確有物；然亦似未能說明八陣形成之理、與結構之狀，所論似爲戰法，而非陣法也。談八陣戰法者甚多，若：

「行必魚貫，立必雁行。……陳間容陳，足曳百刄，隊間容隊，可與敵對，大將握之不動，以制四面八陳，而取準則焉。」（武侯八陣兵法輯略）

「回軍轉陳，以前爲後，以後爲前，進無奔迹，退無速走。……其人之列，面面相向，背背相承。前防其前，後防其後，左防其左，右防其右。」（同上）

據云馬隆征涼州時，選士二千七百人，配車一百六十八乘，以三百人爲游奕，依孔明八陣圖分佈四層。道路寬廣時，以木置車上作拒馬，向外結營而進，名爲「鹿角車營」。值道路狹隘時，車上又放木屋，以避矢石，車居前，人隨後，且戰且前，名曰「偏箱車陣」，以敗樹機能的大軍（參晉書馬隆傳）。

李靖仿孔明八陣，而變其中隅落鈎聯，曲折相對之形，以車、步、騎相間爲用，以車爲駐隊，步爲陣鋒，二者居前爲正兵，各騎爲戰隊或跳蕩，居後爲奇兵，因布「六花七軍陣」。隨其地形，去中營而變爲曲、直、方、圓、銳五圖，名爲「六花曲陣」、「六花直陣」、「六花方陣」、「六花圓陣」、「六花銳陣」。若處險阻地區，仍以七軍爲陣，向背得法，而布成「偃月陣」，所向輒克，故：

「其征遼也，乃結束七軍爲四團，方揚高祖之制，爲四門斗底陣也。其征突厥時，因乘之陣法，復變爲六十二，以四奇八正，首尾相因，行止相隨，生死同義，名之曰十二將兵法也。其定邊時，雜蕃、漢之兵而用之，外營十二陣皆步，而騎各包步卒之中，一奇各當一正，一正不離一奇，一陣受敵，各自爲戰，奇正相混，使人不知，所謂無不是奇，無不是正，而名之十二辰陣也。」（陣紀卷三陣宜）

克勞塞維茨談戰陣云：

「最好的舍營形態，爲近似方形或圓狀的橢圓形，以集合地置之中央（中空），果兵數龐大，司令部應推進於第一線，其位置應盡可能設置於安全地帶。」（註一）

此說頗近圓易動、中央握奇、與觸處爲首之意。一九四〇年盟軍統帥蒙哥馬利在非洲應付機動神速的「非洲之狐」德將隆美爾時，以裝甲戰車排成方陣，其間距離約爲一萬碼，各配以足夠的砲兵和步兵，另以砲、步、裝甲兵混合組成機動的預備隊，居於方陣之內爲奇兵，可隨時赴援受威脅之地區，或當德軍迂迴時，攻擊其側翼和後方，方陣的各面，乃形成獨立作戰的單位，成效斐然。

李昭玘論八陣陣法，分為四種，各為之名：

一曰「三才陣」：

「日月星辰斗杓，一左一右，一迎一背，謂之天陣；丘陵水泉，左右前後之利，謂之地陣；用車用馬，用文用武，謂之人陣。」

一曰「五時陣」：

「春為牝陣，弓為前行；夏為方陣，戟為前行；季夏為圓陣，矛為前行；秋為牡陣，劍為前行；冬為伏陣，盾為前行。」

一曰「四獸陣」：

「使商人為前，兵象白虎；使羽人為前，兵象玄武；使徵人為前，兵象朱雀；使角人為前，兵象青龍。」

一曰「五行陣」：

「木之直，金之圓，火之銳，水之曲，土之方。」（八陣論）

在載籍裡，陣名繁多，論其實，似不出孫臏十陣之範圍。談八陣，或强以八數符之，或第以戰法言之，率出自揣測，成於想像，似只能說明八陣之數與形，而未能盡暢八陣之神與微。唐太宗詢李靖曰「天、地、風、雲、龍、虎、鳥、蛇，斯八陣何義

「八陣圖在魚復者，隨江布勢，壘石爲規，前障壁門，後依却月，縱八橫八，魁容二丈，內面偃月，九六鱗差。江自岷來，奔怒湍激，驚雷迅馬，不足以敵其雄也；徙華變滄，不足以窮其力也。磊磊斯石，載轟載舂，知幾何年，曾不一仄。」（同上）

4. 荆州圖副：

「永安宮南一里，渚下平磧上，週迴四百一十八丈，中有諸葛孔明八陣圖，聚細石爲之，各高五尺，廣十圍，歷然棋布，縱橫相當，中間相去九尺，正中開北巷，悉廣五尺，凡六十四聚，或爲人散亂，乃爲夏水所沒，冬水退，復依然如故。」

上述八陣圖遺跡，以魚復爲最完亦最神，蘇軾曾作如下的記載：

「武侯造八陣圖於魚復平沙之上，吾嘗過之，自山上俯視百餘丈，凡八行爲六十四蕝，蕝正圓不見凸凹處。又就視，皆卵石漫漫不可辨。」（諸葛義諸葛亮全集八陣）

水經注亦云：

「諸葛八陣磧在䕫城者，江沙上碎石，行行如引繩，春冬時見，夏秋沒於水。然江漲卽浮磧上數十丈，比退，而陣石如故。」

依此類記載，八陣圖之遺跡，竟能歷久不毀，直近似神話，魚復之圖，尤屬費解。孔明一生道經該處凡二次，一爲建安十九年，「諸葛亮、張飛、趙雲等將兵泝流定白帝、江州、江陽。」（三國志昭烈傳）二爲章武三年（卽建興元年），孔明奉詔自成都赴永安受遺詔。兩次俱戎馬倥偬來去匆匆，何暇作八陣圖於魚復平沙之上，以訓練其部隊？且前者荆州未失，戰略未改，後者瑣冗頻繁，奚來餘暇？八陣戰法之推演，似在建興元年以後，以北伐之師，既然只有出秦川一途，且敵我强弱異勢、衆寡懸殊，既欲滅彼强賊，再造漢室，不得不殫精極慮，想出克敵致勝的八陣戰法。若孔明對此一戰法，久已成竹在胸，則當其都督荆州與襲奪益州時，何不及早訓練部伍，致有荆州之失、秭歸之敗？質之孔明之言：「自今行師，庶不覆敗。」（水經注及荆州記）足以證之，且「圖」既爲訓練之用（與今日之靶場類似），何能久存？故各家記述，頗堪懷疑，而魚復之八陣圖，尤屬難信。

八陣圖之創制，可依其精神爲之，圓含方、方包圓，直、鉤、銳可因敵而立變，唯「方」、「圓」爲其應敵於無窮之基本骨幹，且彼此涵育，幾有異名同體之勢，蓋悉據易長於變而成於數之理，故制作之亦不難：

1「丘井法」的雛形八陣：

「丘井法」之起源，或云黃帝、或云風后、或云太公（參王應麟玉海兵制），但其法爲「數起於五、終於八」。若作一正方形，於其中均勻畫四條縱橫垂直線，恰成一「井」字，如此則區分爲九。虛其中爲總司令部，與之相連四區，各實以兵爲軍營，其數恰爲五，五亦正居九之中。另四區爲閑地，可舍營亦可留作訓練空地，果亦實之以兵，則就總司令部言，爲諸部環繞，其數爲八，恰合八陣之數。若總司令部不必居中，而可依敵情任意遷移於任一區，則九個獨立單元之可能變化位置爲八十一（參附圖十四），正符「內精八陣之變，外盡九成之宜」之說。圖所示之排列法，乃爲：

$P_9^9 = 9! = 362,880$ 中之一例。

2.「大方無隅」法所形成之八陣：

(1)先畫一圓，通過圓心，作兩相垂直之直徑，以直線連圓周上四交點，則成爲圓內之正方形，此爲八陣之基本方陣，其交於圓周上之四點（隅），可名之爲「四頭」。再自圓心向正方形的四邊作垂直線，而延長直交於圓周，乃劃分圓周爲八弧形，即可視之爲「八尾」（參附圖十五A）

(2)將上述正方形兩垂直直徑所形成之四直角，予以等分，延長其分角線至圓周，

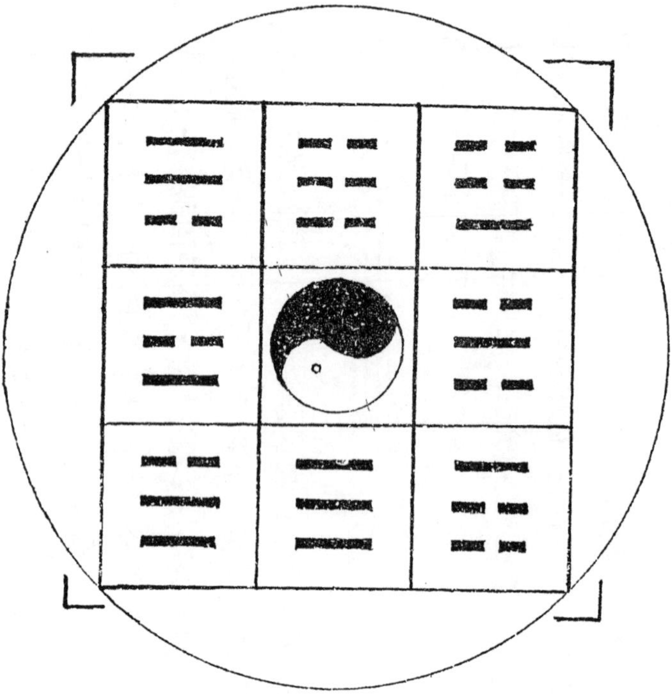

附圖十四：丘井九成八陣法

則所形成之八弧形，各爲四十五度，與⑴法同，「八尾」亦可得（參附圖十五B）。

⑶將基本正方形鄰圓周之四直角四等分之，各延長其分角線至圓周，則每角爲22.5° 而其所對之弧爲45°，其數爲八，卽可名爲「八尾」（參附圖十六A及B）。

此三種方法，所得結果相同，圓形如環，本無所謂「頭」、「尾」，但「觸處爲首」，若觸處既定，則方位亦定，則「八尾」—東、西、南、北、東南、西南、東北、西北—可得（參附圖十七B）。

依⑴法繼續爲之，果劃方之數趨於無窮大，則圖卽變成一點而無空隙，隅盡失矣，正所謂「大方無隅」，方可變爲圓，圓亦涵無窮之方（參附圖十七A）。但此一方圓圖位置排列之方，乃是 $P^8_8 = 8 \times 7 \times 6 \times 5 \times 4 \times 3 \times 2 \times 1 = 40,320$ 中之一種，亦可視爲一特例。

3.邵雍重卦方圓相配法：

邵雍重卦方圓圖，本寓有八陣之義，果視每一重卦各爲一獨立的單元（independent object），若以組合方法計之，則每一獨立單元之可能安放的位置，爲：

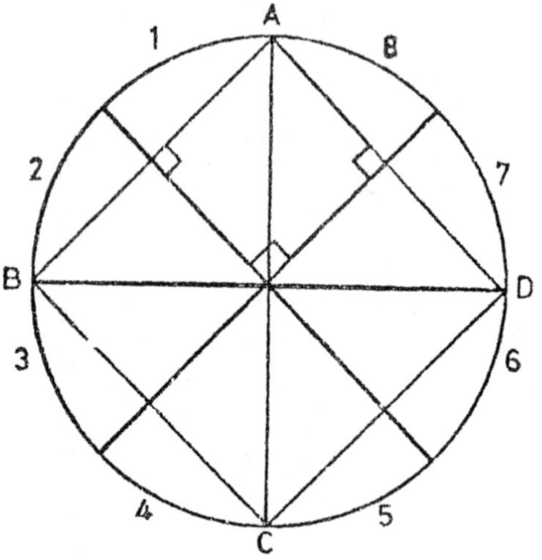

附圖十五(A)：八陣之方位與其方圓縱橫之陣形

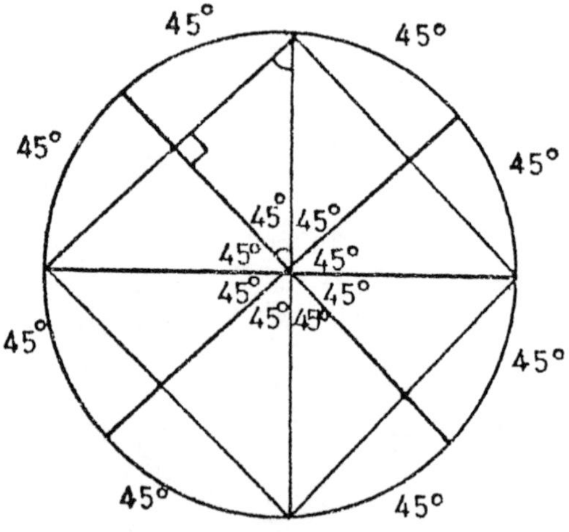

附圖十五(B)：八陣方圓涵育之制作

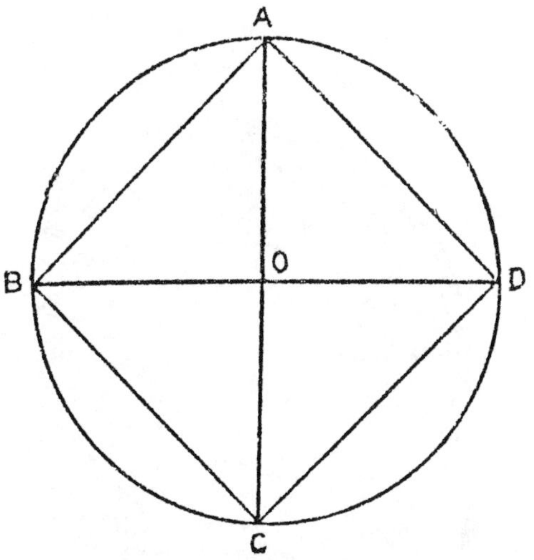

附圖十六(A)：八陣之方位與其方圓縱橫之陣形（基本圖）

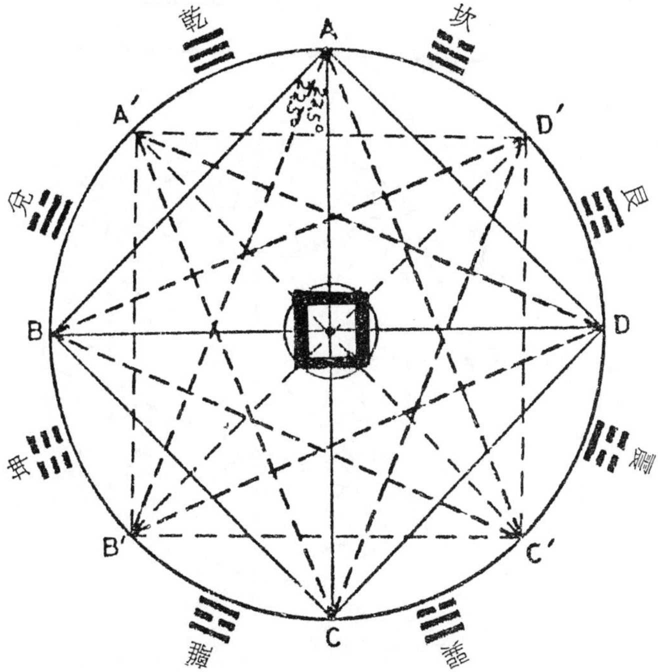

附圖十六(B)：八陣之方位與方圓縱橫陣形之交錯

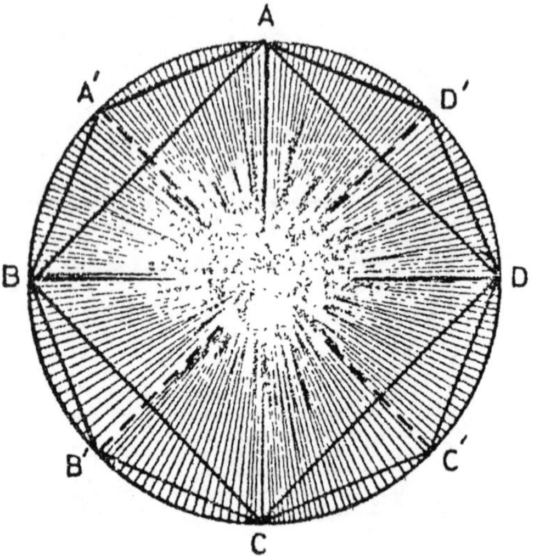

附圖十七(A)：由圓心向外放射之八扇形圖

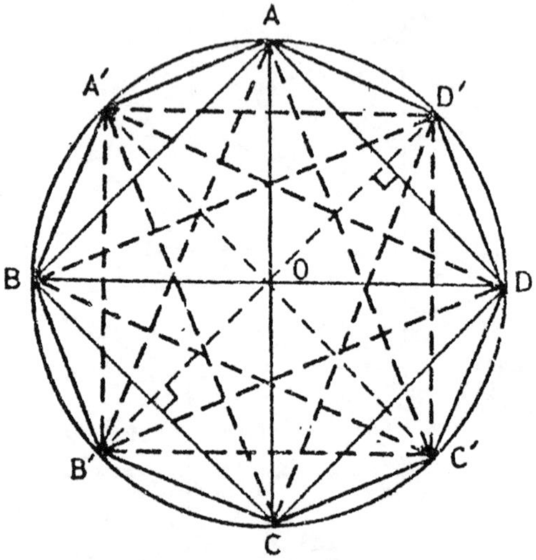

附圖十七(B)：總統帥部與所屬各單位
及單位間交互意見溝通圖

然其排列之總數為：

$$C^{n}_{r}=C^{64}_{1}=\frac{64!}{1!(64-1)!}=64$$

$$P^{64}_{64}=64!=1.2688693219\times10^{89}\ (\text{app.})$$

邵氏方圓圖中之排列方式，亦只為其中排列之一種耳。唯就「八尾」而論，則六十四重卦之六十四單元，係由每一卦與其他八卦（包括其本身）相重疊而成，故可視之為八組，則每一尾似亦可以一組代之，以符合「八」之數。

排列必注意其次第，而組合則不必論其次第，就通行之八卦或六十四重卦言，各獨立單元皆有其出現無常的次第，因其形成係來自二項分配之係數，姑仍之。八陣之妙，本在一個「變」字，從八、九、六十四之排列數值看，或庶可一窺其變化無窮之梗概。

四、八陣之動靜行藏

靜者止也，藏者守也，動者攻戰，行者進退，在作戰中，總離不了動靜行藏這四個字。孫子云：

「善攻者，敵不知其所守；善守者，敵不知其所攻。」（孫子兵法虛實）

「行千里而不勞者，行於無人之地也。攻而必取者，攻其所不守也。」（同上）

用兵之妙，厥在「避實而擊虛」，「形人而我無形」，「以分合爲變」，故攻，則「動於九天之上」，守，則「藏於九地之下」，所謂「動」，則：

「其疾如風，其徐如林，侵略如火，……動如雷震。」

所謂靜，則：

「不動如山，難知如陰。」（同書軍爭）

隱隱中道出「因敵變化」之「變」字。因爲變，故能「無窮如天地，不竭如江河」，而後才能「動而不迷，擧而不窮」。天下最富於偶然性之事，莫過於戰爭，我在求克敵致勝（越戰時美國之戰略爲例外），敵人亦殫思極慮以謀我，且「兵以詐立，以奇勝」，眞眞假假，變化難測。而作戰的本質在「鬥智」，急中常能生智，故智之表現亦在「變」。唯有以變制變，「因敵變化」，方可「致人而不致於人」。孔明在軍事上，確實也作到了驚人的成功之境，依史乘的記載：

「亮之行軍，安靜而堅重，安靜則易動，堅重則可以進退。……亮率數萬之衆，其所與造，若數十萬之功，是其奇者也。所至，營壘、井竈、圊溷、藩籬、障塞，皆應繩墨，一月之行，去之如初至。」（三國志本傳裴注）

其住行之狀，隱然可見，至於前後左右之進止運動，則益爲神微：

「止如山，進退如風，兵出之日，天下震動，而人心不憂。」（同上）

因而改變了强弱之勢、衆寡之形、容主之體，進而掌握了整個的戰局，使强敵任我擺佈：

「仲達據天下十倍之地，仗兼并之衆，據牢城，擁精銳，無禽敵之意，務自保全而已。使彼孔明自來自去。」（同上）

甚至「死諸葛走生仲達」，何故？唯在八陣「變」之妙用，動靜行藏，一寓於方圓直銳、分合變化之中，八陣確能盡「變」之神妙，試從數值上觀之：

1.「大方無隅」法之八陣排列之數值爲：

$$P_8^8 = \frac{8!}{(8-8)!} = 8\times7\times6\times5\times4\times3\times2\times1 = 40,320$$

2.「丘井」法之八陣排列之數值爲：

$$P_{9}^{9}=\frac{9!}{(9-9)!}=9\times8\times7\times6\times5\times4\times3\times2\times1=362,880$$

3.重卦八陣排列之數值爲：

$$P_{64}^{64}=\frac{64!}{(64-64)!}=64\times63\times62\times61\times60\times59\times58\times57\times56\times55$$
$$\times54\times53\times52\times51\times50\times49\times48\times47\times46\times45$$
$$\times44\times43\times42\times41\times40\times39\times38\times37\times36\times35$$
$$\times34\times33\times32\times31\times30\times29\times28\times27\times26\times25$$
$$\times24\times23\times22\times21\times20\times19\times18\times17\times16\times15$$
$$\times14\times13\times12\times11\times10\times9\times8\times7\times6\times5\times4\times3$$
$$\times2\times1=1.2688693219\times10^{89}$$

「變」爲八陣之中心，從數值上亦可窺知之，而本章各附圖，亦只舉其例以明之，難盡其數而繪之(以費時過多，亦力難從心)，第明八陣之「變」耳。圓中包方，方內涵圓，方圓之用旣得，則或隱或顯，出沒無常，攻守任意，來去自如，進不可當，退不可追。獨不視其建威之突出，陽谿之奇襲，築邸閣於斜谷，屯農耕於渭南也乎?(註二)

道家哲學之菁華，厥在「虛無因應，變化於無爲」，可以「隱」、「忍」、「狠」、「譎」四字總括之。司馬遷云「其術以虛無爲本，以因循爲用，無成勢、無常形，故能究萬物之情。」班固謂道家之學係成於經驗之累積，故能「秉要執本，清虛以自守，卑弱以自持。」在兵學的應用上，孫子言之極當：

「兵法：一曰度，二曰量，三曰數，四曰稱，五曰勝。地生度，度生量，量生數，數生稱，稱生勝。」（孫子兵法軍形）

孫子已言明「度」、「量」、「數」、「稱」、「勝」之用，亦卽「變」在軍事行動上之應用，試較之六十四重卦排列數值之龐大變化：

$$P^{64}_{64}=64!=1.2688693219\times10^{89}$$

，不亦信乎？至其神妙之極，則凡軍事運動之動靜行藏，臻於

「微乎微乎，至於無形，神乎神乎，至於無聲。」

自然可使「深間不能窺，智者不能謀」了。卽以孔明身亡，大兵團在敵前作有秩序之撤退，仲達竟茫然一無所知，及事後追之，一旦姜維「反旗鳴鼓，若將向懿者」，仲達又疑其詐死求戰而竄，致有「死諸葛走生仲達」之譏，似亦足以證之矣。形人致人，迅速因應，非游擊戰而何？

五、八陣與通訊聯絡

通訊聯絡或謂爲意見溝通，係由（communication）一字翻譯而成，在管理科學中，自成一派，而名之爲通訊聯絡學派（MBC, management by communication），克瑞賓（J. J. Cribbin）解之爲：

「通訊聯絡乃係領導影響之一種，其效用係來自人類之實際經驗，非爲單方面之强制壓迫，而爲聯絡雙方相互了解與合作之增進。」（註三）

在軍事行動上尤具有其重要性，因而有通訊聯絡系統（communication system）之說。八陣方圓互成之用，恰可形成一嚴密的情報聯絡網，較之西人認爲最佳之圓形聯絡網，其效果奚止倍蓰（參附圖十七B及十八）在八陣之運用上，無論總司令部置於何處，與各作戰單位間之聯絡，仍可暢通無阻，且各兵種單位指揮官與指揮官之間、甚至個人與個人之間，亦聲息互通，「軍之耳目，在吾旗鼓」，若一聲令下，則分合變化，各隨其宜，齊力同心，各盡其能，試觀建興九年五月辛巳主力陣地戰之時，孔明之閑雅風度：

「渭濱將戰，懿戎服蒞事，使人覘孔明，乘素輿，葛巾，持白羽扇，指麾三軍，各隨其進止。懿聞而歎曰：可謂名士矣。」（前引裴氏語林）

在大戰即將暴發之時，而孔明從容鎮定如斯，若非徹底掌握有關作戰之情報，知彼知已，豈能如斯？自然孔明臨大敵而不憂不懼，固可解之為「好整以暇」，或「履險如夷」，或「生死安足論」，然以「審愼」成性的孔明，一身繫天下安危的宰匠，果非成竹在胸，自懷萬全，又奚能如此從容鎮定？無他，情報確切，既掌握了整個的戰局，又何憂、懼、惑之有？司馬懿對孔明的描繪曰：

「亮志大而不見機，多謀而少決，好兵而無權。」（晉書宣紀）

與其「畏蜀如虎」、「死諸葛走生仲達」之行為，與「天下奇才也」、「可謂名士矣」、及「吾能料生，不能料死也」之言論相較，直形成了相反的對比，史言三國之士多詭譎，其司馬懿之謂歟？仲達此言，恐仲達自己亦弗之或信也。

通訊聯絡之所以能成為管理學派之一者，因為組織內主管與各部門、領導者與被領導者之間，果消息不靈活，必生「君臣阻隔」之患，致誤會叢生，在軍事行動上，其危險性尤大。八陣既圓方互成，隅落鈎聯，就圖觀之（參附圖十七B），無論總司令部因情勢之需要，移於何處，則情報聯絡，亦暢通無阻，偶或遇敵，自可適時因應，相互支援，集中分散，因時情之變，縱橫曲直，應地形之宜，動靜行止，各隨己意，攻守進退，任我所為。以絕對戰爭的鬥志，挫毀頑敵，以無限戰爭的決心，摧折寇

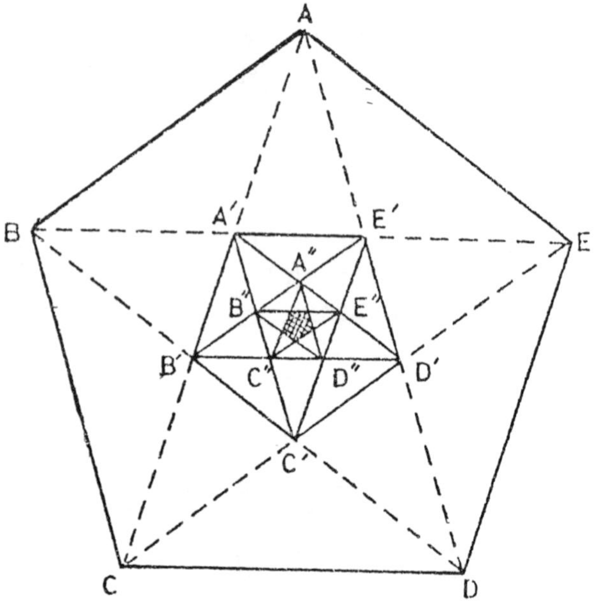

附圖十八：意見溝通環狀交織圖

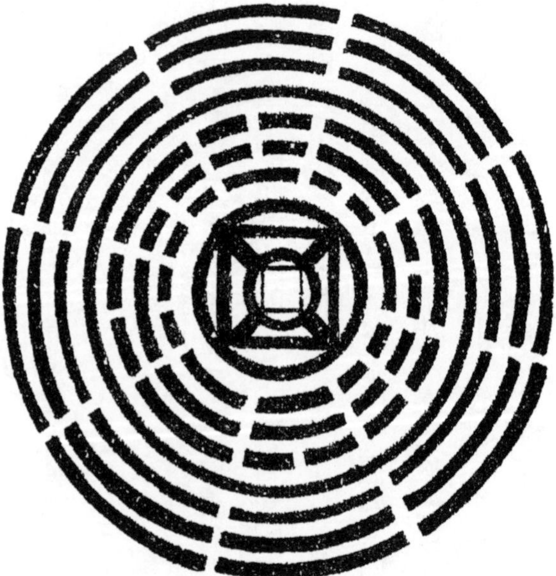

附圖十九：八陣之方圓涵育簡圖

讎，一日目的不達，一日行動不已，誠所謂「合不自合，而包含無盡，變不徒變，而應敵無方」。兵法本云「水因地而制形，兵因敵而制勝，能因敵變化而取勝者謂之神」，重在「變」，試就六十四重卦之方圓圖言，其排列變化之數，已述如前，然若因事實之需要或追求勢力之擴張，自可作無限制之繼續伸延，以推展並擴大其影響之範圍，控制了面，進以掌握線而孤立其點，八陣之精妙處厥在此，誠然是「彼此相用，循環無窮」（參附圖十九），試觀：

$\sum_{r=0}^{n}\binom{n}{r}=2^n$ 一公式所形成之各卦，其排列數（無論方或圓），如前所言及者，試舉數簡例以言之：

1. 八卦：8！=40,320
2. 六十四卦：64！=$1.2688693219\times10^{89}$
3. 一百二十八卦：則其值為：128！
4. 二百五十六卦：則其值為：256！
5. 六十四重卦再重：（64×2^6）！=（64×64）！=4,096！

如此天文數字之變化，眞可謂「應敵於無窮」矣，然其通訊聯絡，則一仍舊貫。

六、八陣與游擊戰

從以上的討論中，似略可一窺八陣戰法之津涯矣。考八陣戰法的特點，似不外乎

1.「應敵無方」。
2.「循環無窮」。
3.「因敵變化」。
4.「形人」、「致人」。
5.「奪心」、「奪氣」。
6.「伐謀」、「伐交」。
7.「攻心」、「攻城」。
8.「心戰」、「兵戰」。
9.以「總體戰」對「局部戰」。
10.以「情報戰」對「盲目戰」。
11.以「絕對戰爭」應「偶然抵抗」。
12.以「無限戰爭」對「有限」防禦。

這些特點，正與今日游擊戰的特點相同，無怪乎孔明對八陣如此重視，當八陣演成之後，孔明曰：

「自今行師，庶不覆敗。」（水經注及荆州記）

游擊戰與傳統戰法大異，既不考慮疆土之廣狹，又不在乎兵員之衆寡，更不偏恃武器的精良，以「萬人必死，橫行天下」的信念，進行「據道討淫」，「滅魏斬叡」的「無限戰爭」，務求完成「興復漢室」、「以報知己」的夙願。其戰略唯在「不戰而屈人之兵」，其戰術則為「兵以奇勝，制敵以智」。前漢雖有游擊將軍之名號（漢武帝元朔五年以蘇建為游擊將軍），實為機動支援的預備隊，「游擊」之名雖同，而性質大殊。英兵學家李德哈特（Liddel Hart）於其戰略論中，據一次大戰時中東戰史的分析，始正式提出游擊戰（guerrilla war-fare）一名詞，晚近中南半島之戰，此一戰法，方為世人所重視，獨不知孔明已行之於一千七百多年以前矣，謂孔明為游擊戰之父，似無不妥。唯游擊戰之進行，必先具備其必要與充份的條件而後可，否則情同赤（眉）、黃（巾）之流竄，張（獻忠）、李（自成）之裹脅，不足以盡其妙而收其果。且民怨沸騰，終必灰飛烟滅。

㈠組織必須强固：同讎敵愾，効死無二，乃是克敵致勝的必要和充份之條件。從管理的觀點看，那就必須從領導上下工夫。在一個健全完美組織氣候（ organizational climate ）中，方可使人人士氣高昂，個個奮發揚厲，若孔明領導下的政府，「賢愚僉忘其身」、「有志之士，無不兢勸」、「士卒用命，赴險而不顧。」（均見三國志本傳及有關各傳與裴注）、「行法嚴而國人悅服，用民盡其力而下不怨。」，及其「兵出入如賓行不寇，芻蕘者不獵，如在國中。」（三國志本傳裴注）若非有堅强的組織和嚴格的紀律，奚以臻此？西人談管理藝術，總不外領導、激勵和影響三者，孔明則兼而有之，否則「五子飛軍」、「賨叟青羌」、「鮮卑軻比能、月支、康居、月支、及胡侯支富康植」等，何以能甘受其節度？

㈡軍民結合爲一體：在戰地、民衆的組訓，至關切要，務使其與我爲友、與我同讎，期人人爲戰鬥員，個個是情報員，如此，不但我之戰力可加强百倍，我之士氣，亦益形激昂，敵人的一舉一動，悉在我的掌握中，消息靈通，知彼而勝彼。八陣既以方爲體、以圓爲用，其半徑既可無限制的伸延，則其所影響之範圍，自亦可作無止境的擴展。由於「面」的控制，自易作「線」的掌握，以孤立敵人的重要據點。拿破崙嘗謂：在戰場上能作交通線的控制者，卽爲勝利的主宰者。唯若缺乏「面」的控制，又何以能掌握「線」？那麼對點的孤立，亦輕而弗厲、暫而難固，此可質之戰史而斷言者。建興六年春，「亮拔西縣千餘家還於漢中」者，除了補充勞力不足的理由外，以西縣之民既附漢，軍退時焉得不慮其爲魏賊所殘害？七年孔明突臨建威，驅走郭淮，以絕陳式攻略武都、陰平兩郡後顧之憂；九年孔明攻祁山，聞司馬懿統大軍來救，乃分兵續攻，而自率主力馳赴之，乃情報聯絡及時之證。若十二年大舉出渭南，而「分兵屯田，爲久駐之基，耕者雜於渭濱居民之間，而百姓安堵，軍無私焉」者，軍民合作，已合爲一體，故史志言長安以西，渭水以南，魏之郡縣皆漢之郡縣，其人民亦盡爲漢民也，信矣。否則，在如此決定性的決戰中，何以司馬懿會反主爲客？甘受巾幗而不敢戰？孔明病而弗知？孔明薨而弗信？詭譎如司馬懿者，何竟至憒憒如斯耶？其心理之癱瘓失常，亦顯然可見矣。

(三)方圓相成之原則：就八陣的本身言，「方」爲根本，可以「丘井法」所成之方陣爲代表，「內精八陣之變，外盡九成之宜」，「合而爲一，列而爲九，變之爲窮，觸處爲首」，根本絕不容動搖，務求其安靜與堅重，乃可永立於不敗之地。「圓」固易動，其性如「循環之無端」，故進、退或左、右移動一也，何者，以方寓於圓，圓乃成於方也。孔明之師，「止如山，進退如風」，「進不可當」者，以「當之者破」，「退不可追」者，因追之者死也。建興六年退軍，王雙追之而隕命，九年春回師，張郃尾之而喪生，十二年之「死諸葛走生仲達」者，乃司馬懿疑其以詐死而求戰也。方之體固，則圓之用生，本固而神明，方圓互彰，靜動自如，柔剛參用，進亦退、退亦進，左向右旋無別，行止動靜無傷矣，唯「利」是視耳。

納粹德國的徽號（Nazi Swastika）「卍」或「卐」，一如釋教的神秘符號（Buddhist emblem），東西阻遠，似無由相襲，且政治與宗教有別，更難言其偶合之原由，時間上的距離又如此久遠，爲何希特勒必選此一符記爲其黨徽與國徽呢？無以爲解。唯不禁令吾人憶起我國古體文之電字「□」或「□」。此爲象形字，陰陽兩交，乃產生光、熱、聲，此三者乃力之顯示，第合其形乃成於陰、陽兩源，唯取其所產生之光、熱、聲等，交叉爲之，恰爲卍字。其中央交點，可視之爲太極，既集光、熱、聲之大成，則其運動之速度與發生之威力，自必驚人，但舍其本、用其末，缺失已大。如就卍字之圖形論之，「方」而不整，「圓」而有缺，進如「圓」則易，靜不「方」則危。當希特勒橫掃歐陸之時，神速驚人，時名之爲「閃電戰」（Blitzkrieg），進則神速，勢險而節短，退則潰解，力竭而魄落，故只許勝不能敗，一旦征俄遇阻，則全軍崩潰，戰力悉喪，奚可有斬王雙、殺張郃之事乎？方、圓互用之妙，亦所可得一證歟？其然豈其然乎？卍或卐之來源，固可以魔態矩陣（magic square）計得之，但此一揣測，似亦近情理。

㈣「零」、「整」分合的戰法：

易學之長在變，八陣既係直接應用易學之「變」，則合、散之化，零、整之變，自屬當然。戰爭的本質原爲變化萬端，「合」未必能保其固，「散」亦未必可成其大，「零」固會使力分而弱，「整」則每致顧一而失萬，故對戰爭的本質言，零整分合徒爲術略之靈活運用，並不足以保證其爲勝利之必要而充份之條件。八陣的特質既富於零、整分合之變化，循環無窮，取用不竭。分散如零，則其所控制的面積廣，影響的範圍大；合零成整，則力量集中，戰力雄烈。但分合之變，其戰力之充份發揮，唯在民衆與部隊能結成一體，果爾，則我之一卒乃千卒也，我之一旅乃萬旅也。既非我敵，當爲我友。情報既準確而及時，强敵自任我玩弄，我欲合，則集主力以摧其鋒銳，我欲分，則散其衆以廣我軍威，敵情既盡在我掌握之中，自毋庸計其衆寡强弱，「鳴鼓自持」，敵疑其有强伏；「唱籌量沙」，敵謂我糧足；「反旗鳴鼓」，敵疑我將戰；「尾枝揚塵」，敵惑我兵衆。「面」既控制於我，「線」自可掌握自如，「點」含於其中，可呑則呑之，可摧則摧之，可避則避之，可斃則斃之，戰與留任我，攻與守隨勢，我既「深間不能窺，智者不能謀」，主動在我，自可「鬥衆如鬥寡」，去來自如，自易使敵人心喪氣奪，而莫我敵也矣。若「亮在渭濱，魏人躡迹」者，氣奪也。「耕者雜於渭濱居民之間，而百姓安堵」，麾軍迎戰，一遇於上邽而仲達「斂兵依險」，再會鹵城而敵復「登山掘營」者，敵帥心奪也。故零整分合之用，形無常，用無端，唯因敵變化是視耳。

㈤攻心戰術之應用：心戰實爲戰鬥藝術運用的極峰，孫子曾有「屈人之兵，而非戰也」、「不戰而屈人之兵，善之善者也」之論。孫臏亦有「伐國之道，攻心爲上，伐謀之兵，所以攻人之心也。」（竹簡兵法）之說。所謂伐謀、攻心，無非是使用一切可能的方法，使敵人（尤其敵帥）在心理上、和組織上喪失其平衡，以致精神渙散，鬥志消沈，喪失其作戰的意志，失望頹喪，在精神上陷於屈服狀態，彷徨困惑，致組織混亂，士氣瓦解，對如此心理脆弱的敵人，儘管其在數量上居「投鞭斷流」的絕對優勢，然而戰力盡失，不難以摧枯拉朽之勢，一擧而摧折之，獨不見劉裕戰孫恩，一人逐萬人如群羊乎？

如果我們承認「人」在實質上是「心理動物」（psychological being）（註四）的話，則癱瘓敵人的心理，令其戰志消沈，精神頹喪，神迷意亂，充滿著失敗的心理，自然不堪一擊，甚至可「不戰而屈人之兵」。勞西林在希特勒自述（Hitler

Speaks）一書中云：

「我所最感興趣的問題，是在戰爭尚未爆發之前，如何設法使敵人的精神先行崩潰，……有一種廣義的戰略，那就是使用着智慧的利器。……如果我可以有更好和更廉價的方法，用以達成瓦解敵人士氣的目的，那麼我又何必一定要用軍事手段呢？」

當德軍席捲歐陸之初，的確作了成功的心戰工作，尤其對法國的長期廣播宣傳，使法人對其政潮叠起的政府，幾乎完全失去了信賴。縱有馬奇諾防線金湯之固，亦不能當德軍的閃電攻擊，致數日之內，全軍崩解。孫子的「伐謀」、「伐交」、「伐兵」、「攻城」之說，依孫臏的解釋，「伐謀」即「攻心」，所以主張「攻心爲上」。但就其有效的應用範圍來看，「伐謀」似遠比「攻心」爲大，因廟算亦伐謀也，如從戰略的設計來觀察，則孫子的作戰四策，彼此關聯，相得益彰，初未可以獨立的單元視之，蓋「攻城（攻堅）」爲「攻心」的一種形態，而「伐交」、「伐兵」亦爲「伐謀」實施之不同手段耳。

孔明的戰略，首要之圖，固在「攻心」、「伐謀」，然其實施的方法，則形態萬千，除了「南撫夷越，西和諸戎，外結好孫權，內修政理」外，並以其「長於巧思」

、「物究其極」之長才，製造不少新武器。在作戰的術略上，則集中於八陣之運用，或攻堅、或迎戰、或略地、或攻城，出沒無定所，去留無定期，或戰或守，或疾或徐，或故作武裝示威，或强行陣地決戰，或突擊以眩其目，或奇襲以驚其魄，馳騁三秦，安靜而堅重，而每當

「臨陣對敵，意思安閒，如不欲戰。」（諸葛義諸葛亮全集引朱熹語）

誠如司馬兵法所云：

「上煩、輕，上暇、重，……氣欲閑，心欲一。」（嚴信篇）

且與克勞塞維茨「將道」之論合：

「雖然遭遇了非預期的事件，須有從容應付之能力，其來源爲智慧與感情，也就是機智的活動與情緒的平衡，於突然發生危險時，方能正確適切地予以處理。所謂剛毅、堅强、忍耐、感情及性格之堅定，均爲精神之變相，亦爲意志力之表顯。」

經過了四年的連續興師，「奪心」、「奪氣」的「伐謀」戰術，完全成功了。試觀建興九年之戰，司馬懿嚴拒張郃之建議：

「彼（指孔明）遠來逆我，請戰不得，謂我利在不戰，欲以長計制之也。且祁山

知大軍以在近，人情自固，可止屯於此，分爲奇兵，示出其後，不宜進前而不敢偪，坐失民望也。今亮縣軍食少，亦行去矣。」

張郃主張分兵駐雍、涼，以奇兵援漢軍的後方，但司馬懿的答覆爲：

「料前軍能獨當之者，將軍之言是也。若不能當，而分爲前後，是楚之三軍所以爲黥布禽也。」（三國志本傳裴注）

是懿徒欲擁衆自保，仍不免五月辛巳之敗。至於日後之甘受巾幗、死諸葛走生仲達等事，俱足以證敵帥之心已奪。八陣戰法本大異於傳統式之戰法，以漢、魏形勢言，從表面觀之，誠然是「衆寡不侔」、「攻守異體」，然而孔明却予以完全轉變，亦即攻心戰術之成功，唐太宗「智東愚西」之問，其庶或有答矣。

㈥無限戰爭之推行：孔明「龍驤虎視，包括四海」之志，數十年如一日，亦爲時人所公認共曉。但既只有出秦川一途，不得不以智戰克敵，故八陣戰法變化無常，分聚離合，以隱其形，進退戰防，以昭其威，果情境得便、時空獲宜，力戰奇襲，以揚其武，形人於無形而摧之，致人於弗致而擒之，方足以威敵奪氣，彰我威武，在四年游擊戰中（建興六年至九年），凡一出散關攻陳倉、兩臨祁山、一抵建威、一防赤阪、一襲陽谿、一戰鹵城、兩敗郭淮、一摧仲達、斬王雙、殺張郃、取武、陰、據祁山

（可參孔明致孫權書上後主表與三國志張郃傳），「漢、賊不兩立」的決心既定，乃以無限戰爭的戰法篤行之，絕對戰爭的方式力爲之，縱然「仲達據天下十倍之地，仗兼幷之衆，據牢城、擁精銳」，也只好了「無禽敵之意，務自保全而已，使彼孔明自來自去」，「亮在渭濱，魏人躡跡」，「畏蜀如虎」，是其心氣已奪，自可任我擺佈。克勞塞維茨對戰爭的定義爲：

「戰爭的目的，是爲了使敵人服從我方之意志，不達到極限不止。」

孔明秉性謹愼，與復漢室之戰，只能成不許敗，故不憚煩勞，屢出疊戰，拒魏延逕出褒中之策，蓋「大會者不求近功」，三郡應時降而不卽揮軍進據，乃志在鯨吞非蠶食也，其用心也，亦誠良苦矣。但八陣戰法之旨歸，諸將未必知，知亦未必詳，豈「兵家之勝，未可先傳也」歟？

㈦顚覆與滲透：「顚覆、滲透」一詞，好像是二次大戰以後爲國際共產國家「專利」式的新名詞，兵法雖有「屈人之兵、而非戰也，拔人之城、而非攻也，毁人之國、而非久也」之說，但如何才能達到此一目的，孫子未曾言明。自然，若形人、致人、奪氣、奪心，使敵人心喪胆落、意志消沈，固可以致此，唯欲達成此項目標，其可行的方法甚多，然滲透顚覆似爲其最直接而有效者。孫子謂：

「動而勝人，成功出於衆者，先知也。……知敵之情也。」（孫子兵法用間篇）因而有因間、內間、反間、死間、生間等情報戰之說，並且將用間的條件，限制得極嚴，曰：

「非聖智、不能用間，非仁義、不能使間，非微妙、不能得間之實。」（同上）用間卽今之情報戰，唯滲透爲其方法，顚覆乃其目的耳，兩者關係密切。孔明是否用間，可從載籍記載中獲知其一、二，孔明亦不失爲情報戰的高手。

1.隆中對策時，分析天下形勢及其未來可能的發展，瞭如指掌。而對當時割據群雄性格、才智、資源、前程的月旦，尤幾盡其微妙，雅不像言出於一位「躬耕南陽」的農夫之口，果未有確切的資料，何能及此？細味其當時應對之言，質之日後演變之實，直若合符節。與其以預言家視之，謂其言而偶中，不如以軍事家待之，謂其精研情報爲合理。

2.當陽兵敗，徐元直以母陷曹軍而辭去，仕曹位至右中郎將、御史中丞；石廣元歷任郡守、典農校尉，崔州平亦顯貴，此三人皆孔明故人也。徐庶臨別謂昭烈曰：「本欲與將軍共圖王霸之業者，以此方寸之地也。今已失老母，方寸亂矣，無益於事，請從此別。」（資治通鑑卷六十五）

以徐庶之才，仕魏以後，但求苟全，絕口不論漢事，然孔明於下群下教中，却直言其與徐元直、崔州平之篤誼而弗諱（參三國志董和傳）。在漢、賊不兩立的情況下，孔明何以竟私其友而忘其敵？考其教固可證其私誼之篤而忘嫌，亦可知徐、崔在魏，於有意無意中，宣傳孔明之才華，其影響雖屬於無形，然在無形中，却造成一種難以想像的印象（image），其無形之效果，或更勝於有形者遠甚。

3.黃權於昭烈東伐敗績後，被迫降魏，曹丕以「項伯歸漢」面譽之（實則不倫不類），「拜爲鎭南將軍、封育陽侯、加侍中。」（三國志黃權傳）然權却身在魏而心在漢，言直行果，雖詭譎如司馬懿者，亦「深器之」。於渭南對敵時，竟函孔明曰：「黃公衡快士也，每坐起歎述足下，不去口實。」（三國志黃權傳）黃權與孔明情非故舊，其言行如此，焉知徐庶、崔鈞等不然？

4.孔明南征，於歸途得李鴻報孟達有歸漢意，雖經費詩等反對，仍函孟達諭之降，非「因間」乎？

5.鮮卑大人軻比能雄人也，曾以十萬騎與魏將蘇尙、董弼戰於樓煩（雁門郡）而敗之。建興九年之戰，孔明召之，軻比能乃率衆應之於北地石城（甘肅環縣）以應王師，果無「內間」，孔明又奚能萬里而召胡？

6.建興八年曹軍三路大舉入侵漢中，孔明整軍待之於赤阪，曹軍奉命甫退，漢軍即遠征西羌，以清除曹魏在隴西的殘餘勢力，而達成其「西和諸戎」的政策，若情報不確，能若此乎？

孫權乃漢之盟友，其特使張溫使漢還，以盛譽孔明之政績，孫權乃以「煽揚異國」之罪名殺之，何以黃權身在敵國，竟能「每坐起歎述足下，不去口實」而安然存在？豈友邦之主反不若敵國之酋乎？然睹司馬懿「畏蜀如虎」之狀，非徒於戰地兵戰弗之敵，實胸中心戰已屈之久矣，「間」之爲用，豈一端乎？

(八)領導行爲之支柱：觀上述孔明游擊戰法多采多姿之行，初令人驚歎稱奇，若問其力量奚來？似可以領導一語解之，「治衆如治寡」，「鬥衆如鬥寡」者，乃成功領導之具體表現，果無强固的組織與高昂的士氣，縱然有孔明的智慧和意志力，也決不會有孔明反客爲主、龍驤虎視的赫赫威武，若謂一切組織力量之發揮，悉來自領導，或庶無不當。吳起有言：

「發號施令、而人樂聞，興師動衆、而人樂戰，交兵接刃、而人樂死。」（吳子兵法勵士）

如何才能使部隊有如此高昂的士氣、同讎的鬥志呢？悉有賴領導功能爲之根本，也就是儒家學說之發皇和法家手段的輔助。孔明領導的哲學，依典籍的記載，若：

1. 開誠心、布公道。
2. 用人不疑、疑人不用。
3. 統戎行師，以大信為本。
4. 為官擇人者治，為人擇官者亂。
5. 罰不阿近，賞不遺遠，賞罰之信，足感神明。
6. 信感陰陽，誠動天地。
7. 我心如秤，不能為人作輕重。
8. 善無微而不賞，惡無纖而不貶。
9. 循名責實，虛偽不齒。
10. 科教嚴明，賞罰必信。

表現在行為上，尤非常人所能為，甚至超出人類常情之表者，若：

1. 工械技巧，物究其極。
2. 作八務、七戒、六恐、五懼，以訓厲臣子。
3. 五月渡瀘，深入不毛，并日而食。

4.受命以來，夙夜憂歎。
5.居相府，嘗親校簿書。
6.處軍中，夙興夜寐，罰二十以上，皆親覽焉，所噉食不至數升。
7.長於巧思，損益連弩，木牛流馬，皆出其意。
8.分兵屯田，……耕者雜於渭濱居民之間，而百姓安堵，軍無私焉。
9.不別治生，以長尺寸，若臣死之日，不使內有餘帛，外有贏財，以負陛下。
10.臨陣對敵，意思安閒，如不欲戰。

孔明秉如此襟懷，持如此節操，履如此行爲，無怪乎其所統帥的部隊，「戎陣整齊，號令明肅」，「臨戰之日，莫不拔刃爭先，以一當十」，「吏不容奸，人懷自厲」，「耕戰有伍」，「戎事簡練」，「其兵出入如賓行不寇，芻蕘者不獵，如在國中」，「士卒用命，赴險而不顧」，有了如此紀律嚴明的部隊，才能連年興師，進行他的八陣戰法—游擊戰，以改變「衆寡不侔，攻守異體」的形勢，而反賓爲主，玩弄强敵於股掌之上，俟其心氣俱奪，期一鼓而殲滅之，「狂寇將亡於渭水」，非虛妄也，故有建興十二年「悉大衆由斜谷出」的大舉。稽之孟子之言，「以逸道使民，雖勞不怨，以生道殺人，雖死不怨」，考之韓子之語：「夫搖鏡則不得爲明，搖衡則不得爲正。

」（韓非子飾邪）「法者，憲令着於官府，賞罰必於民心，賞存乎愼法，而罰加乎姦令者也。」（同書定法）孔明實兩取之，存之於內者爲儒，施之於外者爲法，既誠且公，「用心平而勸戒明」，又焉得不使人「威畏而愛」之？是吳子「樂聞」、「樂戰」、「樂死」之效得之矣。

西人談領導，學說棊夥，總不外如何領導、如何激勵、如何影響三者。在日常行爲上，孔明既樹立以身作則的楷模（set an example），則其所影響的效果極鉅，試味張裔之言：

「公賞不遺遠，罰不阿近，爵不可以無功取，刑不可以貴勢免，此賢愚之所以僉忘其身也。」（三國志張裔傳）

這豈不是公—「秤心」的領導成效嗎？宜乎孔明雖

「行法嚴，而國人悅服，用民盡其力，而下不怨。」（三國志本傳裴注）

孔明既然成爲「赫赫師尹，民俱爾瞻」的典型人物，其領導績效的發揮，實源於其言行之影響，故「漢、賊不兩立」之觀念，暢於三軍，「據道討淫，不在衆寡」之信心，曉於群僚，有了如此紀律嚴明的部伍，方可分合聚散，一如己意，行止戰防，任我所爲，否則八陣戰法，又奚以施展？連年動衆，又怎能無怨？拿破崙對作戰的動量和威力之發揮，曾以一簡單方程式表示之：

F（打擊力）＝M（部隊的數量）×V（部隊運動的速度）

初視之，頗類人情之常，質之戰史，亦信而有徵，但若兵驕將悍，縱有投鞭斷流之衆，其打擊力亦渺不足道，而況行八陣多變之戰屢屢乎？「師克在和不在衆」，士氣高於一切，戰志重於萬有。而運動的速度，只能用於某一特定之時地，初未可恃之為萬能之瓌寶，「一鼓作氣，再而衰，三而竭」，安可恃依？且M與V二因素，在戰爭勝負的決定中，只可視爲必要條件，不可依爲充份條件，越戰之前鑑猶在，果乏紀律與士氣，則一切努力，勢將成徒勞。故八陣戰法的基石在領導，而領導之主力在影響。

如前所討論者，領導的本質是「道」而非「術」，然在軍事領導上，有時固難免「術」之運用，唐太宗善用兵者也，依房玄齡的記述：

「降乘吭思摩（李思摩匈奴人）之瘡，登堂臨魏徵之柩，哭戰亡之卒，則哀動六軍（指伐高麗之戰），負塡道之薪，則精感天地。」（新、舊唐書房玄齡傳）

效果雖彰，但似與孔明異，獨不見吳起吭瘡，瘡者之母哭其兒乎？領導爲組織成功之根本，而領導功能之基礎厥在「道」而非「術」，「道」可行之於永久，「術」徒能施之於一時故也。

綜合以上各點，八陣之神微可見，究其實，陣地戰用之，固可穩操勝算，持久戰行之，亦能奪心奪氣，謂其爲今日之游擊戰，名異而實同，考其戰鬥力之源，唯在領導功能之成功發揮。或曰：今日武器月新，戰爭之形態，業已全面改觀，若核子電鈕戰，可不見人而毀人國、滅人群，無所謂鬥智鬥力，八陣戰法雖爲術略之綜合運用，然胡有裨於殲滅性之戰爭？戰陣之變，已無所用於今日矣。此說乃似是而實非也，何者，戰爭之目的既在求勝，求勝必得其地、據其城、有其民，則陸戰部隊終不可缺，此其一。共產國家之戰法，一以「和平轉變」爲手法，考之二次大戰後蘇俄在歐、亞大陸之迅速擴張，與晚近東南亞變色與非洲暴亂之悲劇，前後如出一轍，其所付代價低而收穫大，怎可謂廉價戰法無益？此其二。果謂戰陣之無足取，試問「以柔克剛」、「以拙制巧」、「以寡勝衆」、「以弱克强」之說可廢乎？越戰之記憶猶新，匪、俄之張狂依舊，亞、美、非各洲之游擊戰將日益熾，奚以應之？此其三。東歐各國之淪亡，由於蘇俄「和平轉變」之伎倆得售，越南之亡，亡於「和談」，寮國之陷，陷於「聯合」，高棉之淪，淪於「和解」。今非洲已臨蠶食之局，中東方值轉變之緣，寧可視若無睹耶？此其四。且殲滅性戰法之本身，即具有嚇阻戰爭之本質，固非萬不得已，無人願（或敢）發動之，與其同歸於盡，奚如「不戰而屈人之兵」美？此其五。兵本以詐立，洲際飛彈及情報衛星之操作，固可悉賴電子儀器之控制，精確而無失，而新武器威力之强，誠可於俄頃間摧滅萬有，至若太空防禦之設備，已使戰爭形成立體化，火海足制人海、亡人國、殲人軍、毀人城、滅人民，亦可遠於數千里之外而頃刻爲之，如此，則戰陣固可不必究、而游擊戰亦不足道矣。然武器愈新，則其成本愈高，殺人愈速，則其危險性亦愈大，但今日世局，已非一九四五年可擬，原子彈兩落，足迫倭奴投降，新武器之發展，既了無涯際，且非爲一國所專有，孰甘爲始作俑者？胡不味列寧（Nikolai Lenin）之言：「最堅强之堡壘，最易從內部攻垮」，「世界革命」既爲共產國家之不渝原則，所謂「和平共存」、「和解談判」，乃悉爲其無限戰爭術略之運用，骨牌理論之教訓猶新，盍可使「今人而復哀今人」耶？以蘇、張自豪者，豈悟之歟？戰爭之勝負，原決於總體動員，孫子伐謀、伐交、伐兵、攻城之說，徒爲有限戰爭中術略之應用，亦未能盡戰鬥之本義。今民主與共產陣營之對立，生死決戰之勢已成，表面上似甚平靜，信使往來，會商聚談，笑容可掬，然共產作戰之策略，隱伏於暗處陰所，其表現於諸種不同之姿態者，亦戰爭手段之變幻也。限武協商，無異於向戌弭兵之幻夢，和解談判，奚別於鴻門項、劉之歡宴。今世局如此，各國利害同而禍福共，居領導地位者，正宜堅守大信，以堅其陣營，若愚惑自昧，第求苟安，棄義背信，犧友以悅敵，飲鴆入陷，以求旦夕之偷安，奚不知割地以事秦，地不盡欲不償，親痛仇快，終形孤立，自貽伊戚，一旦蕭牆禍起，親離衆叛，武器縱奇，無所用之，雖有智者，亦弗能爲之謀矣，噬臍之悔，寧有補耶？殷鑑不遠，能勿慎乎？忠言逆耳，信言不艷，何去何從，決之於智者。

游擊戰一詞，在我國或喻之以范睢之「遠交近攻」，致秦人以各個擊破之方式，併吞六國；或比之伍員之「聲東擊西」，迫楚軍道疲而入郢，然此徒爲其內涵之點滴，非全豹也。質之孔明八陣之特點，足以證之。今共黨所進行之游擊戰，亦與八陣戰法貌合而神離，以其對部隊之統馭，爲組織網狀之控制，其對人民之脅迫，極盡殘虐，其領導又悉依詐術，了無誠信，若其「人海戰術」，尤滅絕人性，非可令人悅服也，又安能與八陣戰法同日而語乎？

八陣爲孔明一生精心之作，然淹沒已久，作者不揣愚昧，貿然言之，文獻既缺，參考無由，所言或悉成於臆斷，所論恐盡屬燕說，懇高明賜教之。

註解

註一‥Karl von Clausewitz, *Principles of War*, Harrisburg :Military Service Publishing Co., 1852, Part V, Ch. 14.

註二‥M. Abramowitz and I. A. Stegun, *Handbook of Mathematical Functions*, Washington : National Bureau of Standards, 1964, pp. 272-273.

註三‥James J. Cribbin, *Effective Managerial Leadership*, New York: AMA, Inc., 1972, p. 161; Cf.: A. K. Wickesoerg, " Communication Networks in the Business Organization Structure ", *Academy of Management Journal*, Sep. 1968, et al,.

註四‥L. Room and P. Selznick, *Sociology*, 4th ed., R. W. Morell, *Management: Ends and Means*, San Francisco: Chandler Publishing Co., 1969, pp. 56-58.

（本文作者爲交通大學工學院蔡　麟教授）

第五篇　易與曆數

第五篇　易與曆數

●鄭衍通●

壹、緒論

有大衍之數，用以揲蓍，求取七九八六以定陰陽六爻而成卦。有河圖洛書之數，邵雍以五方式五十五數為河圖，以九宮格四十五數為洛書，而劉牧之說則適與之相反。五方式配合五行，一、六水，二、七火，三、八木，四、九金，五、十土。尚書洪範篇有五行，故劉牧以為洛書。九宮格外列八數，所謂戴九履一，左三右七，二四為肩，六八為足，恰可配合八卦，故劉牧以為河圖。邵雍以九宮格為洛書，乃因洪範有「天乃錫禹洪範九疇」之故。

有卦氣六日七分之數，乃漢儒所附會。一年三百六十五日又四分之一，以六十卦除之，每卦得六日又八十分之七，遂以為卦氣。又坎離震兌四卦不計在內，遂以為四方伯卦而成二十四氣之標誌。又有十二辟消息卦以代表十二月，自十一月至四月為復臨泰大壯夬乾，自五月至十月為姤遯否觀剝坤。此十二卦代表月則一爻值五日，全年相當於七十二候。若用六十卦代表節氣，則一爻值一日有餘。可見此種術數只是任意作機械式的配合，實無理可喻。

大衍河圖洛書之數皆不可用以解釋卦辭與爻辭。卦氣釋易只見於復卦之七日來復。一謂卦氣起於中孚，至復之初爻乃十一月冬至之第七日。一謂坤六爻之終，一陽來復，乃得七日。又十二辟卦嘗用以釋臨卦之「至於八月有凶。」或謂八月是遯卦，卽是夏曆六月，與臨之十二月卦乃相對旁通者。或謂八月是觀卦，與臨乃相反覆者。或謂自臨之十二月至否之七月爲八個月者。或謂復之十一月至遯之六月爲八個月者。除復與臨二卦外，絕無他卦曾用卦氣或十二辟卦作解。何況此二卦之釋辭亦多紛歧而莫衷一是。卦氣及十二辟說，出自漢之孟喜京房，乃虛構之術數，用以說災異而非可釋易，義固顯然。

以上之所謂數，我皆無所取焉。我之所謂易數，乃是於經有據的，如三歲三年十年三日七日以及甲庚紀日、月幾望等等，這顯然是與曆數有關的。易經內容與時間空間有關，是以天文曆數爲根據的學術。天象屬空間，有象而後有數以誌時節，故象與數有密切的相互關係。由象可以定數，由數亦可以知象，原是相通的。例如月有弦望圓缺四象，觀其象卽可測知其爲何日，舉其數亦可斷定其爲何象。

八卦二十四爻就是象數的符號。所以繫辭說：「八卦成列，象在其中矣。」又說：「參伍以變，錯綜其數，通其變遂成天地之文，極其數遂定天下之象。」文由通變而成，象由極數而定。通變以參伍爲則，就是指一爻代表十五度而言。極數以周天爲準，就是指八卦二十四爻總得三百六十度而言。

三百六十度是八卦的常數，但曆有陰陽之分，陽曆三百六十五日有奇，以定節氣，則多於常數，陰曆三百五十四日有奇，以定朔望，則少於常數，因而發生氣盈朔虛的問題。然而以二十四爻常數控制之，以歸餘於終計算之，則陰陽合曆便有軌迹可循，萬無一失了。

古曆至朔齊同起於牛宿初度，相當於艮之初爻。而八卦的序列，以右旋計之，當爲艮一位東北，坎二位北方，震三位西北，乾四位西方，兌五位西南，離六位南方，巽七位東南，坤八位東方。依此則得第一年的曆數如下譜：

甲子蔀甲子章

第一年

　——
艮 — —
　— — 甲子冬至，正月初一日
　— — 己卯小寒，正月十六日
坎 —— 甲午大寒，二月初二日
　— — 己酉立春，二月十七日
　— — 甲子啟蟄，三月初二日
震 — — 己卯三月十七日，雨水十八日庚辰
　—— 甲午四月初三日，春分初四日乙未
　—— 己酉四月十八日，穀雨十九日庚戌
乾 —— 甲子五月初三日，清明初四日乙丑
　—— 己卯五月十八日，立夏十九日庚辰
　— — 甲午六月初四日，小滿初六日丙申
兌 —— 己酉六月十九日，芒種廿一日辛亥
　—— 甲子七月初四日，夏至初六日丙寅
　—— 己卯七月十九日，小暑廿一日辛巳
離 — — 甲午八月初五日，大暑初八日丁酉
　—— 己酉八月二十日，立秋廿三日壬子
　—— 甲子九月初五日，處暑初八日丁卯
巽 —— 己卯九月二十日，白露廿三日壬午
　— — 甲午十月初六日，秋分初九日丁酉
　— — 己酉十月廿一日，寒露廿五日癸丑
坤 — — 甲子十一月初六日，霜降初十日戊辰
　— — 己卯十一月廿一日，立冬廿五日癸未
　—— 甲午十二月初七日，小雪十一日戊戌
艮 — — 己酉十二月廿二日，大雪廿七日甲寅
　— — 己巳正月十二日，冬至

甲子篇云：「大餘五，小餘八」，故第二冬至爲己巳。

陰陽合曆，年年不同，故曆元第一年冬至朔爲甲子日，第二年便成正月十二日己巳了。周正月於夏曆爲十一月，夏曆正月於周爲三月。又古曆啟蟄先、雨水後，穀雨先、清明後，與今不同。漢避景帝諱，啟蟄始改稱驚蟄。

八卦代表象數，是爲十二次。同時八卦又代表晝夜，是爲十二辰之時位。辰位左旋記之，即坎離爲子午，乾坤爲酉卯，艮居丑寅，兌居未申，巽居辰巳，震居戌亥。坎初爻子初，中爻子正，三爻丑初。艮初爻丑正，中爻寅初，三爻寅正。坤初爻卯初，中爻卯正，三爻辰初。巽初爻辰正，中爻巳初，三爻巳正。離初爻午初，中爻午正，三爻未初。兌初爻未正，中爻申初，三爻申正。乾初爻酉初，中爻酉正，三爻戌初。震初爻戌正，中爻亥初，三爻亥正。十二次以記星度，右旋計之，即坎爲玄枵，震爲娵訾降婁，乾爲大梁，兌爲實沈鶉首，離爲鶉火，巽爲鶉尾壽星，坤爲大火，艮爲析木星紀。曆數起於星紀，即艮之初爻牛宿當之。日抵牛宿初度而値夜半冬至朔，即是周之曆元了。

十二次與十二辰相重，遂成六爻之重卦。凡重卦之外體三爻爲十二辰時位之標誌。凡內體三爻爲十二次象數之標誌。內體八卦左旋一周即每卦各經歷晝夜十二時，遂得六十四卦矣。三爻卦所以定體，六爻卦所以著其變，此爲易之主要體用關係。故任何重卦之外體爲乾，卽是酉時，其內體所處之時位必是未申。若外體爲震，卽是戌亥時，其內體所處者必是重於乾上之酉位。若外體爲坎，卽是子時，其內體所處者必是重於震上之戌亥位。依此類推，十二次與十二辰之關係遂確立而周流不息。繫辭所謂「曲成萬物而不遺，通乎晝夜之道而知」者，就是說明重卦之體用如此。

外體時位靜，內體星象動，一靜一動，遂著其變化。一卦之動，所經的時間，有過去現在及未來三階段。卦之外體爲未來的時間，內體所處者爲現在的時間。但初爻二爻之動乃由過去而來，應以過去爲準。例如乾之外體爲酉，內體屬大梁星次，乃三月卦。其現時所處之時位，初爻在未正，二爻在申初，三爻在申正。然溯其移動的過程，則初爻由午初至午正，二爻由未初至未正，三爻由申初至申正。及三爻抵申正，初二兩爻隨後進行，自然是初爻在未正，二爻在申初而成現在的卦位了。外體乾九四爲酉初，九五爲酉正，上九爲戌初，故內體上移，卽是第三爻往加於四，加於五，加於上。三加於上爲戌初，則二爻加於五爲酉正，初爻加於四爲酉初了。凡重卦的四五上爻都是虛位，其實都是三爻向上移動之所加。故繫辭說：「六爻之動，三極之道也。」三極卽指三爻前行終極於上六之位而言。又說：「其初難知，其上易知，本末也，初辭擬之，卒成之終。」就是說明過去時間不易明，須要擬定，而未來的時間終於上爻是易知的。總之，內卦三爻的變動經過都是三個時辰。以乾爲例：初爻起於午初，終於酉初；二爻起於午正，終於酉正；三爻起於未初，終於戌初。三爻居先，而二爻初爻隨後，以三爲準，故曰：「六爻之動三極之道也。」自來學者不解重卦之內外體具有不同的作用，不明六爻之變動法則，而謬以三才釋三極，遂使易理沉埋者二千餘年，可勝嘆哉！

元亨利貞四字十分重要。此乃易經的關鍵語，倘不明其作用，僅從字義上引伸，勢必至多方附會而仍不得其解。此四字乃時空的標誌，所以別時位而定象限，亦卽子午卯酉之分際的專門術語。自酉正至子正屬元，自子正至卯正屬亨，自卯正至午正屬利，自午正至酉正屬貞，這是四個時區的標誌。又子正爲元之終亨之始，故稱元亨；午正爲利之終貞之始，故稱利貞。同此理則卯正爲亨利，酉正爲貞元，這是四個定點的標誌。學者不知此四字的術語作用，惟覺有時可單獨分讀，卽稱爲四德；而有時須兩字連讀，却不成四德了，於是遂陷於矛盾而難完其說。倘能了解這只是時間空間的方位符號，四分或二分讀都可通，那就無所罣礙了。日月隨恒星天左旋於太空，渺無邊際，倘無象限以範圍之，何以別四時而定月令？故以此四字而定晨昏晝夜，於是觀象始有準則可循。其意義之重要在此，非徒文字訓詁所能說得通的。

以上約略說明周易的體用要點，必須加以掌握，而後對於有關曆數的卦爻辭句，才能貫通。

㈠確定八卦的序列。
㈡重卦的外體是晝夜時位的符號。
㈢重卦的內體是星次的符號，用以誌天文曆數及日月的位置。
㈣要認清每卦的運動法則與六爻的關係。
㈤元亨利貞四字的特殊作用。

貳、三歲　三年

陰曆稱年，陽曆稱歲。歲以節氣爲主，自冬至至冬至，共三百六十五日有奇。年以朔望爲主，十二個月共三百五十四日有奇。易經或言歲，或言年，是有區別的，其原因卽在於此。經言三歲的有同人九三、坎上六、困初六、漸九五、豐上六等五卦。經言三年的有旣濟九三、未濟九四等二卦。這顯然是和曆數有關，倘不知其當爻的曆數屬於何月何日何節氣，那未就無法了解爻辭的含義，勉强作註，就只好穿鑿附會了，茲將甲子章第三年的八卦曆譜附後以供參考。周曆以冬至爲元，位在艮初爻。

甲子蔀甲子章

第三年

	——	
艮	— —	
	— —	甲戌冬至，正月廿三日
	— —	己丑小寒，二月初八日
坎	——	甲辰大寒，二月廿三日
	— —	己未三月初九日，立春初十日庚申
	— —	甲戌三月廿四日，啟蟄廿五日乙亥
震	— —	己丑四月初九日，雨水初十日庚寅
	——	甲辰四月廿四日，春分廿五日乙巳
	——	己未五月初十日，穀雨十二日辛酉
乾	——	甲戌五月廿五日，清明廿七日丙子
	——	己丑六月初十日，立夏十二日辛卯
	— —	甲辰六月廿五日，小滿廿七日丙午
兌	——	己未七月十一日，芒種十三日辛酉
	——	甲戌七月廿六日，夏至廿九日丁丑
	——	己丑八月十一日，小暑十四日壬辰
離	— —	甲辰八月廿六日，大暑廿九日丁未
	— —	己未閏月十二日，立秋十五日壬戌
	——	甲戌閏月廿七日，處暑九月朔戊寅
巽	——	己丑九月十二日，白露十六日癸巳
	— —	甲辰九月廿七日，秋分十月朔戊申
	— —	己未十月十二日，寒露十六日癸亥
坤	— —	甲戌十月廿七日，霜降十一月初二日戊寅
	— —	己丑十一月十三日，立冬十八日甲午
	——	甲辰十一月廿八日，小雪十二月初三日己酉
艮	— —	己未十二月十三日，大雪十八日甲子
	— —	己卯正月初四日，冬至

大餘十五，小餘二十四，故第四冬至爲己卯。

㈠同人九三：伏戎於莽，升其高陵，三歲不興。

象曰：伏戎於莽，敵剛也；三歲不興，安行也。

九三爲離之上爻，其第三年曆數爲周之八月十一日。爻下三度入小暑爲十四日。因外體乾屬酉時，故知九三位居申正。離之相對卦坎，坎之上爻位於寅正。寅在卯下而坎爲戎，故曰伏戎於莽。坎之前爲艮，位於卯。八月十二日之月居艮上爻，入箕宿七度。艮爲山，在山頂，故曰升其高陵。及十四日小暑，則月抵艮初爻之斗宿二十三度，而位過卯初。卯初在地平之下，月尚未東升，故曰三歲不興。日在離爲剛，坎與之相對，故象曰敵剛。三歲之月雖未東興，然固徐徐運轉於天際，故曰安行。安者平穩無恙之意，說者不知曆數，不知三歲不興是指月象，而釋安爲何，誤矣。

㈡坎上六：係用徽纆，置于叢棘，三歲不得、凶。

象曰：上六失道，凶、三歲也。

坎前爲艮，艮之初爻當冬至，乃一歲之始。上六爲丑初之位，時來重其上者乃內體之六三，節交小寒。八卦常數三百六十度，而周歲有三百六十五日餘，故歲終於艮初爻之前須加入五度計算，曆數才不至於違天。三歲之陽曆得365·25×3＝1095·75日。三年之陰曆置閏共有三十七個月，得$29\frac{499}{940}\times 37=1092\frac{603}{940}$日。陽多於陰者三日，故冬至爲周正月初四日。坎上爻小寒承之，即是正月十九日。徽纆皆繩索名，三股曰徽，二股曰纆，合共五股，即歲終大餘五度之象徵。此五度中之二入舊年底，三入新歲，是即析爲徽之象。因爲每一歲終都須加入五度計算，不勝其煩擾，猶叢棘之礙於行，故曰「置於叢棘」。若三歲失閏，則冬至成二月初四日，上六得小寒成二月十九日，是節令全乖，不得其正矣。故曰「三歲不得凶」。

上六乃丑初，相當於今之上午一點鐘。內體六三屬須女八度，即玄枵星次之始，入周之二月節小寒。小寒上承冬至，而冬至不得踰越周之正月或夏曆之十一月，故古曆三年終必置閏，以資補救。倘或失閏，則冬至小寒皆不得其正，故象曰：「上六失道，凶三歲也。」失道謂曆數節氣失其正道，即三歲不得之義。

學者因不解八卦之體系與曆數有關，遂妄加臆測，以徽纆爲拘執罪人，以叢棘爲牢獄。然罪人入獄即是凶象，又何必至於三歲始言凶耶？何其說之悖也！

㈢困初六：臀、困于株木。入於幽谷，三歲不覿。

象曰：入于幽谷，幽不明也。

坎爲玄枵之次而初六是危宿十六度，正值第三歲大寒之終，故曰臀。日在初六爻，適抵東南維辰巳之際，辰巳屬巽位，巽爲木，故曰困於株木。第三歲大寒終之曆數爲周之三月初九日，巳初時，月入畢宿而位於寅初，寅初居東北維，即是艮辰，艮爲山，即是幽谷之象。時適上午白晝，上弦月尚在地平線下，不可得而見，故曰入于幽谷，三歲不覿。

象傳之幽不明，即是指月象不見而說。

(四)漸九五：鴻漸于陵。婦三歲不孕，終莫之勝，吉。

象曰：終莫之勝，得所願也。

九五爲東南維巳初之位，時來重其上者乃內體艮次之九三。鴻與洪通，其義爲大，又與紅同音，凡大與紅皆是太陽之象，故借鴻以喻日。日在艮，艮爲山，故曰鴻漸于陵。艮九三之曆數，第一年爲周之十二月初七日，第二年爲十二月十七日，第三年爲十一月廿八日，日月皆分離而不交會。日夫月婦，不交則不孕，故曰婦三歲不孕。但再過三日得十二月朔，及初二日則得立冬之終。是月寅初合朔，今在巳初，月於交會後已過日三度，及初二日立冬之終，則月已過日十七度，纖纖眉月，是受孕之象也。故曰「終莫之勝，吉。」終指立冬而言，吉指合朔而言，莫之勝指不得不孕而言。

月與日會合，故象曰得所願。

㈤豐上六：豐其屋，蔀其家，闚其戶，闃其无人。三歲不覿，凶。

象曰：豐其屋，天際翔也；闚其戶，闃其无人，自藏也。

上六爲亥正之位，時來重其上者乃內體離之九三，而震之星次則往居卯位。震次之上爻屬娵訾，當營室十四度。營室就是屋，時上升於東方，故曰豐其屋，而象傳以「天際翔」釋之。不然，則屋如何能飛翔於天際耶？上六之亥正，位居西北維，不可得而見，故曰「蔀其家」，蔀者暗蔽也。離九三之曆數，第一年爲周之七月十九日，月適入營室，是屋中有人之象。第二年爲七月三十日，晦則黃昏後日月俱西沒地下，而上升東方之營室中只是一片空虛，故曰「闚其戶，闃其無人」，蓋指第二年之天象而言。第三年爲周之八月十一日，又過三日交小暑，皆有皓月可見，不得謂之「不覿」。故知三歲不覿凶者仍以七月終爲主。七月二十九日適交夏至，日在九三爻前十二度，月在日前二十度而入於坎辰之中，卽抵子正之位。月不見而陷於坎險之地，故曰「三歲不覿凶」。

象傳之天際翔指營室星而言，自藏指月而言。闃，靜寂貌。

㈥既濟九三：高宗伐鬼方，三年克之，小人勿用。

象曰：三年克之，憊也。

離九三屬柳宿七度，柳前即輿鬼星。離原位在午，今九三來居亥正，則其原地爲艮次所佔。鬼方即鬼星故地之象，處未初未正之間，不及未正約五度至八度。高宗即武丁，逸周書云：「武丁三十二年伐鬼方，次於荊；三十四年克鬼方，氐羌來賓。」經蓋借此史實以喻月侵輿鬼之地。九三之第三年曆數爲周之八月十一日己丑，亥正時，月入尾宿十四度，位不及未正八度，正是輿鬼之故地，故曰「高宗伐鬼方，三年克之。」小人指艮之星次而言，尾宿十四度距艮上爻箕宿尚有七度，時月行尙未及之，故曰小人勿用，言勿用艮之星度也。

㈦未濟九四：貞吉悔亡。震用伐鬼方，三年有賞于大國。

象曰：貞吉悔亡，志行也。

九四爲午初之位，時來重其上者乃內體坎之六三。坎前爲艮次之初爻，時加於六五之午正位上。午正屬貞而艮初爻牛宿初度乃是曆元，中星位正確，故曰貞吉悔亡。坎後爲震次之上爻，位於辰正。震上爻當娵訾之中，其第三年曆數爲周之三月二十四日，於是下弦月抵箕宿十度，位亦不及未正，與旣濟九三同，正是輿鬼之故地。日在震，用月侵鬼地，故曰震用伐鬼方。及次日，月過鬼方，入南斗十二度而位於未初。南斗共有二十六度，在天爲大宿，僅亞於東井，乃大國之象，故曰「三年有賞於大國。」按經言國皆指星次，言邑或方，皆指辰位，不可不辨。如晉上九「維用伐邑」，卽是參伐所居之故地，與此鬼方同義。

象傳以志行釋貞吉悔亡。志通誌，行爲天道。言天道牛宿當南正之位，故以貞吉悔亡誌之。

右涉及三歲或三年的七個例子，除漸卦外，都是與坎離的初爻或三爻有關。因爲坎的節氣小寒大寒，直承冬至，所以陰陽曆數大致齊同。離是坎的相對卦，相差半年，其陰陽曆數比坎卦都增加三日，故小暑大暑較小寒大寒都多六日。若小寒爲周之正月十六日，則小暑爲七月二十二日。有此軌跡可遵，便易於推算了。經之多用坎離，原因卽在於此。

叁、十年

易經言十年的卦有復上六，屯六二，頤六三等三爻。內體都是震的星次，但復上六用坤上爻的曆數，屯及頤則用震。玆將甲子章第十年的八卦曆譜附後，以供參考：

甲子蔀甲子章
第十年

⚊
艮 ⚋
⚋ 辛亥冬至，正月十一日
⚋ 丙寅小寒，正月廿六日
坎 ⚊ 辛巳大寒，二月十一日
⚋ 丙申立春，二月廿六日
⚋ 辛亥三月十二日，啟蟄十三日壬子
震 ⚋ 丙寅三月廿七日，雨水廿八日丁卯
⚊ 辛巳四月十二日，春分十三日壬午
⚊ 丙申四月廿七日，穀雨廿八日丁酉
乾 ⚊ 辛亥五月十二日，清明十四日癸丑
⚊ 丙寅五月廿七日，立夏廿九日戊辰
⚋ 辛巳六月十三日，小滿十五日癸未
兌 ⚊ 丙申六月廿八日，芒種三十日戊戌
⚊ 辛亥七月十三日，夏至十五日癸丑
⚊ 丙寅七月廿八日，小暑八月二日己巳
離 ⚋ 辛巳八月十四日，大暑十七日甲申
⚊ 丙申八月廿九日，立秋九月二日己亥
⚊ 辛亥九月十四日，處暑十七日甲寅
巽 ⚊ 丙寅九月廿九日，白露十月三日己巳
⚋ 辛巳十月十五日，秋分十九日乙酉
⚋ 丙申十月三十日，寒露十一月四日庚子
坤 ⚋ 辛亥十一月十五日，霜降十九日乙卯
⚋ 丙寅十二月初一日，立冬五日庚午
⚊ 辛巳十二月十六日，小雪廿一日丙戌
艮 ⚋ 丙申正月初一日，大雪初六日辛丑
⚋ 丙辰正月廿一日，冬至

㈠復上六：迷復，凶，有災眚。用行師，終有大敗，以其國君凶。至于十年不克征。

象曰：迷復之凶，反君道也。

上六位於辰初，時來重其上者乃內體震次之六三。於是坤次之上爻往佔申正之地。本爻不用震而用坤之星次。坤上爻當氐宿初度，其第二年曆數爲周之十一月初二日，申正時，日未落，眉月未見，故曰迷復。月在日後十三度，入於坤之大火星次。天火謂之災，故曰凶、有災眚。申正時斜陽西下，不久，星月卽將隨日同沒而晝盡，故曰用行師，終有大敗，以其國君凶。日爲君，星爲師衆，月爲統帥，皆象徵語也。第十年的曆數比第二年約減一二日，故坤上爻爲周之十月三十日。申正時月尚在日前六度而入於亢宿。於是日月相近，皆處壽星之次而不及於坤之大火，且月將先日西沉，故曰至于十年不克征。不克征者，謂月行師不得侵入大火星宿也。

日君月臣，合朔則月前來與日交會，會後又隨日左旋，故爲反君之道。月迷失不可見，且將有西沉之凶，故象傳以反君道釋之。

㈡屯六二：屯如邅如，乘馬班如。匪寇婚媾。女子貞不字，十年乃字。

象曰：六二之難，乘剛也。十年乃字，反常也。

六二爲奎宿四度，乃娵訾之終，位於戌正。屯如、難行貌。邅如、轉進貌。班如卽般如，與般桓同義，徘徊貌。皆日行右旋而又左轉的進退之象。日在震而震爲馬，故曰「乘馬班如」。月在坎，坎爲寇。月來會日而中途爲坎寇所刼，故曰彼寇婚媾。六二之第二年曆數爲周之三月二十八日。若二十七日戌正時，則月適入危宿七度，是卽新娘被刼之象也，此是第一義。六二第三年之曆數爲爲周之四月初九日。若初十日交雨水節，則月入柳宿五度而抵於午正稍稍偏西之位。月爲女子之象，午正爲貞。字者孕也，孕乃合朔之象。不交則不孕，今日居戌正而月抵午正，是男女分離之象，故曰女子貞不字，此爲第二義。三年之後又十年則六二之曆數爲周之三月三十日，戌正時，月在日前四度，卽來會合矣。明日朔節交雨水，則日月相會而受孕，故曰「十年乃字」，此是第三義。朱熹訓字爲許嫁，且引禮「笄而字」以爲證。笄而字乃命名字，猶男子冠而字，非許嫁也。虞仲翔訓字爲妊娠，得之。

剛日柔月，月來會日，乃柔乘剛之象。又四月朔適交雨水節，氣朔齊同，乃反於常道之象，故傳曰「反常也。」

㈢頤六三：拂頤，貞凶，十年勿用，无攸利。

象曰：十年勿用，道大悖也。

六三當營室十四度。營室與東壁各二星構成大方形，故其星次亦稱娵訾之口。卦名頤卽取義於此。時位在丑初，一日之始，太陽右旋正微動過爻，故其象爲拂頤。貞凶指月位而言。六三第十年之曆數爲周之三月十二日，丑初時，月入井宿三十二度而位抵酉初。酉初乃貞道之將終，及酉正時，月卽西沒，故曰貞凶。因貞而无所利，乃成凶象，故此十年之時不可用。若貞而有利，則利貞位當午正，皓月中天，便吉而非凶矣。

月行之貞道在酉初，卽將西沒，故傳以道大悖釋十年勿用。

肆、八月

臨：元亨、利貞，至于八月有凶。

彖曰：臨、剛浸而長，說而順；剛中而應，大亨以正，天之道也。至于八月有凶，消不久也。

象曰：澤上有地、臨。君子以敎，思無窮容，保民无疆。

漢儒解易，有所謂消息卦，或稱十二辟卦，以及六日七分卦氣之說，大抵倡始於西漢宣元之際的孟喜京房。消息卦乃陰消乾，陽息坤之意。息卦有六，卽十一月復、十二月臨、正月泰、二月大壯、三月夬、四月乾。消卦有六，卽五月姤、六月遯、七月否、八月觀、九月剝、十月坤。辟爲君，以此十二卦爲主，故又稱十二辟卦。以一卦當一月、則一爻爲五日。五日一候，則十二卦七十二爻，便得七十二候矣。若以乾坤各六爻言，則一爻爲一月。若以一卦代表六日七分之卦氣，則一爻只是一日。又卦氣只用六十卦、而除去坎離震兌不計。此四卦稱方伯卦，用以代表二十四氣，則一爻又成十五日了。一爻之値，可一日，可五日，可十五日，亦可一月，如此紊亂，有何準則之可言，無非虛構術數而已。又鄭康成之爻辰說另作隔時的配合，以乾六爻配子寅辰午申戌，卽初九爻爲十一月，上九爻爲九月。以坤六爻配未酉亥丑卯巳，卽初六爻爲六月，上六爻爲四月。凡任何卦爻與乾坤之爻同位者，都以如此的爻辰爲說。故十二辟卦以乾上九爲四月，而爻辰則以坤上六爲四月，剛剛相反。孰是孰非，又何從而斷之耶？

重卦分內外體，卦體旣定，豈可隨意變易。若復臨泰三卦之外體都是坤，而內體則不同，故知這三個卦所處的時位是一樣的。若大壯夬乾三卦的外體不同，而內體都是乾，故知這三個卦的星次相同，都是一樣的節氣而處於不同的時位罷了。息卦的內體震兌乾而外體坤，或外體震兌乾而內體乾，同是震兌乾，何以代表的月份竟不相同，誠難索解矣。

消息卦及爻辰所代表的月份皆用夏正，比周正差兩個月。夏正十一月乃周之正月，夏之正月乃周之三月，所謂周建子，夏建寅者是也。故臨之八月於夏正是六月。消息十二辟卦以臨爲十二月，則相對卦遯是六月，卽周之八月。若爻辰則臨爲正月而遯爲八月。

八月之義有兩種不同的解釋，一爲月份名，一爲八個月。故臨卦之說頗多紛歧。

1. 虞翻說：與遯旁通，臨消於遯，六月卦也，於周爲八月。
2. 荀爽以兌爲八月，用四方伯兌爲正秋之義。虞翻非之，謂兌爲周之十月，非八月。
3. 鄭玄說：「臨，斗建丑而用事，殷之正月也。當文王之時，紂爲無道，故於是卦爲殷家著興衰之戒，以見周改殷正之數云。臨自周二月用事，訖其七月至八月而遯卦受之，此終而復始，王命然矣。」按鄭玄之爻辰，臨爲正月，遯爲八月，故曰「臨、殷之正月也。」然則遯當爲殷之七月矣。如此就和卦辭「至於八月」不符了。於是不得不作兩可之言，訖其七月至八月而遯卦受之。爻辰用於臨爲殷正正月，用於遯則爲周正八月，而所謂建丑用事又採取夏正之十二月，紊亂一至於此，無非巧說以濟其窮而已。

4. 梁何妥謂自建子之月至建未之月爲八月，然則自復卦至遯卦所歷共八個月也。但此卦辭何以不繫於復而繫於臨呢？

5. 梁褚仲都謂建寅之月至建酉之月凡八閱月。此則用鄭玄爻辰之說，臨九二爲正月，遯六二爲八月。但鄭玄釋此卦反用建丑之月，異哉！

6. 唐孔穎達李鼎祚謂自建丑之月至建申之月凡八個月，乃自臨卦至否卦也。因王弼註曰：「八月陽衰而陰長，小人道長，君子道消也，故曰有凶。」因小人道長君子道消乃否卦之象傳，故孔氏以爲王註乃根據否卦而爲說。

7. 宋朱熹說：「八月謂自復卦一陽之月至於遯卦二陰之月，陰長陽遯之時也。或曰：八月謂夏正八月，於卦爲觀，亦臨之反對也。」前一說與何妥同，程傳亦然，其義爲八個月。後一說爲夏正八月，自臨至觀共有九個月矣。

總上諸說，或以八月爲周之月名，或以爲夏正之月名，或以八月爲八個月，自子至未，自丑至申，自寅至酉皆可，任意湊合，莫衷一是，其實皆虛妄之說，是無理可喻的。

建子建丑建寅乃至建巳之月，皆陽氣生長，自微而盛，何月不可用，而獨於建丑之臨卦言八月有凶何耶？象傳曰：「至于八月有凶，消不久也。」陽消不久，怎可在陽方生漸長之十一月十二月言之？若以陽消爲凶象，則八月之後，豈非更凶，有這個理嗎？陰陽消長乃節氣之自然變化，何凶之有。若然，勢必至上半年皆是吉，下半年皆是凶了。且就遯觀兩卦而言，曾有何爻有凶象？否卦之九五雖有「其亡其亡」之語，然大人固吉而非凶的。故以上種種謬說，都由於十二辟卦、方伯卦、反對卦及爻辰說之無稽，有以致之，我皆無所取焉。

按坤上兌下臨，坤是時位卯，兌是星次實沈與鶉首。兌上爻當實沈之中，卽周六月小滿之時。兌初爻當鶉首之中，卽夏至之時。因外體坤爲卯位，故知兌內體所處在丑正至寅正之間。夏至過寅正十二分鐘天亮，及四十八分時日出東方。臨卦兌之行程適逢其時，故卦名臨，言平旦日將來臨也。兌爲周之六月七月卦，繼兌後者爲離，屬鶉火，乃周之八月小暑大暑之時。故曰至於八月，言由周之七月夏至至於八月中，卽由兌而至於離也。元亨位在子正，利貞位在午正。兌初爻自子正左旋抵丑正，則離繼之，其中爻亦抵於子正。兌初爻第二年之曆數爲周七月十五日，離中爻則爲八月十五日，當夜半時，團圞皓月皆高懸中天，故曰「元亨利貞」，言日在子正之元亨，月在午正之利貞也。八月十五日之日在離中，則相對之望月入於坎險中，故曰至于八月有凶。若七月半則望月在艮而不及坎，非凶象也。

兌為孟夏仲夏之卦，陽氣盛極於夏至，因而晝長夜短，故彖傳曰：「剛浸而長」即日永之義也。兌左旋而往交於坤，兌說坤順，故曰「說而順」。兌初爻為星次之中，月半為月之中，子正午正為辰位之中，日月皆得中，而剛日柔月遙相對應，日行於子正至丑正之亨位，月行於午正至未正之貞位，故曰剛中而應，大亨以正，天之道也。周七月夏至陽盛達於極點，過此則陽始消而陰漸長，及八月大暑時，陽消僅一個月而已，故彖傳曰：「至于八月有凶，消不久也。」以上彖傳釋經乃根據天之道，可謂深得卦旨。至於大象傳則是儒家義理之說，純出諸附會以牽合人事。

坤上兌下，其象為地在澤上，地高澤卑，是即以上臨下，引伸之，即君子臨民之義。兌為說，故君子說以敎民，而時時思念之，無倦怠之容。又坤為地，故君子保民，一視同仁而無止境。舊讀在無窮下斷句，以容字屬下文，誤。

伍、十朋

古時以貝為貨幣，而貝以朋計。漢朝王莽好學古事而行五貝。其大貝、壯貝、么貝、小貝等四品各以十朋計，貝二枚為朋，貝不盈寸二分者不得為朋。此詳載於漢書食貨志。朋有偶義，則二枚稱朋，應無可疑。但詩小雅菁菁者莪有「錫我百朋」之句，鄭箋云：「古者貨貝五貝為朋。」於是毛奇齡謂兩貝係新莽所定。葉德輝亦說：「

鄭所謂古者非漢時貝値也。」顧五乃單數，安得稱朋？於是王國維作調停兩可之說：「古者五貝一系，二系一朋。」五貝一朋或五貝一系都是毫無根據的，臆測而已。王氏因金文朋字作兩系形，故有此推想。然每系多作小橫畫三，絕無五畫者，若一畫代表一貝，亦只能言三貝一系，安得言五貝一系呢？於是王氏又說：「觀玨拜二字，若止一系三枚，不具五者，古者三以上之數亦以三象之，如手指之列五而字作又，許君所謂指之列不過三也。」必如此穿鑿比附，才勉强說得通。然許君明言朋乃鳳字的古文，何以棄而不顧而獨創一新義耶？朋乃象形字，所象者乃鳳羽而假借之爲朋黨之朋，後又造一鳳字，而朋之原義遂廢。貝兩稱朋，蓋又引伸借爲朋比之義而非取形於兩系。原字形爲[illegible]象鳳羽，金文朋友之朋拜減作三系較簡，金文貝朋之朋又減作二系之拜則更簡。總之，金文不同之字皆古文朋之簡體罷了。六國時代，中國文字並不統一，或甲國筆繁而乙國簡，或用於此事筆繁而彼事簡，原不足異。及秦統一，凡從朋之字皆作[illegible]，絕無用金文之簡體字矣，即以玨字而言，明明取義於雙玉，豈可以一系三玉當之。王氏說：「又舊說二玉爲玨，五貝爲朋，然以玨拜諸字形觀之，則一玨之玉，一朋之貝，至少當有六枚，余意古制貝玉皆五枚爲一系，合二系爲一玨，若一朋。」此意全係妄測，正如韓非所說「無參驗而必之者愚也，勿能必而據之者誣也。」

五貝爲朋乃誤讀鄭箋之故。單數不可稱朋，淵博如康成，寧有勿知之理。原文應讀如下：「古者貨貝五，貝爲朋，錫我百朋，得祿多，言得意也。」鄭君意謂古之貨貝有五品，而貝以朋計値，如此而已。貨貝五的根據就是漢書食貨志。豈有好古的王莽不知五貝爲朋，而有待於二百年後的鄭玄予以糾正之理？孔穎達早已有見及此，故其疏云：「鄭因經廣解之，言有五種之貝，貝中以相與爲朋，非總五貝爲一朋也…以志所言王莽時事，王莽多學古事，而行五貝，故知古者貨貝焉。」

此一朋字與易經文句有關，義須清楚正確，而後始可不陷於誤解，故特詳論之，而取二貝爲朋之旨焉。經言十朋者有二卦，卽損六五與益六二兩爻，玆分釋如次：

(一)損六五：或益之，十朋之龜，弗克違，元吉。

象曰：六五元吉，自上祐也。

六五乃寅初之位，時來重其上者爲內體兌六三。兩貝爲朋，十朋之龜乃値二十貝的寶龜。說文貝字下云：「古者貨貝而寶龜。」漢書食貨志云：「龜貨四品，元龜當大貝十朋，公龜當壯貝十朋，侯龜當幺貝十朋，子龜當小貝十朋。」王莽之龜値十朋，恰和易經語相合。東漢儒者皆以爾雅之神、靈、攝、寶、文、筮、山、澤、水、火等十種龜釋此，極誤，蓋十種龜與十朋之龜，義自不同。二十貝之龜只是象徵語，用以比喻二十日之月罷了。按損六三第五年之曆數爲周之六月十八日乙卯，及日行抵巽次之初爻爲周之十月二十日，亦是乙卯。此卽或益之二日也。兌上爻加於寅初，則巽初爻在戌初，於是十月二十日如龜之月抵六五寅初前十一度，故曰十朋之龜勿克違。勿克違者謂仍是乙卯日與六三無異也。戌初時位屬元，故曰元吉。

(二)益六二：或益之，十朋之龜，勿克違，永貞吉，王用享于帝，吉。

象曰：或益之，自外來也。

六二爲娵訾星次之終，時動交於卯初之位。震六二之第一年曆數爲周之三月十七日己卯。其相對卦巽九二位於酉初者乃周之九月二十日亦是己卯。故或益之卽指巽九二而言，益三日也。十朋之龜用以喻二十日之月象。九月二十日酉初時之月，入乾次初爻之前三度，卽畢宿八度，位於丑初。益三日得十朋之龜，仍是己卯日，此卽或益之，十朋之龜，勿克違之義。自午至酉正爲貞，今日抵酉初，是卽長貞之義，故曰永貞吉。像十朋之龜的月適在乾次，乾爲王，故曰「王用享于帝吉。」言王用此龜享獻于上帝也。

象傳損六五「自上祐也」，益六二「自外來也」，義皆相同。日行右旋，自震而乾而兌而離而巽，乃由上而下，由右而左數之。今日自震至巽，故曰自外來。又自兌至巽，故曰自上祐，祐與右通。

陸、旬

豐初九：遇其配主，雖旬无咎，往有尙。

象曰：雖旬无咎，過旬，災也。

內體離，星次鶉火。初九當張宿十五度，時動交申初之位。遇其配主，卽月來會日，必是合朔之象。按初九之第二年曆數正是周之九月初一日，而入朔加時亦正在申初，故曰遇其配主。上月小，只有二十九日，故此朔日所行自子正至申初皆屬上月之餘分，卽作上月大三十日論，亦無不可，故曰「雖旬无咎。」過了申初，月始與日相重，故曰「往有尙。」尙、加也。

若作旬論，則明日朔，月早已過日十三度，曆數後天失正，故象傳曰「過旬災也。」十日爲旬，大月三十日，有上旬中旬下旬之別。

柒、月幾望

月半爲望，大月十六日，小月十五日。月幾望乃月之十四日，月相尙未正圓。經言月幾望者有小畜上九、歸妹六五、中孚六四等三爻，玆分釋之如次：

㈠小畜上九：既雨既處，尙德載婦，貞厲，月幾望。君子征凶。

象曰：既雨既處，德積載也。君子征凶，有所疑也。

上九爲巳正之位，時來重其上者乃內體乾之九三。九三爻下一度得穀雨節，而巽次上爻之下三度得孟秋中氣處暑。先穀雨，後處暑，時已經由暮春而至孟秋矣。由於乾九三之在巳正則知巽次上爻已抵丑初之位。乾上爻穀雨之第二年曆數爲周之四月三十日，巳正時，月入婁宿五度，在爻前十三度之處。巽上爻處暑第二年之曆數爲周之九月十九日，丑初時，月亦入婁宿五度而位於上九爻前。因此不同時之月位不變，故曰「既雨既處，尙德載婦。」尙，上也，指爻前而言。德通得。婦，月之象。但四月晦適在上午，則月不可得而見，而九月望後之月在夜半時，正好高懸於東南維。

兩卦間謂之厲。貞厲之位有二，卽未初至未正，及申正至酉初之間是也。貞厲，月幾望謂十四日之月夜半後落於未初至未正之間，故仍以處暑之時爲主。按第七年之曆數，處暑正是周之九月十四日終，十五日始，當丑初時，月已偏西，尙不及未正，故曰貞厲。君子者日之象。時日行於子中，子屬坎辰，坎爲險，故曰君子征凶。

象傳以德積載釋既雨既處，只是隨文敷衍，語意費解。由於小象之苟簡，遂啟後學之誤會而以婦字屬下文矣。雨與處，德與婦，皆同韻者，自以「尙德載婦」斷句爲是。有所疑謂既雨或既處，義不明也。

㈡歸妹六五：帝乙歸妹。其君之袂不如其娣之袂良。月幾望、吉。

象曰：帝乙歸妹不如其娣之袂良也。其位在中，以貴行也。

六五爲亥初之位，時來重其上者乃內體兌之六三。至震次之中爻則往交於丑正之位矣。第二年之曆數，震次中爻爲周之三月二十八日甲申，次日乙酉；兌次六三爲六月十四日己亥。帝乙者天干乙日之象徵，而妹爲月象，故知帝乙歸妹乃指震中爻乙酉日而言。震爲兄，帝乙爲君而兌爲娣。乙酉日晦得殘月，而十四日得近望之月一細一大，故曰其君之袂不如其娣之袂良。袂者袖口之飾，亦月之象，如纖纖殘月之袖口，自不及圓滿者之佳。月幾望吉卽指兌六三之六月十四日而言。當亥初時，皓月入尾宿十三度而高懸於東南維。

因帝乙歸妹與其君之袂是同一月象，故象傳卽說：「帝乙歸妹不如其娣之袂良也。」不然，則語意欠通。貴爲日，日位在六五，故曰「其位在中，以貴行也。」

㈢中孚六四：月幾望，馬匹亡，无咎。

象曰：馬匹亡，絕類上也。

六四爲辰正之位，時來重其上者乃內體兌六三。六三之第二年曆數適爲周之六月十四日，是月幾望也。此與歸妹卦之內體同，惟所處之時位異。當辰正時，月入坤次之尾宿五度而位過亥初。坤中爻爲房宿，房亦稱天駟，今月已過房宿十度而在尾，是馬早已逸去，故曰馬匹亡无咎。

房與尾五度同屬坤大火之次，房前尾後而月在尾，是馬先行矣，故象曰「絕類上也。」

捌、恒

月有四象，曰朔，曰上弦，曰望，曰下弦。上弦謂之恒，詩小雅天保：「如月之恒」，毛傳：「恒、弦。」箋云：「月上弦而就盈。」恒是初八日的半規月，昏見於中天，夜半西沒。易有恒卦卽取義於此，然而學者都不知，徒從文字恒久的訓詁上撏撦其義而已。除恒卦外，經尚有需初九、豫六五、益上九，亦皆與上弦月象有關，玆逐一釋之如次：

(一)恒、亨无咎；利貞，利有攸往。

象曰：恒、久也。剛上而柔下，雷風相與，巽而動，剛柔皆應，恒。恒、亨无咎，利貞，久於其道也。天地之道，恒久而不已也，利有攸往，終則有始也。日月得天而能久照，四時變化而能久成，聖人久於其道而天下化成。觀其所恒而天地萬物之情可見矣。

象曰：雷風恒。君子以立不易方。

內體巽，星次鶉尾壽星，位於酉。外體震爲時位戌亥。初八日之恒月在日後，卽日西月東相距約九十度。日出於卯，則恒月過子正，子正爲亨，故曰恒亨无咎。及黃昏日落，則恒月見於午正中天之位，午正爲利貞，月由利而貞，故曰利貞，利有攸往。此乃恒月半日之過程也。每月皆有恒象而獨於此卦以恒名者，因巽九三及初六之第四年曆數適爲周之九月初八日及十月初八日之故。且九三位於戌初，日已沒，初六位於酉初，日將沒，皆與黃昏有關，日沒則恒月見於南正矣。又因卦辭有利有攸往之語，則當以初六爻爲主。因初六位在酉初，則恒月當在午初，日未落，月不可得而見。及初六抵酉正，於是日落而月出現於中天。午初屬利，午正屬利貞，由利而貞，卽利有攸往之義也。以上釋卦辭。

恒爲上弦月，在日後，剛日柔月，故曰剛上而柔下。震雷巽風，內外相銜接，故曰雷風相與。內體巽往交於震，則剛日柔月之行動皆前後相應，是爲恒，卽日落月見，日行月亦相隨而西也。恒月自子正之亨至午正之利貞，所歷六時，又增行七度而繼續不窮，故曰久于其道。此乃天地之道，恒月久而不已也。晝盡，恒月始見，故曰終則有始。春夏秋冬，每月皆有一恒，時間不息，日月所處之星次，月月變換不同，故曰：日月得天而能久照，四時變化而能久成。聖人法天而爲治，亦以久始能化成也。天地萬物之情卽日月星辰之變化，觀恒月之所在，其變化之情卽可得而見矣。以上釋彖傳。

象傳取恒久之義以引伸以說人事，故曰君子以立不易方，不易方卽守恒也。

(二)恒初六：浚恒、貞凶，无攸利。

象曰：浚恒之凶，始求深也。

初六爲角宿七度，時動交於申初之位。若恒月在角宿而見於西南維，則日必在兌初爻而抵西北維亥初之時矣。兌初爻第四年之曆數爲周之七月初七日，若初八，則日入東井三十度，而恒月入角宿五度已過西南維矣。浚、深也。月過西南維，位已低下，不久卽將西沉，故曰浚恒，貞凶。自午正至西南維爲貞吉，自西南維至酉正爲貞凶。若日在初六，則恒月在東南維屬利，今不然，故曰无攸利。

浚恒爲深夜之上弦月象，位甚低，故象傳以始求深釋其凶象。

㈢恒九三：不恒其德，或承之羞，貞吝。

象曰：不恒其德，无所容也。

九三爲鶉尾之中，其第一年曆數爲周之九月初五日，位於戌初。時已昏，月未上弦而見於西南維，故其德不恒而或承之者羞也。或指五日之月而言。月承日而行，未至上弦則有羞慙之容，故曰或承之羞。恒月昏後應見於中天，今初五日之月昏後已過西南維，是貞道不足也，故曰貞吝。

恒月以上弦形容之，不恒則無所容而羞矣。

㈣恒六五：恒、其德貞，婦人吉，夫子凶。

象曰：婦人貞吉，從一而終也；夫子制義，從婦、凶也。

六五爲亥初之位，時來重其上者乃內體巽之九三。九三之第四年曆數爲周之九月初八日，亥初時，恒月見於西南維，故曰恒、其德貞。貞者恒月之位，月爲婦人，日爲夫子，月見而日不見，故其象爲婦人吉夫子凶。

一日之終在夜半子正時，於是恒月西沉，月行從日，故曰從一而終。夫倡婦隨，是夫子制義也。今月見而日亡，反須從恒象而求日之所在，是猶夫從婦，乃凶兆也。

㈤恒上六：振恒、凶。

象曰：振恒在上，大无功也。

上六爲亥正之位，時內體巽九三來重於其上。振恒者恒月振起也。恒月振於午正則日必落在酉正。今巽來居亥正，則與振恒無關矣。時處酉正位者乃坤之中爻，其第一年曆數於房宿三度得周之十一月初八日。酉正時，日早已西沒，於是恒月見於午正而陷於坎險之中，故曰振恒、凶。

恒月於昏時振起，則日不在上六。若日在上六，則恒月早已出現，不得言振起。大爲日，故以振恒言，是在上六之日無功也。

㈥需初九：需于郊，利用恒、无咎。

象曰：需于郊，不犯難行也；利用恒无咎，未失常也。

內體乾，星次大梁，初九則大梁之終，時交於酉正之位。酉正象邑中而非郊。邑外謂之郊故濡滯於郊者必在爻下矣。利用恒則上弦月猶偏東而未達於午正之位。按初九之第五年曆數爲周之六月初三日，爻下五度得初八日是卽待於郊之象。於是恒月入張宿十七度而偏居午正之東，故曰利用恒无咎。

外體坎時位屬子，今初九交酉正，則不及於坎，坎爲艱險，故行不犯難。立夏後之日，酉正時未落，上弦月不可得而見，然其位午正偏東屬利无咎，仍不失其爲恒，故曰「未失常也。」

(七)豫六五：貞疾，恒不死。

象曰：六五貞疾，乘剛也；恒不死，中未亡也。

六五爲亥初之位，時來重其上者乃內體坤之六三。疾、坎也。時坎星次在未，未屬貞，故曰貞疾。上弦月亡於夜半，今猶在亥初時，故恒不死。按坤六三之第五年曆數爲周之十一月初五日，恒則初八日得秋分之終矣。於是上弦月入坎上爻之須女九度，而位於申初之西南維。

象傳以乘剛釋貞疾，費解。六五日在西北，貞疾月在西南，若爲上弦月，應爲柔承剛而非乘剛也。大概小象作者並不了解爻辭之本義，惟從爻畫陰陽上推想罷了。陰爻在陽爻之上的卦比比皆是，若然，則此一爻辭便到處可用了，爲什麼只限於豫之六五呢？又以未亡釋不死而以中釋六五，亦只是望文生義。

(八)益上九：莫益之，或擊之，立心勿恒、凶。

象曰：莫擊之，偏辭也；或擊之，自外來也。

上九爲巳正之位，時來重其上者乃內體震之六三。震巽相對，震次來重於巽位，則巽次往重於震位，益之上九所相對者卽是恒之上六。此爻乃以巽次爲說。巽次上爻之第一年曆數爲周之九月初五日，加三日處暑，得初八日，是爲恒。今言莫益之，仍是當爻之初五日而未恒也。設或擊之，使進一度得初六日，則月經心宿而入尾宿，猶未上弦，故曰立心勿恒。初六日亥正時之月已過酉初之位，不久卽西沒，故爲凶象。按此爻與恒卦九三之曆數相同，惟所處之時位不同而已。

偏辭者非正常語，乃命令詞。日行右旋，由上而下，故曰自外來。

玖、七日

經言七日者有復、震、既濟等三卦，皆指月之行程而言。月有四象，卽朔望上下弦是也。自朔而上弦而望而下弦而又朔，相距約皆歷七日。復及震六二的七日皆指下弦至晦朔而言，既濟六二則是上弦月象。

(一)復、亨，出入无疾，朋來无咎；反復其道，七日來復；利有攸往。

象曰：復亨，剛反，動而以順行，是以出入无疾，朋來无咎。反復其道，七日來復，天行也。利有攸往，剛長也。復其見天地之心乎？

象曰：雷在地中，復。先王以至日閉關，商旅不行，后不省方。

內體震，星次娵訾降婁，位於丑正寅正之間。外體坤爲時位卯，重其上者坎，卽玄枵星次。復有三義：一曰節氣之復，自啟蟄至啟蟄，自雨水至雨水，自春分至春分，皆震三爻之復。二曰月來復，卽合朔之象。三曰昨日終今日始，日又回反於子正。震乃孟春仲春之卦，而漢儒之十二辟卦以復爲十一月冬至，誤甚。卦辭七日來復乃指下弦月至合朔而言，而京房之卦氣值日說以震初爻當冬至後七日，乃虛妄無稽之談。

震處丑寅之間，時位屬亨。震前爲坎之星次，震後爲坎之辰位，坎爲疾，月來會日，出入於震，左旋於亨中，皆與坎不涉，故曰亨，出入无疾。月者日之朋，朋來會日卽是合朔。按震上爻之第一年曆數爲周之三月初二日，中爻三月十七日，初爻四月初三日。三月初一日丑正入朔，至寅正時則月已過日而當爻，是入无疾也。四月初一日申正合朔，及初二日丑正時，則月出震下三度，是出无疾也。朋來无咎指三月朔四月朔而言。中爻三月十七日，爻下六度得二十三日下弦，又七日得四月朔，月又來會日。此晦朔間月之行程，卽上月初月所已經過的時位故道，故曰反復其道，七日來復。利有攸往卽指下弦月出於東方上升而言。三月二十三日夜半之月入南斗十六度而東出，及寅初時已漸升至於天之東南隅矣。七日來復乃下弦月經七日又重來與日相會，義固極簡者也。

但漢儒却虛構卦氣說，以一爻值一日，謂卦氣起中孚得六日，及復之初九爲七日。又另有一說則用十二辟卦，如虞翻云：「乾成坤，反出於震而來復：消乾六爻為六日，剛來反初，故七日來復。」按在十二辟，坤為十月，復為十一月，消乾六爻成坤實包括五月至十月，何以稱為六日？且十月終至冬至所歷十五日，又安得稱為七日來復？又梁褚仲都云：「五月一陰生，至十一月一陽生，凡七月，而云七日不云月者，欲見陽長須速，故變月言日。」其說之迂曲無理，竟至於此！漢儒又以純震為方伯卦，每爻當一氣，內卦三爻當春分、穀雨、清明，外卦三爻當立夏、小滿、芒種。按純卦內體之震與復卦之內體乃是同物，何以記時有別，既作春分，又作冬至，是何理耶？凡此種種術數，無非機械式的任意配合，虛妄悖謬之至，是以處處紛歧，處處矛盾而莫可究詰。

冬至當艮之初爻，入牛宿初度，乃周之曆元，實與復卦毫不相關。易經言及復之卦，有解之來復吉，小畜初九之復自道，泰九三之无往不復，皆指月終之月來復而言，與此復卦之七日來復同義。又既濟六二亦言七日得，若依卦氣說，豈非亦成冬至卦耶？

子正為亨之始，亦即昨日終今日始，昨日之日今又來，故彖傳曰「亨剛反」，剛為日。震動坤順，震星次，坤辰位，震左旋往重於坤上，故曰「動而以順行。」日月皆在震，震前重於坤上者坎，震後先於丑者爲子屬坎辰，震居兩坎之間，坎爲疾，故曰：「是以出入无疾。」時月來會日於震，故曰朋來无咎。自三月朔至四月朔，中經下弦之三月二十三日，則月又反行其故道，自下弦復須經七日，此乃天道也。下弦月子正夜半時出現於東方，及旦則達於中天，此卽利有攸往之義。月之行程視日行而定，日數增加，時間亦增加，春陽漸長，故曰剛長。當震處丑寅之間時，則南正之中星爲坤大火之心宿。心正中天，故曰：「復其見天地之心乎？」象傳所言者，無非孟春仲春下半夜所見之天象而已。

以卦位言，雷在地下，因其無理，故大象改稱地中，然雷何以獨在地中，仍是費解。又以復爲至日，顯然以漢儒之消息卦或六日七分術爲依據。此種術數始倡於孟喜京房，故知大象必是西漢儒生之作，且不出宣元之際也。中國冬無雷，以復爲十一月卦，顯係大謬。王弼又以冬夏二至釋至日閉關，則更空疏矣。

(二)震六二：震來、厲。億！喪貝，躋于九陵。勿逐，七日得。

象曰：震來厲，乘剛也。

內體震，與復卦同，乃娵訾降婁之星次。六二之動，位於酉初，六三則當酉正。厲者兩卦間之位，日自六三之前來，故曰震來厲。六三之第三年曆數爲周之三月廿四日，厲則二十三日也。於是象貝之下弦月不可得而見，故曰喪貝。億通噫，嘆息詞。時月入箕宿五度，當艮之上爻，位於子正。艮爲山，自震上爻右旋至艮上爻，相距九個時位，故曰躋於九陵。下弦月再過七日則爲三月三十日。於是日在六二之前九度，月抵於六三，即將前來與日會，故曰：「勿逐，七日得。」

象傳以乘剛釋震來厲，蓋以爻畫之陰陽爲據，二陰爻在初陽爻之上，是柔乘剛也。然與震來厲之語何涉，殊難索解。若以剛柔爲日月之象，則月終之月尙在日前，而以乘剛說之，甚是。然經之震來厲乃指日而言，非以月爲主，不可不辨。

(三)既濟六二：婦喪其茀，勿逐，七日得。

象曰：七日得，以中道也。

內體離星次鶉火，時六二交於戌正，乃夏曆六月黃昏後，星月早已出現矣。茀或作髴，虞翻以爲鬢髮，一名婦人之首飾。王弼亦以茀爲首飾。鄭玄以茀爲婦人之車蔽，而朱熹從之。荀爽則讀茀爲紱，以爲蔽膝，乃宗廟之祭服，猶韍也。虞翻曰：「俗說以髴爲婦人蔽膝之茀，非也。」蓋爲荀說而發。訓詁之紛歧如此，究竟孰是孰非，當由爻象決之。茀者月之象。婦爲坤。坤乃大火星次，位於鶉火離卦之東，相去約九十度，故曰在離中爻而月抵坤上，必爲初七日而無疑。離中爻之第一年曆數爲周之八月初五日，戌正時，月不在坤而在巽中爻之下六度，位近酉初，是卽婦喪其茀之義也。所謂喪者，因爲上月上弦後，月在坤上，及此月之初，月早已離開坤矣。但到了初七日，則月又抵坤上爻之下三度而位近申初，是婦復得其茀，故曰「勿逐七日得。」七日之月，近於上弦而加於坤首，正象婦人之首飾。至於車蔽之茀應在車後。爾雅釋器云：「輿，革前謂之鞎，後謂之茀。」若蔽膝則繫於腰而下垂，決不可上覆於首。故茀當以虞翻王弼首飾之說爲勝。劉熙釋名云：「皇后首飾曰副，副、覆也，亦言副貳，兼用衆物成其飾。」所謂衆物者乃金翠明珠之類是也。滿載珠翠之首飾，形如弦月，故易以茀爲月象之喻。

拾、三日

經言三日者有蠱卦及巽九五，明夷初九。蠱及巽的內體相同，且以天干紀日，應特加注意。

㈠蠱、元亨，利涉大川；先甲三日，後甲三日。

彖曰：蠱、剛上而柔下。巽而止，蠱。蠱、元亨而天下治也。利涉大川，往有事也。先甲三日後甲三日，終則又始，天行也。

象曰：山下有風、蠱。君子以振民育德。

內體巽，星次鶉尾壽星，位於子。外體艮、辰位丑寅，重其上者爲離。子正位元亨，而巽之中爻當之，故卦以九二爲主。九二之第一年曆數爲周之九月二十日己卯，爻下三度入白露節爲九月二十三日壬午，於是下弦月抵東井十一度，約近兌次之中爻而出現於東方。東井者天河之所經，而卯正爲利之起點，故曰利涉大川。又第二年曆數，九二爲周之十月初一日甲申。先甲三日辛巳乃九月廿八日，後甲三日丁亥入白露節乃十月初四日。九月終十月始，故彖傳曰：「終則有始，天行也。」

干支紀日，純屬曆數。先儒不知卦與曆數有關之體系，於是注多迂曲難通。王弼以甲爲甲令，甲令乃漢制，易經時代，何嘗有之。鄭玄以辛爲自新，丁爲丁寧，音訓附會而已。蠱之六爻，皆涉曆數而與干支有關，其數繁複，最易惑亂，故卦名蠱。左傳昭元年秦醫和曾言之：「淫溺惑亂之所生也，於文皿蟲爲蠱，穀之飛亦爲蠱，在周易，女惑男，風落山謂之蠱。」醫和所說，自是附會周易，然以蠱卦之義爲惑則不誤。

彖傳之剛上柔下，漢虞翻以卦變說之，謂由泰之初上兩爻互變而來。宋朱熹以艮剛巽柔分居上下當之；又引或說謂自賁來者，初上二下；自井來者，五上上下；自既濟來者兼而有之。明來知德以反覆卦說之，謂蠱與隨相綜，隨反爲蠱，故剛上柔下。卦變之說，紛歧如此，何去何從？其實皆非也。

剛是日，柔是月，剛上柔下謂日前月後，月隨日左旋而行之象。然此何日乎？不無可疑，故卦名蠱。巽是星次，艮是時位，巽往而重於艮上，卽九三自丑初而丑正而寅初而寅正，所歷一時半，究竟處於何時，亦殊難定，故曰巽而止，蠱。按巽上爻之第一年曆數爲周之九月初五日，位於丑初。入朔在卯正，故剛上柔下必自初二日始。初二日則日抵上爻前三度，月抵上爻下六度，日前月後，相距九度。然初三日之月在巽中爻下四度，初四日之月在巽初爻下三度，亦與剛上柔下之義相符，何取何捨耶？彖傳之釋卦名，固取義於蠱惑也明矣。

夜半子正之位曰元亨，昨日終於元，今日始於亨，天天如此，可以爲準則，故曰：蠱元亨而天下治。第一年九三爲九月初五日，則九二爲二十日。若二十三日則下弦月橫絕天河而於夜半時東升。祭祀常在黎明前舉行，見此月象卽知將有祀事，故曰利涉大川，往有事也。又九二之第二年曆數爲十月初一日甲申，先甲爲前月終，後甲爲此月始，故曰：「終則有始，天行也。」

大象傳之振民育德與卦辭實毫不相涉，惟因彖傳有元亨而天下治一語，遂引申而爲說耳。

㈡巽九五：貞吉，悔亡，无不利；无初有終，先庚三日，後庚三日，吉。

象曰：九五之吉，位正中也。

九五乃巳初之位，時來重其上者爲內體巽之九三，星次鶉尾。九三之第六年曆數爲周之九月三十日庚寅，故曰无初有終。由此可知先庚三日爲九月廿七日丁亥，後庚三日爲十月初三日癸巳。廿七日巳初時月在南正，故曰貞吉。過爻三度得處暑爲十月初三日，故曰悔亡。節氣不當爻爲悔，得之則悔亡。自九月廿八日至十月初三日，月皆行於東南，或先日，或後日，不出利之時區，故曰无不利。吉者謂丁日及祭日皆吉，宜於行事也。

中國以干支紀日，由來已久，有時爲簡約起見，則僅舉天干而略去地支，如楚辭哀郢曰：「甲之朝我以行，」卽是一例。易經亦是如此。周之曆元當艮初爻牛宿初度爲甲子日冬至朔，第二年己巳，第三年甲戌，第四年己卯，第五年乙酉，第六年庚寅。巽九三與艮初爻之干支完全相同，故知第六年亦是庚寅日。

爻辭明言曆數，然而先儒不解，多妄加注釋。如王弼牽合彖傳申命一語而爲說：「申命令謂之庚，先申三日令著之，復申三日令，然後誅而無怨尤矣。甲庚皆申命之謂也。」甲庚乃十干之名，用以紀日，如何可以申命解之。且天下寧有誅而反得吉之理，貞是不通之至。又如虞翻以卦變爲說，謂內體巽變成震，得益卦之時，震爲庚，三爻在前，故先庚三日。又外體續變，終亦成震爲庚，而三爻在後，故後庚三日也。因漢儒有納甲之術，以乾坤爲甲乙，震巽爲庚辛，故以震成庚爲說，而不得不變巽以求之。此種任意變爻以牽就震庚之謬術，更是無理可喻。若震必是庚，則將先庚後庚之辭繫於震卦，豈不直截了當，又何必轉折屈居於巽九五爻下耶？

九五爲外體之中，象傳卽以位正中作釋，實在太苟簡了，對於爻辭，仍是茫然。

㈢明夷初九：明夷于飛，垂其翼。君子于行，三日不食。有攸往，主人有言。

象曰：君子于行，義不食也。

內體離爲鶉火之次。初九當張宿十五度，自子正來而交於丑正。夷讀爲鶫，與鵜同。離爲明爲鳥，故卦名明夷。初九爻下四度爲翼宿，入鶉尾星次。故曰明夷于飛，垂其翼。言翼宿垂於後而日月在張宿，則于飛之象也。初九之第二年曆數正是周之九月初一日甲寅。上月小，自廿七日至廿九日終，所歷三日，而於子正時交於初一日，然而日月未會，尚未合朔。君子爲日象，日食常在朔，若月未來掩日，則尚非食之時，故曰君子于行，三日不食。按是日合朔加時在申初，今猶在子正，則月尚在日前八度，決無食之可能。若是八月廿七日之始，則月在兌初爻，入東井廿七度而位過寅初。兌爲言，乃月之主人而位在離前，故曰「有攸往，主人有言。」

象傳以義不食釋君子于行，只是襲取原文，等於不釋，所謂義者，究竟是什麼義呢？

拾壹、三人

㈠需上六：入于穴，有不速之客三人來，敬之終吉。

象曰：不速之客來，敬之終吉，雖不當位，未大失也。

上六爲丑初之位，時來重其上者乃內體乾之九三。坎爲穴，但時位左旋計之，則上六當是出穴而非入穴之象。故知本爻所用者乃坎之星次。星次右旋計度，始與入穴之象合。乾爲大粱，坎爲玄枵，坎在乾前約九十度。今乾九三抵丑初，則坎之上爻位在辰初。

三人乃日月與歲星之象徵。恆星是主，日月歲星皆是客，皆不待招而自至，故曰不速之客。日月同次，必是合朔後之象；歲星在玄枵，必是曆元後第二年之象。周之曆元起於星紀，冬至朔，日月與五星同次，所謂日月如合璧，五星如聯珠者是也。歲星每歲行一次三十度，其第一年在星紀，則第二年必在玄枵。坎次之上爻當玄枵初度，亦卽須女八度，其第二年曆數爲周之正月廿七日。是月小，故二月朔在爻下三度，卽須女十一度。但二月大，加時亥正入朔，今猶在辰初，則月未入穴，必待至黃昏後始得之，故曰敬之終吉，言恭敬其事至終日則朔吉矣。合朔曰吉。

自來學者不解曆數，惟於爻畫中探求其義，見乾有三陽爻，遂當作三人。但乾三爻如何能同時而容於上六一爻之中，且乾由下而上，終必至出坎又如何可稱入於穴？王弼曰：「與三爲應，三來之己，乃爲己援。」然與初及二皆非應者，何者亦同來之己呢？荀爽曰：「需道已終，雲當下入地也，雲上升極則降而爲雨，則還入地，故曰入於穴。雲雨入地，則下三陽動而自來也。」雲化爲雨而入地，何以義同入穴？雲雨入地，何以三陽必動而自來？且經明言入於穴者是不速之客，與雲雨又有何涉呢？總之，此種不通的牽强解釋，莫非遁辭，直同痴人說夢罷了。

象傳以不當位未大失釋敬之終吉，乃以入朔後之次日爲說。因爲坎上六爲丑初，乃一日之始，非終吉之位，故曰不當位。然自亥正至丑初，終始不過一時半，故曰未大失。即以日在辰初而論，亦不過增多三時而已，於是月之行程遂過日四度，自亦早已入穴了。學者常以陽爻居奇數之位，陰爻居偶數之位爲當位，否則便是不當。然則此需卦之上六應是當位，何以象傳反言雖不當位呢？可見當或不當，自有其本義，實與陰陽爻畫、奇偶位次不相關。

(二)損六三：三人行則損一人，一人行則得其友。

象曰：一人行，三則疑也。

內體兌：星次實沈鶉首。六三當實沈之中，周之六月中也。外體艮，時位丑寅，來重其上者爲乾之大梁星次。由艮爲丑寅之位，故知六三所佔者乃丑初之位。

三人行謂日月歲星同次如人行之象。損一人謂月離去也。歲星自星紀始，每歲行一星次，其第五年六月則抵達大梁之中。六三之第五年曆數爲周之六月十八日，其月初有三日適落在大梁而位於丑正。初一日申正入朔，故丑正時月尚在日前八度。於是歲星抵昴宿五度，月抵畢宿初度，日抵畢宿九度，三者皆行於大梁星次之中。及初二日，歲星與日猶同次，而月已離大梁而出入於實沈之次，故曰三人行則損一人。自六月初四日起至十八日又至廿九日，日皆獨行於實沈之次。及三十日晦至七月朔，月又前來，則日月又同行矣。故曰一人行則得其友。一人行指日而言，友則月象也。

象傳說：「一人行，三則疑。」蓋三人行時，不在於兌之星次，是以可疑，至於一人行，自無可疑者也。

拾貳、三品　三狐

㈠巽六四：悔亡，田獲三品。

象曰：田獲三品，有功也。

六四爲辰正之位，時來重其上者乃內體巽之九三。九三屬鶉尾星次，其爻下三度入翼宿十五度卽得孟秋中氣處暑。凡曆數過爻曰悔，得之則悔亡。畋獲三品，乃指爻下之三度而言。

象傳以有功釋獲，乃望文生義，等於不釋。

㈡解九二：畋獲三狐，得黃矢，貞吉。

象曰：九二貞吉，得中道也。

九二爲玄枵之中，節氣交大寒，時位在酉初。大寒過酉初十二分鐘日始西沒，故酉初時夕陽尚好而未下沉。九二之第四年曆數爲周之二月初四日。朔不見月，自初二至初四則眉月生而漸壯，其象如狐，故曰畋獲三狐。時落日光芒四射貫月，故曰得黃矢。初四日酉初時之月入於奎宿而位於未正，故曰貞吉。

九二爲玄枵之中，象傳卽以中道釋之。

拾叁、三就　三驅

(一)革九三：征凶，貞厲。革言三就有孚。

象曰：革言三就，又何之矣。

兌離乃相連之卦。以星次言，兌屬實沈鶉首而離屬鶉火，適當三夏之節候。以時位言，則離屬午而兌屬未申。故革卦乃離重於離，兌重於兌者，而九三星次所處者卽是未初之位。貞厲之位有二，一在未初至未正之間，一在申正酉初之間，皆介於兩卦間者。未初爲下午一時，日稍偏西，非凶象。申正以後爲下午已過四時，日晡西下，晚景無多，則有凶象。故征凶貞厲指日在兌上爻之前而言。兌上六位於申正，其第一年曆數爲周之六月初四日。若初一日則日在爻前三度，已過申正之位。且入朔正在申正，復有日食之虞，故曰征凶貞厲。自初一經三日至於初四，則日抵於上六，兌爲言，故曰革言三就。初四日之月適抵九三之前八度，故曰有孚，言信而有徵也。

象傳以疑辭又何之以釋革言三就，實等於不說。

(二)比九五：顯比，王用三驅，失前禽。邑人不戒，吉。

象曰：顯比之吉，位正中也。舍逆取順，失前禽也。邑人不戒，上使中也。

九五爲子正之位，時來重其上者乃內體坤之六三。坤六三之相對卦爲乾九三，位於午正。日在子正爲夜象，在午正爲晝象，夜暗晝顯，而乾爲王，故知顯比乃指日在乾九

三而言。乾上爻之第二年曆數爲周之四月二十九日，三驅則得五月初一日。合朔適值午正，故上月三十日午正時月在日前十三度，廿九日則在日前二十六度，皆前禽之象。今既合朔，則前禽不見，故曰王用三驅，失前禽。日食凶，邑人常相驚懼戒惕，今合朔而日不食，故邑人不戒吉。

象傳以位正中釋顯比，蓋知日正當午也。月隨天左旋爲順，本行右旋爲逆。月自前來就日是逆行，及合朔後則隨日左旋是順行，先驅而後取之，是舍逆取順之道。畋獵之禮，三驅而止。禽在前，不逆射，逸過則順從而射之，射不中則已。失前禽則禽已逸過。合朔前月之經過如此象，故爻辭以爲喻，而象傳則直以畋禮解之。上使中謂乾日照耀中天，不見食象，是以邑人不須警戒也。

拾肆、日三接

晉：康侯以錫馬蕃庶；晝、日三接。

彖曰：晉、進也。明出地上，順而麗乎大明，柔進而上行，是以康侯用錫馬蕃庶，晝、日三接也。

象曰：明出地上，晉。君子以自昭明德。

巳初，亂其序使尾宿九度上移達於巳初，則大火全次方與巳時整位相聚合，此卽乃亂乃萃之義。若以相對乾卦初爻處於亥初者而言，則恰是大梁星次之終，不必亂其序卽聚於亥矣。亥屬震，震爲號。乾下一度立夏入實沈之次，實沈屬兌，兌爲笑，故曰若號，一握爲笑。一握者言得實沈之初度也。此用乾坤相對卦，比較其差異以明萃爲聚之含義。

初六之第七年曆數爲周之十一月廿七日，大火之終爲十一月三十日晦，巳初時，月入心宿四度，卽在初六前七度處。月犯心則心有憂恤。若勿恤，則必是十二月朔，日在尾宿十度而入析木星次矣。十二月初一日寅初入朔，及巳初時，月已過日三度而入尾宿十三度，不復犯心宿矣，故曰勿恤，往无咎。

象傳以其志亂三字釋乃亂乃萃，甚是。志卽誌，言星曆之誌亂也。

(二)旅六五：射雉，一矢亡，終以譽命。

象曰：終以譽命，上逮也。

內體艮，星次析木星紀；外體離，時位午。六五位於午正，時來重其上者乃艮之九三。九三入箕宿三度屬析木，爻下四度卽箕宿七度，得節氣立冬之終。離爲雉。射

雉，月入離之象。按第二年曆數，立冬之終爲周之十二月二十一日，於是月入離中爻之下八度，卽射雉得中之象。此第二十一箭就把雉射死，故曰一矢亡。此一矢就是立冬之終，故曰終以譽命。譽命猶美命，言得其時也。

立冬節終於爻下而屬於上，故象曰上逮。

悔

㈠咸初六：咸其悔。

象曰：咸其悔，志在外也。

艮初爻當牛宿初度，乃星紀之中，冬至之所在。冬至朔爲周之曆元，數之端，故以悔象之。冬至朔日月會合，陰陽交感，故曰咸其悔。咸者感也。

按第三章章首冬至朔齊同在午正時，今初六動爻巳初，是距合朔尚須經過三小時始得之。月尚在爻前二度，故象傳以誌在外爲釋。

㈡解九四：解而悔，朋至斯孚。

象曰：解而悔，未當位也。

九四爲戌正之位，時來重其上者乃內體坎之六三。坎六三爲玄枵星次之始，節交小寒，其第五年曆數適逢周之二月初一日，故曰解汝悔。小寒朔皆大悔指之象。月者

日之朋，月來會日，故曰朋至斯孚。按是日未初入朔，及戌正時，月已過日三度。

象傳之未當位，指戌正而言，因合朔在未初而非戌正之位。

拾玖、三百戶

訟九二：不克訟，歸而逋，其邑人三百戶无眚。

象曰：不克訟，歸逋竄也；自下訟上，患至掇也。

內體坎，星次玄枵，九二爲玄枵之中，節氣交大寒，玄枵之前即星紀，而艮初爻乃星紀之中，當牛宿初度，爲周之曆元。星紀終於坎前須女七度，周之正月朔起於冬至，則星紀之終僅得上半月，其下半月必須侵入玄枵之次。冬至的陰曆日年年不同，則承其後坎九二大寒之日亦必年年有異。卦之取名爲訟，原因即在於此。按九二之第一年曆數爲周之二月初二日，是玄枵之次失去十四度，歸於正月矣。第二年曆數爲周之二月十三日，是玄枵失去三度歸於正月矣。第三年曆數爲周之二月廿三日，是侵佔星紀七度矣。第四年曆數爲周之二月初四日，是玄枵又失去十二度歸於正月矣。及第五年，九二適爲周之二月十六日，是玄枵之次三十度恰與二月三十日相合而無所損失矣。如此，則去年逋逃之十二人，今又歸還原主，不復再有爭執，故曰不克訟，歸而

逋，其邑人三百戶无眚。其邑人三百戶卽玄枵星次三十度之象徵，誇言之，以一當十，故曰三百戶。歸而逋之而字與爾通，謂歸還汝之亡人也。

象傳謂歸還逃竄之人，是以不能訟。玄枵在下，星紀在上，以玄枵而與星紀訟，所患者在冬至後來佔奪曆數，故曰自下訟上，患至掇也。此至字指冬至而言，有特殊意義。

貳拾、干支紀日

中國古時以干支紀日，十干配合十二支得六十日，始甲子，終癸亥，中有六甲五子，於是終則又始。甲子、甲戌、甲申、甲午、甲辰、甲寅，謂之六甲。甲子、丙子、戊子、庚子、壬子，謂之五子。干支原只用以紀日，但自東漢以後，十二支卻又被用以誌太空的十二時位、地平的十二方向、十二個月及十二生肖，總有五種不同的用途。

八卦二十四爻既是曆數的符號，自然與干支有關。一爻代表十五日，二十四爻得三百六十日，這是八卦的常數，亦就是六個甲子周。因此以干支配合二十四爻，是既簡捷而又整然有序可考。

曆數起於冬至甲子日，相當於艮之初爻，於是繼之以坎之三爻，由上而下計之，得坎上爻十六日己卯，坎中爻三十一日甲午，坎初爻四十六日己酉，以後從六十一日起的干支配爻就完全相同。由此可知第一年的逐爻天干是甲己甲己互相配合的。第二年的冬至是己巳日，於是逐爻的配合就變成己甲己甲的順序關係了。第三年冬至甲戌，第四年冬至己卯，其甲己或己甲的相互關係與第一年及第二年相同。一歲有大餘五日，小餘四分之一日，及第四年終須加一日得大餘六日，故第五年冬至非甲申而爲乙酉日，於是逐爻關係亦變成乙與庚了。乙庚及庚乙的配合又經四年，於是第九年的冬至就變成丙午日，而逐爻關係亦變成丙與辛了。丙辛及辛丙的配合又經四年，於是第十三年的冬至爲丁卯日，而逐爻關係亦變成丁與壬了。丁壬及壬丁的配合又經四年，於是第十七年的冬至爲戊子日，而逐爻關係亦變成戊與癸了。

第五年			第一年			
	——			——		
艮	— —		艮	— —		
	— —	乙（1）		— —	甲	1
	— —	庚		— —	己	16
坎	——	乙	坎	——	甲	31
	— —	庚		— —	己	46
	— —	乙（61）		— —	甲	61
震	— —	庚	震	— —	己	76
	——	乙		——	甲	91
	——	庚		——	己	106
乾	——	乙（121）	乾	——	甲	121
	——	庚		——	己	136
	— —	乙		— —	甲	151
兌	——	庚	兌	——	己	166
	——	乙（181）		——	甲	181
	——	庚		——	己	196
離	— —	乙	離	— —	甲	211
	——	庚		——	己	226
	——	乙（241）		——	甲	241
巽	——	庚	巽	——	己	256
	— —	乙		— —	甲	271
	— —	庚		— —	己	286
坤	— —	乙（301）	坤	— —	甲	301
	— —	庚		— —	己	316
	——	乙		——	甲	331
艮	— —	庚（346）	艮	— —	己	346
	— —	庚（366）		— —	己	366

第十三年

	——		
艮	— —		
	— —	丁	(1)
	— —	壬	
坎	——	丁	
	— —	壬	
	— —	丁	(61)
震	— —	壬	
	——	丁	
	——	壬	
乾	——	丁	(121)
	——	壬	
	— —	丁	
兌	——	壬	
	——	丁	(181)
	——	壬	
離	— —	丁	
	——	壬	
	——	丁	(241)
巽	——	壬	
	— —	丁	
	— —	壬	
坤	— —	丁	(301)
	— —	壬	
	——	丁	
艮	— —	壬	(346)
	— —	壬	(366)

第九年

	——		
艮	— —		
	— —	丙	(1)
	— —	辛	
坎	——	丙	
	— —	辛	
	— —	丙	(61)
震	— —	辛	
	——	丙	
	——	辛	
乾	——	丙	(121)
	——	辛	
	— —	丙	
兌	——	辛	
	——	丙	(181)
	——	辛	
離	— —	丙	
	——	辛	
	——	丙	(241)
巽	——	辛	
	— —	丙	
	— —	辛	
坤	— —	丙	(301)
	— —	辛	
	——	丙	
艮	— —	辛	(346)
	— —	辛	(366)

第十七年

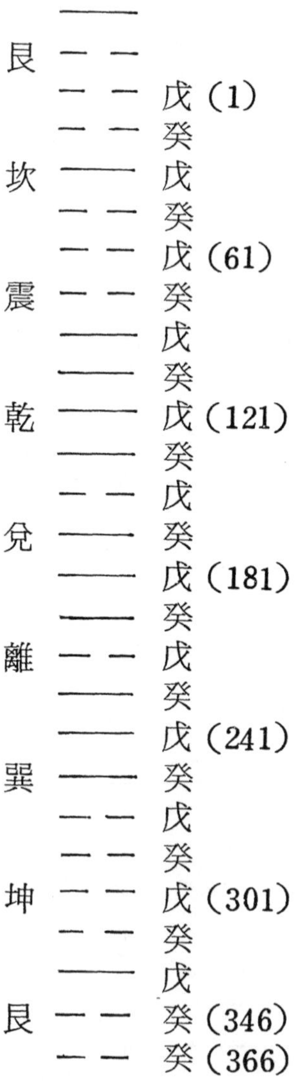

由上列五表看來，那麼首蔀首章十九年的干支紀日，以八卦範圍之，便可一目瞭然。於是凡遇經文某爻所涉及的干支，卽可按圖索驥，而知其屬於某一年的曆數了。

甲見於蠱卦，庚見於巽九五，前已加研討，茲可不贅。此外尚有乙見於泰及歸妹一卦，己見於大畜，損及革三卦，子見於蠱卦。茲特分釋如次：

乙

㈠泰六五：帝乙歸妹以祉，元吉。

象曰：以祉元吉，中以行願也。

外體坤六五乃卯正之位，來重其上者爲內體乾之九三。卦稱元吉則指相對否卦之九五位而言。否外體乾九五乃酉正之位，來重之者爲內體坤之六三。故知本爻所用者不在此而在彼。乾九三與坤六三所用之干支同而曆數不同。帝乙乃乙日之象徵。坤六三當爻乙日之曆數爲第六年周之十一月十六日乙亥，酉正時日落而月東出適抵乾九三之下一度，卽大梁星次之始，入於胃宿七度。

日君月臣，日夫月婦，日兄月妹，無非將日月人格化而已。故帝乙歸妹非實有其人，實有其事。古時嫁娶必於季秋後孟春前舉行，所謂「霜降逆女」，所謂「士如歸妻，迨冰未泮」者是也。又親迎之禮必以黃昏，而元吉正是日落之時，然則九月（周十一月）黃昏嫁妹，豈非深合禮儀而受福祉，故曰以祉元吉。

先儒不解帝乙只是曆數乙日的象徵，於是有種種曲說，或以爲紂父，或以爲成湯，或籠統說之而不知孰是。

㈠九家易曰：「五爲帝位，震象稱乙，是爲帝乙。」此則以互體震爲帝乙，而不是人名。

㈡虞翻曰：「震爲帝，坤爲乙，帝乙紂父。」說卦：「有帝出乎震」之語，故震爲帝。納甲術以乾坤當甲乙，故坤爲乙。虞氏本此而以互體震及外體坤當之。然帝自帝，乙自乙，分屬兩卦，豈非支離破碎之至。又以帝乙爲紂父，則紂父既是震，又是坤，何以人格如此分裂？

㈢易緯乾鑿度曰：「孔子曰，泰者正月之卦也，陽氣始通，陰道執順，故因此以見湯之嫁妹，能順天地之道，立教戒之義也。」「易之帝乙爲成湯，書之帝乙六世王同名，不害以明功。」因爲湯是開國之王，故易緯以明陰陽立嫁娶之義歸美於湯，於是有帝乙歸妹之辭。

㈣程頤曰：「史謂湯爲天乙，厥後有帝祖乙，亦賢王也。後又有帝乙。多士曰：自成湯至於帝乙，罔不明德恤祀。稱帝乙者未知誰是。」祖乙是湯之六世孫，乾鑿度：「書之帝乙六世王同名，」就是指祖乙而言。程頤雜取乾鑿度及虞翻之異義而莫知適從，故只好存疑。

究竟是那個帝乙嫁妹，求之於史實，都是無法可證的。然而爻辭爲什麼偏要用此毫無根據的人事呢？於是强以二五爻相應爲說，謂六五以陰處尊位，乃帝者之姊妹，而下應九二，乃王姬下嫁之象，故援殷之賢王而爲喻耳。若然，則六五與九二相應之卦甚多（共有十六卦），豈非都可用此爻辭耶？

近人顧頡剛因詩大明篇有「大邦有子，俔天之妹」句，與「帝乙歸妹」的語意相符，於是就說帝乙是嫁妹與周文王。這又是一種新猜想新附會所引伸出來的誣斷。

象傳曰：「中以行，願也」謂月中以往得其所願，卽望月昏而出現於東方之象。

(二)歸妹六五：帝乙歸妹。其君之袂不如其娣之袂良。月幾望吉。

象曰：帝乙歸妹，不如其娣之袂良也。其位在中，以貴行也。

此爻的解釋，已於月幾望項下詳之，可查考前文，玆不贅述。

己

(一)革：己日乃孚。元亨利貞，悔亡。

彖曰：革，水火相息；二女同居，其志不相得曰革。己日乃孚，革而信之，文明以說。大亨以正，革而當，其悔乃亡。天地革而四時成，湯武革命，順乎天而應乎人，革之時義大矣哉！

象曰：澤中有火革，君子以治曆明時。

革乃內外體相連無間之卦。以星次言，兌屬實沈鶉首，離屬鶉火。以時位言，離當午，兌當未申之中。故知兌離之星次實與兌離之時位相重而合一。

兌離的第一年和第二年曆數可參閱下表，卽可知其變革的情況：

第一年曆數

- -甲午六月初四日
兌—己酉六月十九日
—甲子七月初四日
—己卯七月十九日
離- -甲午八月初五日
—己酉八月二十日

第二年曆數

- -己亥六月十四日
兌—甲寅六月廿九日
—己巳七月十五日
—甲申七月三十日
離- -己亥八月十五日
—甲寅九月初一日

在右列的六爻中，凡第一年爲甲，則第二年改爲乙，故曰革。卦以六二爲主，其第一年甲午當周之八月初五日，第二年變革之，便得己亥爲八月十五日，信然無誤，故曰革，己日乃孚。又離與坎相對，干支紀日完全相同。離中爻己亥日位在午正，坎中爻亦己亥日而位在子正。但曆數不同，坎之己亥爲周之二月十三日，而離則是八月十五日己亥。二月十三日，月尚未望，是有悔也，故必至辛丑日之終，壬寅日之始，悔乃亡。悔亡，則元亨夜半之日，始得見團圞皓月於南正之利貞。故曰元亨利貞，悔亡。

己乃天干第六名，只用以紀日，並無他義。惟此己日相當於何月何日，非求之曆數不可。先儒不知八卦與曆數的關係，於是望文生義，或讀己爲已過之已，或讀己爲以。虞翻以離爲日，故己日乃孚卽用離之義。王弼曰：「革之爲道，卽日不孚，已日乃孚也。」就文義言，虞氏之以日乃孚是可通的；王弼却將己日解作已過多日則增辭作釋才說得通。己字只可作副詞用，決無如此的語法。然而後儒多採王氏之說，卽程頤亦不能免。自漢迄宋，此一己字都被誤讀作已。惟明儒來知德說：「己音紀，十干之名。」來氏知此己字爲十干之名，誠是；但以五行之說作註，却又另生一種新的穿鑿。來氏說：

「己者信也，五性仁義禮智信，惟信屬土，故以己言之。不言戊而言己者，離兌皆陰卦，故以陰土言。且文王圓圖離兌中間乃坤土，故言己也。凡離火燒金斷裂者，惟土可接續，故月令於金火之間置一中央土。十干丙丁戊己而後庚辛，言離火燒金，必有土方可孚契之意。日者離爲日也。己日乃孚者信我後革也，言當人心信我之時相孚契矣，然後可革，不輕於革之意。」

五行己屬土，而土配合五性又屬信，於是卽以「人心信我之時」來註釋己日乃孚，其牽强附會竟一至於此。

革卦與曆數有關，彖傳及象傳作者皆深知之。象曰：「君子以治曆明時」，則革是指曆數變動時節改換而言，更復何疑。彖傳所反覆說明的，亦不離這一原則。

坎水離火，坎爲小寒大寒之卦，離爲小暑大暑之卦，寒往暑來，暑往寒來，故曰革，水火相息。

兌少女，離中女，兌離相連爲二女同居之象。但所代表的節令不同，曆數亦參差不齊。兌上爻之下二度入孟夏中氣小滿，中爻之下二度入仲夏節氣芒種，下爻之下二度入夏至。離上爻之下三度入季夏小暑，中爻之下三度入大暑，下爻之下三度入孟秋節立秋。六爻之誌節氣，逐爻變易，故曰「其志不相得曰革。」志通誌，非意志之義。所謂二女者卦之虛象，非眞有其人同居。

以上依據相互卦以說明時節的變換，繼而進一步解釋己日曆數的更革。日在坎中爻，當夜半時，己日適爲第二年周曆二月十三日之終，於是月交兌九四而西流於未正，故己日乃孚之義，乃革而信之，文明以說也。說卽兌，天文明用說，卽月在兌之象。大爲日，亨爲過子正夜半之位。正卽貞，爲過午正中天之位。故大亨以正謂二月十五日終十六日始夜半之時，月正當午而稍偏西之象。此爲望月，已過己日而交辛日終之象，故曰「革而當，其悔乃亡。」

革乃指時令變更而言，一年有春夏秋冬之別，故曰天地革而四時成。殷革夏命，曆元建丑，周革商命，曆元建子。然曆法所改者只是正朔而已，至於天時必不可違，人事固亦照常，故曰：「湯武革命，順乎天而應乎人。」天地革，湯武革命，皆與時日有關，故贊曰：革之時大矣哉。

㈡革六二：己、日乃革之，征吉无咎。

象曰：己日革之，行有嘉也。

六二在去年之曆數爲甲午，今則變爲己亥，故曰：「己、日乃革之。」時己日抵於午初之位，尚未抵南正，須再過半個時辰，日始照耀中天，故曰征吉无咎。

去年甲日爲周之八月初五日，今革爲己日，則變成八月十五日，得團圓之月象，故象傳曰「行有嘉」。

㈢損初九：已事遄往无咎，酌損之。

象曰：已事遄往，尚合志也。

初九之第二年曆數爲周之七月十五日己巳，時抵於亥初之位，距夜半子正尚欠個半時辰。一日之始在子正，今尚是七月十四日戊辰，個半時辰後才交己巳，故曰已事遄往无咎，酌損之。速往至子正時，己日之事才開始，故在亥初時須酌減一日計算。

象傳以尚合志作解。尚通上，志通誌，言爻前一度始與曆誌相合。

虞翻改作祀事遄往，謂祀字舊作巳。虞氏說：「祀，祭祀；坤爲事，謂二也。二失正，初利二速往，合志於五，得正无咎，已得之應，故遄往无咎酌損之。」虞氏喜以卦變之正的術數說易，因初九已得正，故不得不捨之而取九二及六五兩爻，若兩爻易位成六二及九五，則各得其正矣，此卽酌損之義。酌損九二而爲六二則得互體坤，坤爲事，故曰祀事。然坤何以爲事，而事何以必爲祀事，費解。坤既爲二，則這一爻辭何不繫之於二，豈非更直截了當？而九二爻辭又曰「勿損益之，」豈非與「酌損之」自相矛盾。

王弼曰：「事已則往，不敢宴安，乃獲无咎。」事已之已字，孔疏爲「竟」，謂事竟速往，是可通的。若以釋已事之已，則竟事速往的語意，豈非彆扭。王弼改已事爲事已，實在是曲解。程頤又從而引伸之，謂「事既已則速去之，不居其功，乃无咎也。」以「速去之」解「速往」，則曲而又曲矣。來知德說：「已者我也，本卦損剛益柔，損下益上，乃我之事也。」

巳、已、己三字形近似，虞翻以爲巳字，通祀；王弼以爲已字，義爲旣竟；來知德以爲自我之己字；此爻之義，紛歧如此，孰是孰非耶？如果不知曆數與卦爻之關係，僅望文而生義理，則三說皆勉强可通，其實皆誤。來知德讀爲「己事」是，惟不知己爲天干之名，而以我釋之，亦只是臆測而已。

(四)大畜初九：有厲，利己。

象曰：有厲，利己，不犯災也。

初九爲大梁星次之終，時抵於亥初之位。其相對卦萃初六則位在巳初。巳初時區屬利，故知日不在此而在彼萃卦坤之初六，適值己日，故曰利己。利己謂利在己日。又兩卦間之位稱厲，有厲謂己日落在坤初六爻下。凡用相對卦必是月半之日在彼，而望月在此之故。

按第十九年之曆數，萃卦坤初六爲周之十二月初十日癸丑，其爻下六度得己未爲十六日，此卽有厲，利己之義。於是望月適抵大畜初九爻下二度，而與己日遙遙相對。己日入尾宿十二度，已過大火而入析木，故象傳曰：不犯災也。天火謂之災。

王弼注以爻應爲據而望文生義，謂「四乃畜己者，未可犯，故進則有危厲，已則利。」王氏以已字之義爲休止，其理由則在初九不可往犯六四。按爻畫不過符號而已，何以會有往犯或否的含義，費解。且王氏注小畜初九，又另有一說：「處乾之始，以升巽初，四爲己應，不距己者也，以陽升陰，復自其道……。」大畜小畜兩卦內體都是乾，初九六四都相應，何以一不可往，一則當升？無非因敷衍爻辭而虛飾爻象，遂不得不取歧義而自蹈於矛盾。

子

蠱初六：幹父之蠱，有子考无咎，厲終吉。

象曰：幹父之蠱，意承考也。

蠱卦辭中有先甲後甲之語，前已詳釋，可參看。幹父乃天干剛日之義，卽甲丙戊庚壬五幹屬之。然初六爻究當何日，不無可疑，故曰幹父之蠱。子爲地支之首，有子考无咎，謂五幹父中必有與此子相配者，或甲子，或丙子，或戊子，或庚子，或壬子，均有可能。何去何從，惟有決之於曆數。按初六之第二年曆數爲周之十月十六日己亥，故知有子考无咎乃指次日庚子而言。十七日庚子至廿九日壬子月終共十三日，皆入初六爻下，是在厲之位中也。兩卦間謂之厲。厲終卽爻下之第十四日，得十一月朔癸丑，故曰厲終吉。吉指朔吉而言。

貳壹、如何計算日月的距離

或問卦爻既標誌曆數，那末依曆數而推究天象，如何計算才能得日月相距的正確位置呢？這有三點須加注意。一要知道入朔的加時。加時是上月未盡的餘分，應減去不計。二要知道是何日何時。其時只是某日的部分時間，不得以全日計。每日月行十三度又十九分之七，每一時辰月行一度多，除整日的度數外，餘首尾兩日都以局部時間計。三要將當爻的日數從所得月的總行度中減去之。然後從該爻起推測，便知月之右旋位置了。試以前大畜初九爲例：

日在相對萃卦坤初六爻下六度，爲十二月十六日己未，位在巳初。是月大，甲辰朔。入朔餘分爲 $\frac{648}{940}$，故知加時相當於酉初。合朔在酉初，十六日又在午初，首尾只有八個時辰，故月之實際行程僅得十四日又三分之二日。因得下式 $14\frac{2}{3}\times13\frac{7}{19}=196$ 度有奇，卽合朔後月之行程。減去當爻之十度及歲終之斗餘五度，得一八二度，就是日與月相對衝的距離。故知十六日在巳初時，月在大畜初九爻下二度，而位於亥初。至於如何得知每月的合朔加時，則須查考曆譜。我編有八卦古曆譜一書，可供應用。

貳貳、結論

章學誠說：「作易之與造憲，同出一源……三代以後，憲顯而易微，憲存於官守而易流於師傳，故儒者敢於擬易而不敢造憲也。憲之薄蝕盈虧，有象可驗，而易之吉凶悔吝，無跡可拘，是憲官不能穿鑿於私智，而易師各自爲說，不勝紛紛也。故學易者不可以不知天。」這眞是一針見血，一語破的。憲就是曆法，如漢張衡之靈憲便是。儒者擬易，如漢揚雄的太玄便是。日蝕必在朔，月盈必在望，是有象可驗的，不然便是曆法失正。易本與象數有關，及儒者忘其根本而徒以義理說易，於是易道遂微。荀卿曰：「善爲易者不占。」這就是儒者的態度，在戰國時已兆其端矣。小畜初九爻辭，荀子引以爲說：「易曰，後自道何其咎，春秋賢穆公，以爲能變也。」荀子以秦穆公能變悔從善，而以易之復自道一語贊美之。又呂氏春秋亦引用此句：「易曰復自道，何其咎吉，以言本無異則動卒有喜。」「本無異」與「能變」之義剛剛相反，而都以伸說復自道，可見義理並無一定的準則，正如章學誠所謂易師各自爲說，不勝紛紛也。其實復自道是天象，不關人事，言在晦朔之間月反行自己的故道，如此而已，別無他義。

周易的根本在象數，爲正本探原以求知天起見，我曾撰易與天文一篇，揭載於易學應用之研究第一輯中，今不揣譾陋，又提出易數問題，加以辨證。蓋由象以索數，或依數以窺象，術固相通，理無二致，正所謂吾道一以貫之者也。然疏漏失當之處，仍所難免，尚希博雅君子，有以敎之。

一九八〇年五月作於新加坡

（本文作者南洋大學鄭衍通敎授）

第十八篇

易消息述要

消息往來補述

第六篇　易消息述要

王　震

周易六十四卦之名，本于卦氣，以陰陽消息之象命之，舉其名，則其象可知，其氣自應，卦氣之候，雖不依消息卦次，而以消言消，以息言息，然各從其氣，故比其名而氣應，以名生于象，象生于氣也。

剝彖傳曰：君子尙消息盈虛天行也。豐彖傳曰：天地盈虛與時消息，昔人稱庖犧作十言之教，謂乾坤震巽坎離艮兌消息，易緯謂聖人因陰陽起消息，立乾坤以統天地。稽覽圖曰：唯消息及四時卦，當盡其日。又曰：消息及離卦相去各如中孚。太史公亦曰：黃帝考定星曆，立五行，起消息。皇侃注曰：乾者陽生爲息，坤者陰死爲消，消息之義尙矣。孟氏傳其學，荀氏言之不能具，唯虞氏注易，猶存其概，至宋漢上朱震傳虞氏六十四卦相生圖，李氏挺之有六十四卦次序圖，各具消息旁通于其中，謂之相生謂之次序者，陰生陽，陽生陰，陽生謂息，陰生謂消，一消一息，各以其序，易以陽爲主，陰生則消陽，故曰消也。

虞氏之易，旣無完書，其注及周易集林，僅于李氏集解中得一鱗片甲，語焉不詳，虞氏以後，衆說紛紜，漢上朱震據李氏集解，以定虞氏六十四卦相生圖，當時已多異議，李氏挺之爲六十四卦次序圖，朱考亭復有變更，陰陽重出，其爲卦乃至一百二十有四，雖曰根據彖傳，而其擧例之十九卦，有自一卦來，兩卦三卦來者，亦不能自圓其說，後之爲圖者更多，如朱楓林輩，則自鄶以下，無足言矣。虞李二氏之圖，根據乾坤，李氏且原于太極，後之易家，如來知德胡曉滄錢辛楣焦理堂，各有變通修正，咸不能越其範圍，吾常張惠言編修爲周易消息圖，號稱細密詳贍，反不如漢上朱氏之警策易簡也，李氏挺之爲先天學者，以乾一兌二離三震四巽五坎六艮七坤八合九爲用，雖于太極有一心貫徹萬象之概，然究非羲文周孔三聖之易之意，茲故不采，而特詳漢上朱震虞氏六十四卦相生，附以卦氣，掇虞氏原注，益以張惠言虞氏六十四卦消息圖說之精粹者著于篇，並冠八卦消息于其首。

易有太極是生兩儀

虞注云：太極太一，蓋未分爲一，未發爲極，極中也，在人爲皇極，在卦爲乾元，兩儀者，天地也，天地相配，故曰兩儀，儀匹也。

兩儀生四象

四象四時也，易以乾坤象天地，乾二五之坤成坎離震兌，震春兌秋坎冬離夏，故兩儀生四象，謂之象者，月令春日甲乙，夏日丙丁，秋日庚辛，冬日壬癸，中央之日戊己。鄭康成注曰：日之行春，東從青道，發生萬物，月爲之佐，時萬物皆解孚甲自抽軋而出，故名甲乙。日之行夏，南從赤道，長育萬物，月爲之佐，時萬物皆炳然著見而强大，故名丙丁。日之行四時之間從黃道，月爲之佐，至此萬物皆枝葉茂盛，其含秀者，抑屈而起，故名戊己。日之行秋，西從白道，成熟萬物，月爲之佐，萬物皆肅然收更，秀實秋成，故名庚辛。日之行冬，北從黑道，閉藏萬物，月爲之佐，萬物懷任于下揆然萌芽故名壬癸。此四時流行四方，皆有象可見，故名之曰象也。

四象生八卦

此言在天成象，八卦生于四時也。月行至甲乙，而乾坤象見，故乾坤生于春；月行至丙丁，而艮兌象見，故艮兌生于夏；月行至庚辛，而震巽象見，故震巽生于秋；坎離在中不可象，日月會于壬癸，而坎離象見，故坎離生于冬，是四象生八卦也。繫傳曰：八卦成列，象在其中。虞注云，八卦之象，乾坤列東，艮兌列南，震巽列西，坎離在中是也。

八卦消息

乾歸魂在離，出震得朋于兌而盈乾，皆息也，陽也，故以離震兌乾爲陽。坤歸魂在坎而陽退，巽消艮入坤，皆消也，陰也，故以坎巽艮坤爲陰，知此可以明乾元之變化太極矣。宋李邵爲先天之學，蓋本乎此，先儒所謂庖犧作十言之教，乾坤震巽坎離艮兌消息也。

漢上虞氏六十四卦相生圖

鄭康成曰：太極函三爲一，相並俱生，蓋一謂太極，其二則乾坤也，乾陽之坤，則陽息于陰，坤陰之乾，則陰消于陽，乾坤交相消息，故名消息爲相生也。

朱震曰：虞仲翔于小過曰：當從四陰二陽臨觀之例。于豐曰：此卦三陰三陽之例當從泰二之四。于无妄曰：此所謂四陽二陰，非大壯則遯來，又問剝之變于彭城蔡景君，大過曰大壯五之初，或兌三之初，睽或變于大壯上之三，或以謂无妄二之五，蓋是時其圖未見，故難于折中，亦莫得其綱要。諸儒各伸己說，至于紛然，而仲翔則知爲此圖也。

䷀ 乾

卦氣四月辟卦，其佐，小畜爲公，大有爲侯，比爲卿，師爲大夫。

值立夏四月節，小滿四月中。其侯，初九螻蟈鳴。九二，蚯蚓出。九三，王瓜生。九四，苦菜秀。九五，靡草死。上九，麥秋至。張惠言曰：以乾元觸類而長，發揮旁通，乃成六十四卦，此一陰一陽乾變坤化之神，聖人窮理盡性之極功也。

☷ 坤

卦氣十月辟卦，其佐，大過爲公，未濟爲侯，噬嗑爲卿，旣濟爲大夫。值立冬十月節，小雪十月中。初六，水始氷。六二，地始凍。六三，雉入大水爲蜃。六四，虹藏不見。六五天氣上騰，地氣下降。上六，閉塞而成冬。

朱震曰：乾坤者諸卦之祖。

張惠言曰：乾坤十二卦，爲消息卦之正，其自臨遯否泰大壯觀生者謂之爻例，自乾坤生者，不從爻例，每二卦旁通，則皆消息卦也，消息皆在乾坤相合之時，則剝復夬姤泰否之交也。

又曰：復姤夬剝无生卦，陰陽微，不能變化。

又曰：其法有爻之，有旁通，有消息。

☷ 復

卦氣十一月辟卦，其佐，中孚爲公，屯爲侯，頤爲卿，蹇爲大夫。

值大雪十一月節，冬至十一月中。初九，鶡旦不鳴。六二，虎始交。六三，荔挺出。六四，蚯蚓結。六五，麋角解。上六，水泉動。

虞注：陽息坤，與姤旁通。

䷆ 師

朱震曰：坤一交而爲復，凡卦五陰一陽者皆自復卦而來，復一爻五變而成五卦。

張惠言曰：謙履師同人比大有六卦皆體坎離，是乾坤之交，蓋剝復之消息也。

䷎ 謙

虞注：乾上九來之坤，與履旁通。

䷏ 豫

虞注：復初之四，與小畜旁通。

䷇ 比

虞注，師二上之五，與大有旁通。

䷖ 剝

卦氣九月辟卦，其佐，困爲公，艮爲侯，明夷爲卿，无妄爲大夫。

值寒露九月節，霜降九月中。初六，鴻雁來賓。六二，雀入大水爲蛤。六三，菊有黃花。六四，豺祭獸。六五，草木黃落，上九，蟄蟲咸俯。

虞注：陰消乾也，與夬旁通。

又注：消息盈虛曰，易虧巽消艮出震息兌盈乾虛坤，故于是見之耳。

䷫ 姤

卦氣五月辟卦，其佐，咸爲公，鼎爲侯，井爲卿，家人爲大夫。值芒種五月節，夏至五月中。初六，螳螂生。九二，鴃始鳴。九三，反舌无聲。九四，鹿角解。九五，蜩始鳴。上九，半夏生。

虞注：消卦也，與復旁通。

朱震曰：乾一交而爲姤，凡卦五陽一陰者皆自姤卦而來，姤一爻五變而成五卦。

䷌ 同人

虞注：旁通師卦。

䷉ 履

虞注：謂變訟初爲兌也，與謙旁通。

䷈ 小畜

虞注：需上變爲巽，與豫旁通。

䷍ 大有

虞注：與比旁通。

䷪ 夬

卦氣三月辟卦，其佐，革爲公，旅爲侯，蠱爲卿，訟爲大夫。值清明三月節，穀雨三月中。初九，桐始華。九二，田鼠化爲如鳥。九三，虹始見。九四，苹始生。九五，鳴鳩拂其羽。上六，戴勝降于桑。

虞注：陽決陰，息卦也。

䷒ 臨

卦氣十二月辟卦，其佐，升爲公，小過爲侯，睽爲卿，謙爲大夫。值小寒十二月節，大寒十二月中。初九，雁北鄉。九二，鵲始巢。六三，雉雊。六四，雞乳。六五，征鳥厲疾。上六，水澤腹堅。

虞注：陽息至二，與遯旁通。

朱震曰：坤再交而爲臨，凡卦四陰二陽者皆自臨卦而來，臨五復五變而成十四卦。

第一四變

䷣ 明夷

虞注：臨二之三而反晉也。

䷲ 震

虞注：臨二之四。

䷂ 屯

虞注：坎二之初。

䷚ 頤

虞注：晉四之初，與大過旁通。

第二復四變

䷭ 升

虞注：臨初之三，又有臨象。

䷧ 解

虞注：臨初之四。

䷜ 坎

䷃ 蒙

虞注：艮三之二。

張惠言曰：六子皆乾坤來，而取爻例者，不繫之爻，无成消息也。

虞注：乾二五之坤，與離旁通，于爻，觀上之二。

第三復三變

䷽ 小過

虞注：晉上之三，當從四陰二陽臨觀之例，臨陽未三，而觀四已消也。

䷬ 萃

虞注：觀上之四也。

張惠言曰：豫小畜萃大畜蹇睽六卦，雖不注旁通，注闕耳，此夬姤中間消息也。

按虞注睽應乾五伏陽，謂蹇五也，大畜注，與萃旁通，豫注，與小畜旁通，非不注而闕也。

䷓ 觀

卦氣八月辟卦，其佐，賁爲公，歸妹爲侯，大畜爲卿，萃爲大夫。

值白露八月節，秋分八月中。初六，鴻雁來。六二，玄鳥歸。六三，羣鳥養羞。六四，雷始收聲。九五，蟄蟲坏戶。上九，水始涸。

虞注：觀反臨也。

第四復二變

䷦ 蹇

虞注：觀上反三也。

䷢ 晉

虞注：觀四之五。

第五復一變

䷳ 艮

虞注：觀五之三也。

䷠ 遯

卦氣六月辟卦，其佐，履爲公，恒爲侯，渙爲卿，豐爲大夫。

值小暑六月節，大暑六月中。初六，溫風至。六二，蟋蟀居壁。九三，鷹乃學習。九四，腐草爲螢。九五，土潤溽暑。上九，大雨時行。

虞注：陰消姤二也。

朱震曰：乾再交而爲遯，凡卦四陽二陰者，皆自遯卦而來，遯五復五變而成十四卦。

第一四變

䷅訟

虞注：遯三之二也。

䷸巽

虞注：遯二之四。

張惠言曰：震巽艮兌四卦非消息，故云變伏而不旁通。

䷱鼎

虞注：大壯上之初，與屯旁通。

張惠言曰：屯鼎二卦，爲離坎出震之消息也。

䷛大過

虞注：大壯五之初，或兌三之初。

第二復四變

䷘ 无妄

虞注：遯上之初，此所謂四陽二陰，非大壯則遯來也。

䷤ 家人

虞注：遯初之四也。

䷝ 離

虞注：坤二五之乾，與坎旁通，于爻，遯初之五。

張惠言曰：坎離大過頤小過中孚六卦，坎離乾坤之合，自剝至復，陽由此出。

䷰ 革

虞注：遯上之初，與蒙旁通。

張惠言曰：蒙革二卦，以革通蒙，猶屯鼎，蓋大過頤後將姤巽之消息也。

第三復三變

䷼ 中孚

虞注：訟四之初也。

䷙ 大畜

虞注：大壯初之上。

䷡ 大壯

卦氣二月辟卦，其佐，解爲公，豫爲侯，晉爲卿，隨爲大夫。值驚蟄二月節，春分二月中。初九，桃始華。九二，倉庚鳴。九三，鷹化爲鳩。九四，玄鳥至。六五，雷乃發聲。上六，始電。

虞注：陽息泰也。

第四復二變

䷥ 睽

虞注：大壯上之三，在繫，蓋取无妄二之五也。

䷄ 需

虞注：大壯四之五。

第五復一變

䷹ 兌

虞注：大壯五之三也。

䷊ 泰

卦氣正月辟卦，其佐，漸爲公，需爲侯，益爲卿，蒙爲大夫。値立春正月節，雨水正月中。初九，東風解凍。九二，蟄蟲始振。九三，魚上冰。六四，獺祭魚。六五，鴻雁來。上六，草木萌動。

虞注：陽息坤，反否也。

朱震曰：坤三交而爲泰，凡卦三陰三陽者，皆自泰卦而來，泰一復三變而成九卦。

第一三變

䷵ 歸妹

虞注：泰三之四。

䷻ 節

虞注：泰三之五。

䷨ 損

虞注：泰初之上。

第二復三變

䷶ 豐

虞注：此卦三陰三陽之例，當從泰二之四，而豐三從噬嗑上來之三，折四于坎獄中而成豐。

䷾ 既濟

張惠言曰：旅豐二卦特變，賁自泰來，而旅從否，噬嗑否來，而豐從泰。

虞注：泰五之二。

䷕ 賁

虞注：泰上之乾二，乾二之坤上。

第三復三變

䷟ 恒

虞注：與益旁通，乾初之坤四。

䷯ 井

虞注：泰初之五也。

䷑ 蠱

虞注：泰初之上，與隨旁通。

張惠言曰：蠱隨益恒四卦，泰否相變，蓋蠱隨泰爲否之消息也。

䷋ 否

卦氣七月辟卦，其佐，損爲公，巽爲侯，同人爲卿，節爲大夫。值立秋七月節，處暑七月中。初六，涼風至。六二，寒蟬鳴。六三，白露降。九四，鷹乃祭鳥。九五，天地始肅。上九，農乃登穀。

虞注：陰消乾，又反泰也。

朱震曰，乾三交而爲否，凡卦三陽三陰者，皆自否卦而來，否三復三變而成九卦。

第一三變

䷴ 漸

虞注：否三之四。

䷷ 旅

虞注：賁初之四，否三之五，非乾坤往來也。

䷞咸

虞注：坤三之上。

第二復三變

䷺渙

虞注：否四之二。

䷿未濟

虞注：否二之五也。

䷮困

虞注：否二之上。

第三復三變

䷩益

虞注：否上之初也。

按无妄大畜損益四卦，不同爻例往來，虞注繫傳男女搆精曰，損反成益，則无妄大畜損益，與泰否反復，觀反臨，明夷反晉，同爲一例。

䷔ 噬嗑

虞注：否五之坤初，坤初之五。

䷐ 隨

虞注：否上之初。

張惠言曰：十二卦，陽出震爲復，息兌爲臨，盈乾爲泰，泰反否，括囊成觀，終于剝而入坤，復反于震，陽虧于巽爲姤，消艮爲遯，虛坤爲否，否反泰復成大壯。決于夬而就乾，復入于巽，是謂十二消息。坎離者，乾坤之舍不入消息中，乾坤旣合，則坎離爲舍，出生萬物，是其用也。又曰：若挨次添加，截然整齊，天地之道不如此也。

漢上據虞注之例，爲五陰一陽，五陽一陰，四陰二陽，四陽二陰，三陰三陽，三陽三陰，以乾坤爲祖，爲虞氏六十四卦相生圖，所謂佇中樞以遠覽，吐滂沛于寸心者也，張編修，以爻之旁通消息三法，觀六十四卦相生，謂乾坤十二卦爲消息之正，臨遯泰否大壯觀生者爲旁通之卦，其卦有二義，一則乾入坤坤就乾之卦，其卦必有坎離，坎離者，乾坤之交，一則化泰爲否，化否爲泰之卦，其卦皆有震巽，震生陽，爲復之初，巽消陽，爲姤之始，坎離在復姤之間，以通乾坤之消息，故其卦皆旁通。泰消于小過，否盡于中孚，小過與中孚旁通。以此而虞氏六十四卦消息，辨是與非，不遺纖屑于毫芒也。茲述二家之說並存虞注之舊，可以觀志學之方矣，消息云乎哉。

至若卦氣之解，莊存與侍郎言之矣。辟卦十二，乾坤之爻各三十六，侯卦十二，乾坤之爻各三十六，凡百四十有四畫，合坤之策，辟治天下，侯治一國，皆君臣，辟以序而侯以錯，讓于辟也，臣道也。公卦十二，乾爻四十一，坤爻三十一，有師保之誼焉。卿卦十二，乾爻三十五，坤爻三十七，讓于侯也。大夫卦十二，乾爻三十二，坤爻四十，讓于卿也，公卿大夫，凡二百一十有六畫，合乾之策也。

（本文作者王震教授，爲虞氏易專家，七年前病逝香港。）

消息往來補述

●周鼎珩●

乾於消息爲四月卦，居乾宮之首；坤於消息爲十月卦，居坤宮之首。

屯於消息內卦爲十一月卦，外卦爲十二月卦，居坎宮二世；蒙於消息爲正月卦，居離宮四世。

需於消息內卦爲正月卦，外卦爲二月卦，居坤宮遊魂；訟於消息爲三月卦，居離宮遊魂。

師於消息爲四月卦，居坎宮歸魂；比於消息亦爲四月卦，居坤宮歸魂。

小畜於消息爲四月卦，居巽宮一世；履於消息爲六月卦，居艮宮五世。

泰於消息爲正月卦，居坤宮三世；否於消息爲七月卦，居乾宮三世。

同人於消息爲七月卦，居離宮歸魂；大有於消息內卦爲四月卦，外卦爲五月卦，居乾宮歸魂。

謙於消息爲十二月卦，居兌宮五世；豫於消息內卦爲二月卦，外卦爲三月卦，居震宮一世。

隨於消息爲二月卦，居震宮歸魂；蠱於消息爲三月卦，居巽宮歸魂。
臨於消息爲十二月卦，居坤宮二世；觀於消息爲八月卦，居乾宮四世。
噬嗑於消息爲十月卦，居巽宮五世；賁於消息爲八月卦，居艮宮一世。
剝於消息爲九月卦，居乾宮五世；復於消息爲十一月卦，居坤宮一世。
无妄於消息爲九月卦，居巽宮四世；大畜於消息爲八月卦，居艮宮二世。
頤於消息爲十一月卦，居巽宮遊魂；大過於消息爲十月卦，居震宮遊魂。
坎於消息爲冬至，居坎宮之首；離於消息爲夏至，居離宮之首。
咸於消息爲五月卦，居兌宮三世；恒於消息內卦爲六月卦，外卦爲七月卦，居震宮三世。
遯於消息爲六月卦，居乾宮二世；大壯於消息爲二月卦，居坤宮四世。
晉於消息爲二月卦，居乾宮遊魂；明夷於消息爲九月卦，居坎宮遊魂。
家人於消息爲五月卦，居巽宮二世；睽於消息爲十二月卦，居艮宮四世。
蹇於消息爲十一月卦，居兌宮四世；解於消息爲二月卦，居震宮二世。
損於消息爲七月卦，居艮宮三世；益於消息爲正月卦，居巽宮三世。
夬於消息爲三月卦，居坤宮五世；姤於消息爲五月卦，居乾宮一世。

萃於消息爲八月卦，居兌宮二世；升於消息爲十二月卦，居震宮四世。

困於消息爲九月卦，居坎宮四世；井於消息爲五月卦；居震宮五世。

革於消息爲三月卦，居坎宮四世；鼎於消息內卦爲五月卦，外卦爲六月卦，居離宮二世。

震於消息爲春分，居㚲宮之首；艮於消息內卦爲九月卦，外卦爲十月卦，居艮宮之首。

漸於消息爲正月卦，居艮宮歸魂；歸妹於消息內卦爲八月卦，外卦爲九月卦，居兌宮歸魂。

豐於消息爲六月卦，居坎宮五世；旅於消息內卦爲三月卦，外卦爲四月卦，居離宮一世。

巽於消息內卦爲七月卦，外卦爲八月卦，居巽宮之首；兌於消息爲秋分，居兌宮之首。

渙於消息爲六月卦，居離宮五世；節於消息爲七月卦，居坎宮一世。

中孚於消息爲十一月卦，居艮宮遊魂；小過於消息內卦爲十二月卦，外卦爲正月卦，居兌宮遊魂。

既濟於消息爲十月卦，居坎宮三世；未濟於消息內卦爲十月卦，外卦爲十一月卦，居離宮三世。

（本文作者周鼎珩教授現任鼎珩易經講座主講）

第七篇

易與老子之道

易與老子之道附述

第七篇　易與老子之道

●張揚明●

易，大家都知道是六經之一的易經；而老子之道是什麼呢？易與老子之道又有什麼關係？

現在我們先談老子之道：

老子之道是什麼？

老子說：

「道可道，非常道。」

又說：

「吾不知其名，字之曰道；強爲之名曰大。」

可見老子之道，是不可以言語稱道，也無以名之的。就連老子自己將它命名爲「道」，也是很勉強的。因其如此，自莊韓河上淮南王弼以降，二千餘年來，名家逾千，雖莫不對道有所說明，有所闡釋；而言人人殊，莫衷一是。我寫老子學術思想時，曾以三十頁的篇幅，歷引富有代表性的古今名家數十種說法，詳加析論，然後以老子書中所提示的爲主，並參合各家之說，勉強的說明了道的眞義。我認爲——

道是似虛而實，似靜而動，包含精神和物質，時間和空間，生化萬物，並爲萬物的規律，永恒循環的宇宙本體。

方東美先生完全同意我的說法。他曾和我三度論道，每次暢談達一二小時之久。他並曾作結論說：

「西方的哲學家，自希臘始，就無一人能達到老子的境界。他們在現象界便止步了，下來了，再也攀升不上，所以只知道相對而不能了解絕對。只有東方的哲學——老子和佛家纔升到了最高層。這是由知識而知慧而觀照，一層層向上攀升，纔達到了本體——道！」

他說：

「老子的『反者道之動』，對發現本體言，非常重要。老子就是一層層向上反推而達到這最高境界的！」

不錯！在老子之前，從無一人能達到這一最高的境界，從無一人發現大道，認識本體。老子之前的古籍所載的道，如：

書禹貢：「濰淄其道」，「沱潛既道」，孔傳謂：「復其故道。」故屈萬里釋義謂：「道，通也。」

洪範：「遵王之道，」孔傳曰：「必循先王之道路。」故釋義謂：「道猶路也。」「王道蕩蕩」，「王道平平」，「王道正直」，義同。

康誥：「既道極厥辜。」孔疏：「當盡斷獄之道。」孫星衍注疏：「言既以正道盡其罪。」均是理義。蓋孔傳謂：「汝盡聽訟之理以極其罪」也。惟釋義則謂：「道，讀爲廸；因也。」

君奭：「我道惟寧王德延。」孔傳：「我以道惟安寧王之德。」是方法之義。孫疏：「我惟道揚文王之德。」是稱道之義。釋義：「道，馬融本及魏石經，皆作廸。廸惟，語詞。」則是無義。

顧命：「道揚末命。」孔傳：「所道稱揚終命。」孫疏：「道揚緒錄之命。」釋義：「道揚，言也。」均是稱道之義。

又：「皇天訓厥道。」孫疏：「至美中正誠信之道。」是治道之義。

至書湯誥、易彖辭及左傳等所言之「天道」，則均指天理而言。

上雖僅擧數例，已可知古籍言道雖各有不同，要不外作通、路、理、廸、方法、稱道、治道而言，甚或作語詞用，絕無涉及本體者，故均不同於老子。所以胡適之說：

「老子是最先發現道的人。」

又說：

「老子的最大功勞，在於超出天地萬物之外，別假設一個道。這個道的性質，是無聲無形，有單獨不變的存在，又周行天地萬物之中，生於天地萬物之先，却又是天地萬物的本源。」①

不錯，自莊韓河上以次，對道的描述，便認爲——

「道是自本自始，生天生地，生養萬物，無物不由，爲萬物之母。成濟萬物，各正性命，亦爲萬物之藏。」

「道是無名無形，無聲無爲，無上無外，無始無終，無窮無匹，無所不冒，無所不在，無所不至，無所不包，無所不通，無所不能，無所不適。」

「道是絕對的，眞常不變的。」

道，如此高深，如此博大，如此玄妙，老子在二千五百年前，在那樣生活簡樸的社會裏，究竟怎麼能發現它呢？就憑他個人的知識，憑他個人的智慧嗎？還是另有憑藉？一種反應一個時代的學術思想，一種超絕古今的偉大發現，總不會是偶然獲得的吧！難道眞的以一人的聰明才智便可以創造嗎？梁任公說：

「這樣高深的學術，雖由哲人創造，却不是一無憑藉。」②

然而老子究何所憑藉呢？

我們知道老子生逢春秋之世，其時周室凌夷，諸侯強大，互相攻伐，戰禍頻仍。繇役日繁，賦稅日重，人民水深火熱，求死怨生。因此，政治制度、社會組織，均在亂在變。有國者或尊王攘夷，或整軍經武，以求安求治。老子身爲周室的守藏史，掌管典籍。居周既久，不忍見周之亡，有心尋求匡救之術。於是他上蒐古聖先賢之道，無非仁義禮智。但他目覩賢者避世，而不肖者反竊聖智之名，而假仁義之行，魚目混珠，亂眞敗俗。他知道如倡仁義禮智，則眞僞莫分，功效難見。因此他窮求治亂之源，欲從根本尋求解決之道。他潛思默想，悉心觀察：從萬象畢呈萬事叢雜的現象界，一步步向上推求、探尋。他想到宇宙間的事事物物，想到一切現象之所由形成、所以變化，更運用他超絕的智慧，想到最初的有物之始；想到根本無物的陰陽始判天地方闢之初；再想到天地未闢陰陽未分大氣絪緼的迷濛混沌之境。他更向上攀升，潛心體認，冥心觀照；而超升至未始有氣之域，而闖入了從未被人發現的境界。他只覺得無邊無際，無窮無極，若明若暗，似有似無，而又恍惚在運化不已。所以他說：

「視之不見，名曰夷；聽之不聞，名曰希；搏之不得，名曰微。此三者，不可致詰，故混而爲一。其上不皦，其下不昧，繩繩不可名，復歸於無物。是謂無狀之狀，無物之象，是謂惚恍。迎之不見其首，隨之不見其後。」（十四章）

但是他又覺得這恍惚窈冥之中，並不是空無一物，而是無所不有。於是他又說：

「惚兮恍兮，其中有象。恍兮惚兮，其中有物。窈兮冥兮，其中有精。其精甚眞，其中有信。」（二十一章）

然而這畢竟是恍惚窈冥的，無從捉摸，也無法了解的。這到底是什麼呢？連他也不明白。至此，他無法再向上推想了。他認定這是生天生地宇宙萬物的根源，是至高無上的，獨立無對的，無物不由的。他發現了這前所未有的境界，他認爲必須將它說出來，使世人了解。爲了便於言說，他便將這個恍惚窈冥的最高境界，取名爲大道。他說：

「有物混成，先天地生。寂兮寥兮，獨立不改，周行而不殆，可以爲天下母。吾不知其名，字之曰道，強爲之名曰大。」（二十五章）

但是老子終於覺得這其間太深奧了，太玄妙了。他雖然作了許多描繪，也勉強給它取了名字；他仍然覺得沒有說明的——說不出的，含蘊得更多，他也再無法用言語來表達。他恐怕世人執着其名，而反失其眞。因此，他著五千文時，首先便說：

「道可道，非常道。」

他要使大家去推想，去領悟，言不能達、意不能致的微妙之境。

老子既認定道是宇宙的本體，萬物的根源，由於道的運化，而生氣，而分陰陽，然後陰陽交感，而生物，乃至萬物化生，而有花團錦簇的各種現象。因此他說：

「道生一（氣），一生二（陰陽），二生三（物），三生萬物。」

老子這一發現，實在是太偉大了！

然而老子如何會超越現象界，如何會想到陰陽呢？這，當然不會是偶然的。我以爲這很可能是老子受了易理的啓示。

我們知道，我們中華的文化，是始於伏羲氏的作卦。故周易繫辭說：

「古者，包犧氏之王天下也，仰則觀象於天，俯則觀法於地，觀鳥獸之文與地之宜，近取諸身，遠取諸物，於是始作八卦，以通神明之德，以類萬物之情。」

案「包犧氏」即伏羲氏。他作八卦，並將八卦重爲六十四卦③。之後，據繫辭所載：

「神農氏作，斲木爲耜，揉木爲耒，耒耜之利，以教天下；蓋取諸『益』。日中爲市，致天下之民，聚天下之貨，交易而退，各得其所；蓋取諸『噬嗑』。神農氏沒，黃帝堯舜氏作，通其變使民不倦，神而化之，使民宜之……黃帝堯舜垂衣裳而天下治；蓋取諸『乾』『坤』。刳木爲舟，剡木爲楫，舟楫之利，以濟不通，致遠以利天下；蓋取諸『渙』。服牛乘馬，引重致遠，以利天下；蓋取諸『隨』。重門擊柝，以待暴客；蓋取諸『豫』。斷木爲杵，掘地爲臼，杵臼之利，萬民以濟；蓋取諸『小過』。弦木爲弧，剡木爲矢，弧矢之利，以威天下；蓋取諸『睽』。上古穴居而野處，後世聖人易之以宮室，上棟下宇，以待風雨，蓋取諸『大壯』。古之葬者，厚衣之以薪，葬之中野，不封不樹，喪期無數；後世聖人易之以棺槨；蓋取諸『大過』。上古結繩而治，後世聖人易之以書契，百官以治，萬民以察；蓋取諸『夬』。」

由這些記載，可知炎黃堯舜之治天下，教人民，均係採自六十四卦之義而實踐之，發揮之，光大之。可見我國古代的思想、文化，乃至歷史，幾千年都受易理的影響。到了三代，分之爲三易，即所謂夏有連山，商有歸藏，周有周易。三代而下，天下大事，更是筮之以易，決之於易，並設太卜之官以掌管之，卜筮之。故周禮春官有「太卜掌三易之法」的制度。而筮必有說，說必有辭，故卦辭、爻辭，相繼以出④。逮春秋之世，庶事日繁，卜筮亦衆，其推理也就更深更廣了。如左傳僖公十五年載：

「秦伯伐晉，卜徒父筮之：吉。涉河，侯車敗。詰之。對曰：乃大吉也。三敗，必獲晉君。其卦遇蠱，曰：千乘三去，三去之餘，獲其雄狐。」

成公十六年傳：

「公筮之，史曰：吉，其卦遇復。曰：南國蹙，射其元王，中厥目。」

日人竹添光鴻著左傳會箋，便在「中厥目」下箋注云：

「是三句繇辭，蹙目諧韻……此與僖十五年『千乘三去，三去之餘，獲其雄狐』，皆夏商之易也。蓋夏商占七八，周易占九六，其辭各有異同。」

所謂夏商之易，卽指連山歸藏而言。惜此兩易，久已亡佚⑤；然據此已可見在春秋時與周易同受重視。

至於周易，則流傳至今，代有發揮。其中以十翼發揮易學，尤富哲理，相傳爲孔子所作。因繫辭、文言中，均有「子曰」，可見作成必在孔子之時。且考之左傳，襄公九年已有如下的記載：

「穆姜薨於東宮。始，往而筮之，遇艮之八。史曰：是謂艮之隨。隨其出也。

君必速出。姜曰：亡，是於周易曰：隨，元亨利貞，無咎。元，體之長也；亨，嘉之會也；利，義之和也；貞，事之幹也。體仁足以長人，嘉德足以合禮，利物足以和義，貞固足以幹事。」

按穆姜爲成公母，淫僑如欲廢成公，故幽於東宮。其始往東宮，事在成十六年。其時，穆姜已指明周易，其言又正與乾文言的「元者，善之長也；亨者，嘉之會也；利者，義之和也；貞者，事之幹也。君子體仁足以長人，嘉會足以合禮，利物足以和義，貞固足以幹事」相合。其小有不同的，僅文言多四個者字，一個君子，而嘉德並作嘉會而已。

考孔子生於襄公二十二年，上距成十六年爲十五年。而文言之文早在孔子出生前十五年卽已爲穆姜所用。如非早有文言，則文言係引用穆姜之論，故歐陽永叔謂：

「文言不爲孔子之言。」⑥

永叔並認爲繫辭、說卦，內容亦「繁衍叢脞」。更指出「繫辭旣曰：『河出圖，洛出書，聖人則之。』又曰：『包犧氏之王天下也，仰則觀象於天，俯則觀法於地，觀鳥獸之文與地之宜。近取諸身，遠取諸物，於是始作八卦。』而說卦又曰：『昔者聖人之作易也，幽贊於神明而生蓍，參天兩地而倚數，觀變於陰陽而立卦。』三說自相乖戾。」

永叔又說：

「謂此三說出於一人乎？則殆非人情也。尚不可以爲一人之說，其可以爲聖人之作乎？」⑦

故張心澂作僞書通考，在易部歷引數十家考據之說然後加以判定：

「自繫辭以下，當如章學誠之言：乃商瞿受易於孔子，五傳至田何，口耳之學，至田何始著之文藝。」

張章之說，頗近情理。蓋古無紙筆，著之簡策，實非易事，故教學者口耳相傳也。不過觀其內容繁衍叢脞，則收羅繁雜，非一時一人之作，當如永叔所言。蓋三易原係卜筮之書，而義理代有發揮，傳至春秋時代，更逐漸演變而爲哲理的探究了。考左傳所載：以夏商之易筮者三（見前引），以周易筮者十一，引述周易者五。

如左莊二十二年傳：

「周史有以周易見陳侯者，陳侯使筮之，遇觀之否。曰：是謂觀國之光，利用賓于王。此其代陳有國乎？不在此，其在異國乎？非此其身，在其子孫。光遠而自他有燿者也。坤土也。巽風也。乾天也。風爲天於土上山也。有山之材而照之以天光，於是乎居土上，故曰觀國之光，利用賓于王。庭實旅百，奉之以玉帛，天地之美具焉，故曰利用賓于王。猶有觀焉，故曰其在後乎？風行而著于土，故曰其在異國乎？若在異國，必姜姓也。姜，大嶽之後也。山嶽則配天。物莫能兩大，陳衰此其昌乎？」

案「觀國之光，利用賓于王」，係周易觀卦六四爻辭，而周史僅就這兩句爻辭，配合卦象，層層推論，可謂細入微芒。

又閔元年傳：

「初，畢萬筮仕於晉，遇屯之比。辛廖占之曰：吉。屯固比入，吉孰大焉，其必蕃昌。震爲土，車從馬，足居之，兄長之，母覆之，衆歸之。六體不易，合而能固，安而能殺，公侯上卦也。公侯之子孫，必復其始。」

其推論亦精要簡明，入情入理。

僖十五年傳：

「初，晉獻公筮嫁伯姬於秦也，遇歸妹之睽。史蘇占之曰：不吉。其繇曰：『士刲羊，亦無衁也，女承筐，亦無貺也。』西鄰責言，不可償也。歸妹之睽，猶無相也。震之離，亦離之震，爲雷爲火，爲嬴敗姬。車說其輹，火焚其旗，不利行師，敗於宗丘。歸妹睽孤，寇張之弧，姪其從姑，六年其逋，逃歸其國，而棄其家。明年其死於高梁之虛。」

案周易歸妹上六：「女承筐，无實。士刲羊，无血。无攸利。」史蘇憑此爻辭，合以卦象，析理入微。竟將秦晉日後之恩恩怨怨，言之鑿鑿，分毫不爽。

僖二十五年：

「秦伯師于河，將納王。狐偃言於晉侯曰：求諸侯莫如勤王。諸侯信之，且大義也。繼文之業而信宣於諸侯，今爲可以。使卜偃卜之。曰：吉。遇黃帝戰于阪泉之兆。……公曰：筮之。遇大有之睽。曰：吉。公用享于天子之卦。戰克而王享之，吉孰大焉。且是卦也：天爲澤以當日，天子降心以逆公，不亦可乎？大有去睽而復，亦其所也。」

案「公用享于天子」，係周易大有九三爻辭。卜偃藉此與卜合論而推斷爲「戰克而王享之」；並就卦象大有係乾下離上，睽爲兌下離上，而謂「天爲澤以當日，天子降心以逆公」。蓋乾爲天，兌爲澤，大有之乾變爲睽之兌，而上當離；乾爲天，離爲日；是天變爲澤而當日。推之人事，則爲天子降心以逆公之象。並謂：卽使去睽復從大有而論：乾尊離卑；降尊下卑，其象亦同。層層剖析，可謂善於發揮者矣。⑧

左宣十二年傳：

「夏六月，晉師救鄭，及河。聞鄭既及楚軍，桓子欲還，而彘子不可。知莊子曰：此師殆哉！周易有之，在師之臨。曰：師出以律，否臧凶。執事順成爲誠，逆爲否。衆散爲弱，川壅爲澤。有律以如己也，故曰：律否臧。且律竭也，盈而以竭，夭且不整，所以凶也。不行謂之臨，有師而不從，臨孰甚焉！果遇必敗。彘子尸之，雖免而歸，必有大咎。」

案「師出以律，否臧凶。」爲周易師初六爻辭。其意爲師出必以律；若用律不臧，則凶也。今彘子逆命，且師之象爲坎下坤上，臨則兌下坤上。坎爲衆，爲川。今變兌。兌爲柔弱，爲澤。故有衆散爲弱、川壅爲澤之象，澤則不流而易竭，故引深之，臨爲不行之象。今彘子不從師命，而身當衆散澤竭之禍，如果遇敵，雖得免於難而還，亦必有大咎矣。可謂析理精微。

昭十二年：

「南蒯枚筮之，遇坤之比。曰：黃裳元吉。以爲大吉也。示子服惠伯曰：卽欲有事，何如？惠伯曰：吾嘗學此矣：忠信之事，則可；不然，必敗。外強內溫，忠也。和以率貞，信也。故曰黃裳元吉。黃，中之色也。裳，下之飾也。元，善之長也。中不忠，不得其色；下不共，不得其飾；事不善，不得其極。外內倡和爲忠，率事以信爲共，供養三德爲善。非此三者弗當。且夫易，不可以占險。將何事也，且可飾乎？中美能黃，上美爲元，下美則裳。參成而可筮，猶有闕也。筮雖吉，未也。」

案「黃裳元吉」，爲周易坤卦六五爻辭。而惠伯推論發揮，於天意人心之間，寓善惡殊途之理。非僅剖析精詳，抑且發人深省。至「易不可以占險」，尤富哲理。

由上引諸例，可見卜筮之易，流傳到春秋時代，已逐漸朝向哲理推演。雖掌筮之人不同，所筮之人之時之事不一，所遇之卦亦異，而其推理却有幾個共同之點：

第一，所有卜筮的推理，都是根據象和辭而立論的。

第二，推理是逐漸演變，逐漸發展，而層出不窮的。

第三，是朝向哲學邁進的。

胡適之說：

「我以爲一部易經，只有三個基本觀念：㈠易；㈡象；㈢辭。」

所謂「易」，就是變。易的變，是以象和辭爲其依據的。由於變，而辭更增加。蓋變由推理而成，而推理必有辭。變旣層出不窮，故辭亦增添無已。以易筮者，固據象、辭推理而求變，在變化中頻增說辭。授易者亦據其原有之辭及增益之辭口耳相傳以立論，以解說而發揮。故愈筮愈增，愈演愈變。爲時愈久，探求愈深，變化愈大，辭也就愈益增添，愈益發展了。而奧旨精義，叢雜其間，收集整理者不忍割捨，故作成十翼而不免內容繁衍叢脞，甚至自相乖戾也。雖然，我國數千年思想的精華，則已收集於其中了。

老子適逢卜筮之易演變爲哲理之易的春秋時代，身處周室，且爲史官；而當時掌易以筮的正是太卜和史官。老子有心救世，當時天下大事既求之於筮，決之於易，老子對易自然不會不知，知則不會不受易的影響。何況當時的易辭之中，包括卦辭爻辭及推理演變之辭，論述所及，天象、物象、人事、物理、性情，乃至剛柔、動靜、吉凶、禍福，幾乎無所不有。而老子之道，前面已說過，是由現象界向上反推而發現的。易一語言之：即由人事、物理，而物象，而天象，而超升至恍惚窈冥的無物之象。而五千文中所論所述，亦儘多剛柔、動靜、吉凶、禍福之論。其間最重要的一點，是他發現了道，更由於道的運化，而發現了道能生氣，氣分陰陽，陰陽冲和而化生萬物。於是他首倡以陰陽言氣之說，而謂：

「萬物負陰而抱陽，冲氣以爲和。」

以陰陽言氣，在老子之前，可說是沒有的。周易也僅中孚九二爻辭有「鳴鶴在陰」一個陰字，揆其用意，端作陰氣解，但並未明言。這在拙著老子學術思想中已有比較詳細的考證，這裡不再重複。

老子以陰陽言氣，雖然僅此一語；而五千文中含蘊陰陽二氣的道理，則幾無處無之。他不僅指出了陰陽二氣互相沖和，也包含了陰陽二氣的互相消長。如有無、動靜、虛實、剛柔、強弱、沖盈、奇正、禍福、善妖、美惡、雌雄、牝牡，隨處可見。老子應用這些理論，配合狀象的推演，他由花團錦簇萬象萬殊的現象界，而推想到獨一無二無狀之狀無物之象的恍惚窈冥之境，而發現了從未被人發現的道！而且他認定道是永恒運化永恒循環絕對無匹眞常不變的！他說：

「獨立而不改，周行而不殆。」

他認定道是太極之上的至高無上的境界——無極，是宇宙的本體，萬有的根源。所以他說：

「是謂天地根。」⑨

他說：

「道生一，一生二，二生三，三生萬物。」

由於道不停的運化，宇宙間產生了許多規律。老子發現了這些規律，於是他採擇有利的，避免不利的，輔導自然而建立了他的十大基本理論，確定了六大爲道方法，提示了三個理想境界，而完成了他偉大的哲學思想體系。

所以老子的發現道，建立他的思想體系，固然是由於時代背景所促成，而易理也不無啓廸的作用。如剛柔之論，鳴鶴在陰的說法，不會對他全無影響。所以他會想到陰陽，會超越現象界而攀升到氣化之上的最高層而發現宇宙的本體！陰陽，在老子學術思想中可說是一大關鍵。所以他說「道生一，一生二，二生三，三生萬物」，便是由道而運化爲陰陽混合的大氣（一），而分陰陽（二），然後陰陽冲和而生出新的東西（三），於是生生不息，而化生萬物。他並且緊接着說：「萬物負陰而抱陽」，這也就是說無一物可缺少陰陽，無一物不是受陰陽二氣而成。可見陰陽在老子思想中何等重視。

又如老子的「反者道之動」，「弱者道之用」，「保此道者不欲盈」之說，亦未始不與易的「潛」、「亢」、「履霜」、「龍戰」的思想相似。困學紀聞引張芸叟說：

「當潛而勿用之時，必知有亢。當履霜堅冰之時，必知有戰。」⑩

這也便是知動必朝相反的方向進行。蓋老子擴而大之，故動反而用弱，處虛而不欲盈。

陸希聲說：

「昔伏義畫八卦，象萬物，窮性命之理，順道德之和。老氏先天地，本陰陽，推性命之極，原道德之奧，此與伏義同其源也。文王觀大易九六之動，貴剛尚變，而要之以中，老氏察大易七八之正，致柔守靜，而統之以大；此與文王通其宗也。孔子祖述堯舜，憲章文武，導斯民以仁義之教；老氏擬義伏義，彌綸黃帝，冒天下以道德之化；此與孔子合其權也。此三君子者，聖人之極也。老氏皆變而通之，反而合之；研至變之機，探至精之賾，斯可謂至神者矣。」

邵康節說：

「老子為知易之體。」

晁說之也說：

「伏義文王周公贊易之後，惟老氏得易之變通屈伸。」

所以程大昌有易老通言之作，雖內容泛泛，而謂「老語皆易出也」，謂「老氏寫其超絕之見，是故天地所始，造化所起，道德所底，皆根極之，暢達之，立等級以次比之。」這些都是中肯之言，有識之見。

不過易的思想，雖爲中國文化的大經，可說支配了數千年。而直到老子時代，易理仍是散見於卦爻推理之辭中，而沒有作有系統的整理，內容畢竟「繁衍叢脞」。到了老子纔建立起由本體而宇宙而理論而方法而理想的有系統有組織的哲學。故梁任公說：

「老子的大功德，是替中國創出一種有系統的哲學。」

胡適之也說：

「老子觀察政治社會的狀態，從根本上着想，要求一個根本的解決，遂爲中國哲學的始祖。」

老子的學說行世之時，孔子正究心易理，下韋編三絕之功，以學以教，而得集古今之大成，使易學大爲昌明。然後孔門弟子，搜集筆口相傳的資料，而有十翼之作。故十翼精義，多有與老學相合者：如繫辭所謂「形而上者謂之道」，「一陰一陽之謂道」，則此道與古籍之所載，迥然不同；而與老子之道則混然相合。謂「天地絪緼，萬物化醇」，與老子的「道生一，一生二，二生三，三生萬物，萬物負陰而抱陽，冲氣以爲和」之義相同。謂「動靜有常」，與老子的「周行而不殆」，「萬物歸根」的道理相通。謂「天下之動，貞夫一者也」，與老子的「得一」「抱一」相應。謂「天下同歸而殊途」，與老子的「天下萬物生於有，有生於無」，「夫物芸芸，各復歸其根」的同源同歸的理論無異。況孔子更說：

「乾坤其易之門邪？乾，陽物也；坤，陰物也。陰陽合德而剛柔有體，以體天地之撰。」

故胡適之說：

「一部易，講易的狀態，以爲天地萬物的變化，都起於一個動字。因爲天地之間，本有兩種原力：一種是剛性的，叫做『陽』；一種是柔性的，叫做『陰』。……所以說『剛柔相推而生變化』，又說『一陰一陽之謂道』。孔子大概受了老子的影響，故他說萬物的變化完全是自然的。」

又說：

「老子說：『道之爲物，惟恍惟惚，惚兮恍兮，其中有象；恍兮惚兮，其中有物。』繫辭說：『在天成象，在地成形，變化見矣。』這和老子先說有象，後言有物，同一意思。更可見自本自根，易老的道理，確實是交融的，會通的。」因爲老孔之時，尚無「道家」。道家之稱，始於西漢。首見於司馬談的論六家要旨」。故孔子之研究周易，既搜集歷代的易學之辭，亦參照老氏的道德之論。初無所謂儒道。既無畛域之分，自無門戶之見。比及後世，乃爲淺識者所劃分，所排斥，所否定。而一曲之士，拾唾餘爲珍物，人云亦云，吠聲吠影，而以護道自居。製造糾紛，混淆黑白，這確是我國學術思想中的一大阻礙。方東美寫中國人生哲學概要，便曾大書特書說：

「孔老墨三家之和會，是中國哲學的高妙處。」

他並嚴斥「尊孔賤道，或崇儒詆墨」的爲「昏瞶者流」。

學富而後能究及根源，分辨清濁。若胡方二氏，纔不愧爲飽學之士，卓識之士。

宋儒周氏敦頤，學究古今，他的太極圖說，開宗明義便謂：

「無極而太極，太極動而生陽；動極而靜，靜而生陰。靜極復動。一動一靜，互爲其根。」

這也是採自老學和易理摻和而成的。

馮友蘭說：

「無極而太極，太極生陰陽；卽老子所說『道生一，一生二』之說。道是無極，一是太極，二是陰陽。」

因此他說：

「周濂溪的太極圖說，是老子之學。」

不但周濂溪的太極圖說是老子之學，程伊川所謂的「眞元之氣」，也是擬合「無極」的境界——也卽是老子之道的境界！程氏說：

「眞元之氣，氣之所由生。」

這正與老子的「道生一」之說完全一致。老子說的道生一的一，便是陰陽未分的氣，未分所以稱之爲一。道生一，故道卽是「氣之所由生」。

現在我們可以得到一個結論：老子的思想，是受了易的影響，而易的昌明則是受了老子孔子的影響。易之於老，老之於易，是互相發揮的，互爲因果的，交相融會的，相得益彰的。

附註

① 見胡適中國哲學史大綱第三篇。

② 見梁啓超老孔墨以後學派概觀附老子哲學。

③ 孔穎達周易正義謂：「依王輔嗣以伏羲旣畫八卦，卽自重爲六十四卦，爲得其

實。」

④ 張心澂僞書通考考證：「卦辭爻辭之作，最早文王創始，最後至孔子以前。」

⑤ 馬端臨文獻通考謂：「歸藏，漢志無之。連山隋志無之。蓋二書至晉隋間始出。而連山出於劉炫之僞作，北史明言之。度歸藏之爲書，亦此類耳。」楊愼丹鉛總錄亦云：「連山藏於蘭臺，歸藏藏於太卜，此語見於桓譚新論。則後漢時連山歸藏猶存，不可以藝文志不引其目而疑之。至隋世之連山歸藏，則僞作上官求賞者耳。」

⑥ 見歐陽文忠集。

⑦ 見歐陽修易童子問。

⑧ 竹添光鴻會箋：「天變爲澤，故曰天子降心，降而當日，故曰以逆公。」

⑨ 老子第六章：「谷神不死，是謂元牝。元牝之門，是謂天地根。」按谷神各家解釋不一，而以谷卽山谷，谷神卽指谷中之氣爲得本義。蓋氣乃有名之始，「有名萬物之母」，故云「是謂天地根」。而氣爲道生一之一，一則未分，故氣能合道。氣旣爲天地根，道當爲天地根也。

⑩ 見困學紀聞卷一。

易與老子之道附述

●黎　明●

老子曾任周守藏室史官，其職相當於現今故宮博物院院長，故於古物古籍，自必熟悉，而後人言老子深知河圖、洛書、太極圖及先後天易卦，並因黃帝及商易歸藏而衍道德經五千言，良有因也。

是以老子言道與陰陽二氣，當本諸黃帝歸藏與乾坤鑿度、內經等古籍，後世乃合稱「黃、老」，而非如胡適所謂「老子是最先發現道的人」。考之乞籍，尚書大禹謨亦言「道心惟微」，其義與老子「恍惚窈冥」之境相通，則老子言道，亦參考尚書矣。此外如商、周金石文，周公訂禮，亦皆言道，詩小雅亦言「周道如砥」……可知老子以前之聖哲，莫不以明道爲宗旨，惟不若老子之極言其形而上者。

孔子由治易而講易而喜易而作易十翼，歷時三四十年，亦必如老子之閱覽群書，故亦言「一陰一陽之謂道」。惟爲時甚長，門人甚衆，講義甚繁，此其作易十翼，或出之夫子筆錄（講義），或出之夫子自道（口述），或出之門人筆記，其體例自不必盡皆一致，然亦並無「自相乖戾」之處。諸如言乾之四德，則徵引穆姜所引古易之說以發揮之；言乾之六爻，則徵引周公所繫爻辭而發揮之；言序卦，則徵引文王六十四卦之次序而暢論之……凡此皆「述」「作」並重。又如論語孔子言仁、孝，亦因材施教，所說皆不同，其體例亦猶易十翼焉。詎歐陽修、崔東壁、胡適之徒，或言「十翼非孔子所作」，或言「文言不爲孔子言」……皆淺薄之妄語也。譬如今人著作，亦動引古說，亦早中晚年之體例不同，而遽謂其非今人所「作」，可乎？

至於胡適以爲「易經只有三個基本觀念：㈠易、㈡象、㈢辭」，並以「老子爲中國哲學的始祖」，亦殊不妥。因胡適在美國寫中國哲學史大綱之論文時，其年方二十六歲左右，閱書不多，見聞有限，固不免偏狹而欠周全，且蔡元培爲該書作序，早已推翻胡適之議矣。區區末見，期高明者教之諒之，則幸甚焉。

第八篇　易與電學

第八篇　易與電學

●高志恩●

壹、震宮八卦與電學

電在我國籍册中很早就有，而最顯著的，莫過於對雷電的敍述。而電的舊義，多指空中帶電的雲於放電時所發的光，而今世則認爲電爲物質中固有的能，其屬性有陰陽之分，亦卽所謂正電與負電。電在平時以相互吸引，而成平衡狀態，所以沒有電的現象表現在人們所能感察的範圍之內。此於後節中略有敍述，茲以我國古籍中所引說者，略述於後。

說文中曾對電說以"電"䨢易激燿也，从雨从申。段註孔冲遠引河圖云「陰陽相薄」爲靁，「靁者雷」，陰激陽爲電，電是電光。按易震卦☳爲雷，離☲爲電，雷之發聲，由電光而起，故離爲電者乃取之於離火，火能發光。春秋隱九年言「震電」，詩采芑常武雲漢言雷霆謂震雷一也，電霆一也。穀梁傳曰：「電、霆也，古義電霆不別，統言之謂雷，自其振物言之謂震，自其餘聲言之謂霆，自其光耀言之謂電，雷電者一而二也。」正字通謂：「電電者其本字也，如電殄者，言乍見卽殄滅也。」又曰：「申者伸，身也，申自屈而身也。申者申，神也，故有神目如電。」蓋言神卽電，神之明如電明，神之速如電速，神之用如電之用也。段註神不可通也，當是本作申，如同巳巳之例，當是从以象其中，从臼以象其束疑有奪文，古申申同義。

又如電掣、電發、電掃、電策，莫不以電之快速爲其形容，如白居易酬鄭侍郎多雨春空過詩三十韻中說：「鬼轉雷車響，蛇騰電策光。」而王勃於忽夢遊仙詩裏也說：「電策驅龍光，烟途儼鸞態。」如此者不勝枚舉。

從古籍中察之，我國對電的解釋與使用，其認識當以仰觀於天象之變，俯察於人文之用，而大易對電說則甚繁，惟於易文中則少爲申論，如震爲雷☳，而震卦䷲在六十四卦中與十五卦相通，若以下卦爲主，「蓋易爻之數數法係由下初爻而至上六爻」，其成卦有八種：

㈠地雷復䷗　㈡天雷无妄䷘　㈢水雷屯䷂　㈣火雷噬嗑䷔
㈤山雷頤䷚　㈥澤雷隨䷐　㈦風雷益䷩　㈧震爲雷䷲

由以上諸卦中，可以看出我國古時對電的觀念，當以雷爲主，所有與雷的關係莫不與電有關。

這八種卦可以視同八種電，以現代的看法當爲：㈠地電、㈡天電、㈢水電、㈣火電、㈤山電、㈥澤電、㈦風電、㈧震電，突然於人們的觀念中看到中國人對電的分類或會驚訝，但這却是事實，而這八種電也可言之爲產生電的八種方法，其實電只有一種，那就是前面所說的「電爲物質中固有的能」，也就是構成物質的基本單元。

我們於習電機或者是物理課程時，在初步學到電的來源時，一般的概念也常以電的產生方法爲分類。惟於西學傳入我國後，而且實際上西人對電的使用也最爲現實，故而愈顯其學術與工技之宏偉，其分類當以四種爲要旨。

㈠靜電：包括天電、地電，以及兩種物質於某種情況時所產生的電勢。

㈡摩擦生電：除在實驗室使用外，因其電能微弱很少作何用途，但在紡織、紙張等工業，因纖維受到摩擦而產生之微量電能，相互作用而使產品清潔問題以及印刷時紙張不易分張或折疊等靜電處理問題發生。

㈢化學生電：包括乾電池、二次電池，以及各式類種由於化學方式而產生之電能，此項電能應用極廣，惟均係小功率，但其前途却無可限量，如能突破現在化學能所產生電能之方法，卽有凌駕於今世所生電力之所有方法，或因新法之出現，人類生活水準與方式均有改變，此法尚有待人們的努力研究。

㈣感應生電：爲導線運動磁場時，兩端所生之電流，此種電能卽人們日常所使用之市電City power，是由發電廠供應的，而各種大型小型之發電機械均屬此類。

而大易中所謂的八種電，很少爲人們道及，玆以新學引證事實，而此確非解嘲之辭。事因中西文化發展之方式方向多有不同，我國文化科技之立說多以仰觀俯察爲發展之原動力，而西方文化以及科技之發展多以實際事物推衍其物質之基本構造與理則、分析爲出發點。究以何種爲優，這是一個見仁見智的問題。玆以電方面來說，近來人們因電力之開發，以及電器事業之發展，影響到人類生活方式與水準，而使大多數的經濟學家均同意，如無電力供應，人類生活方式與水準，便不能保持。以都市生活情形而言，如果人們一日無電，則水、食、燃料、交通等將會爲之停頓，除將「夜」變成一個寂然而無生氣的世界而外，物資的損失將何等重大。故電力之強弱，成爲整個國家社會運行的命脈。而電力之大量開發，爲社會發展的主要根源。然而也因過度的開發，其能源單純的依賴石油與煤炭，其副作用將使空氣爲之污染，構成影響人類健康的重大問題，如不能獲得有力的改善，則必需犧牲此種方式的電力開發，而使生活水準降低或者進展緩慢，均不能爲人們所接受，但於某種情況時也是無可奈何。故開發大量電力而不使空氣污染，必須採取新方法，此法人們命之爲潔淨電力之開發。

而大易之八種產生電能的方法，無論爲直接或間接所生之電力，除火力發電之所謂火電—火雷噬嗑䷔而外，其他均不會構成空氣汚染。或因未來化學能電力之開發而汚染大地或河川、海洋，使生物受害，而人類亦蒙其弊，此端雖爲未來之事，但可料想到化學生電後的殘渣問題的處理，其程序定很複雜。

一、地電：易曰：「地雷復」䷗，在地球物理學家和電氣工程師們的合作下，他們的看法，認爲地球本身就是一部強有力的直流發電機D.C. generator，它所能發出的電力約達一萬億千瓦特，即十的十二次方，這種發電機，於現今人們所掌握的科技中，尚無法完成，或者將永遠成爲人類科技的神話。地球何以能產生這樣大的電力呢？它由於本身地軸的轉動和電離層中磁場的交互作用，而構成發電的原動力。而另一部份則由於地心的內部熾烈的岩漿，和冷硬的地殼關係，而使熱電偶合發生作用。這種天然的大地電流，如同一片汪洋似的，在廣大的面幅而流動着。然而有時地電也會顯得微不足道，但等大地的某些情況相互適應脗合時，它的電力則會達到很大的程度。例如美洲通歐洲間海底電纜在纜端的電壓，常常無故增高至兩仟五百伏特，這種高壓，公認爲地電所引起。因此大地所擁有的大量電力，已是千眞萬確，問題是在於我們如何去利用它。目前科學家們在致力於此項電力的開發，以決定如何增加含礦物質中之電流量度，也毫無疑義的，這些電力有時會突然增加或消失，其強衰期人們無法捉摸。而它的極性即「陰陽極性」亦不穩定，像這種極性的變換，不似交流電那般有規律的頻次，故極性的轉換也構成了極大的問題。故易地電謂地雷復☷☳，並說「復亨，反復其道。」復就是復卦，復卦就是地雷，而雷電乃「一而二也」，也可說雷就是電，故復為地電。亨者通也，而反復其道，就是電能忽高忽低，時有時無。換言之，電是通達的，只是時強時弱，陰陽變換莫測，而復卦六三「頻復，厲，无咎。」厲者兇猛之意，无咎是沒有麻煩。也就是說，變換頻復的電能用之適當才無害，或處理得當才有用處。上六「迷復，凶。」迷復是對地電捉摸不清，如果對於捉摸不清的電能，在處理上一定是困難的，甚至於將一套很好的儲能設備，因電之不可捉摸，使之徒為虛設，豈謂有益而不凶。這種解釋或為讀者所不足道，但看看音律、天文、醫道方面的解釋，正如易大傳說：「引而伸之，遂類而長之！」視此，我們何以不能作解。

二天電：易曰：「天雷无妄☰☳」，據一九七五年設立在華盛頓的特區國家海洋管理局統計，僅美國每年即有六百餘人死於雷擊，一千五百人受傷，又如林火及家畜的傷害等已超過一億美元之損失。故易震卦曰「震來厲」，我國上古對雷電之為害已有記述，究竟由天空劈擊下來的一道雷電有多大的能力？據亞利桑那州立大學電工學及氣象教授伊凡博士研究報告，一道電光所產生的溫度在華氏四萬五千至六萬度之間，此熱量足以氣化目前所發現的任何金屬，包括最耐溫的鎢。

由於大氣層中儲存有如此強大的電能，而使人們的研究興趣轉移至天電，此種天然能源係天空中電場電流，以及瞬息萬變的陰陽電離子所構成。在距離地面三十公里至七十公里之高度處，大氣中充滿了電能，其能量至為巨大，若人們能善加利用，則成為一用之不盡取之不竭的能源。故於今世不但是科學家，即是實業家也想馴服，或如何能利用此項能源，因而對電離層的物理研究，近年來已成為熱門課題，而有凌駕核子物理之勢。蓋人們於十八世紀已對大氣與大地間之靜電開始遐思，想將此項電力用於工業。而研究最為顯著者當算早年之佛蘭克林，他以放紙鳶取電，而將之儲存於萊頓瓶內，而成為電暈，而今電子器材中之電容器，便是由萊頓瓶發展而成的。而電暈可以推動馬達，但瞬間即逝。雖然如此，人們已感到成就可觀。此項實驗由佛氏至今未有較佳的進展，然而研究却未停止。近來美國西維吉尼亞大學謝法曼高博士 Dr. O. Jefimenko 與華爾加博士Dr. K. Walker 曾將佛氏之電暈馬達 Corona motor 加以改進，並將電極作得特別銳利，同時加以絕緣，使其儘可能有利於電暈放電，雷電極產生電暈放電之後，此電暈放電使浮游於電極附近之空氣質點帶電，也就是使空氣質點電離，使帶電的質點將電荷傳給絕緣轉子（rotor）最接近的部份，並使之帶有電荷，因轉子上某一點得到電荷，便會被來自同性電極的靜電力所排拒，而同時又被異性靜電荷所吸引。如此當轉子帶有電荷部份達到與電極相反之電極時，另一次電暈放電卽告發生，而放電之電性却與第一次適得其反。如此反覆的週而復始，而使馬達不停的轉動。此項靜電馬達之設計，如以三千伏特之靜電發電機來推動，其功率可達十分之一馬力。若利用天電推動，則須一條由天空至馬達間的輸電天線，此種天綫需紙鳶或汽球升高兩百呎至三百呎的高空，以拾獲兩萬伏特左右之電勢而開動馬達。由此看來，由天電供應動力是行得通，重要的是至現在動力仍不能加強，所以人們感到其微不足道，如想精進至一相當程度，於目前來說，仍言之過早，尚需人們之更大努力與研究。

其他如風電、水電、火電、山電、雷電、澤電等，有些與地電天電的意義略同。至如風、水、火、澤等能直接成電的，在目前知識領域裡尚難以理說，而增加設備以傳統之發電機用風、水、火、澤爲動力，則比比皆是。如風車發電在荷蘭等國最爲流行，水火發電在台灣的電力大都用此兩種，澤電雖尚未爲人們大量開發，但它的潛在能量甚爲強大，如1.海浪發電：係利用海浪爲動力，推動轉子去發電，2.爲利用海洋之海面與海底間之溫差轉變爲動力以發電。

以上數種發電方式，有的已廣被使用，有的尚在研究開發階段，然而較爲實際的途徑，而一心想從大自然中獲取可用電力的人士，現在正將一切的注意力密切的注意着，以及投資着大量的金錢，他們看中了大自然中的溫泉和噴泉，希望將他們好好的加以利用，使成爲龐大的電力來源。在這方面，目前最有希望的一個溫泉，是位於墨西哥北部的Cerro Prieto 溫泉，在那裡日本東芝機構 Toshiba 已裝設了幾部經過特殊設計的渦輪發電機，把那些逃散的水蒸氣轉化爲電力，但這些渦輪發電機的轉化程序並未符合理想，因此，人們就改變主意，採用較爲直接的轉化程序—直接將熱能轉化爲電力。而且世界上所有的溫泉，如果其熱力都是來自地下的話，其因地底下通常是一層廣大的沉積礦床，而這層礦床差不多總是由海綿狀的水成岩構成，這些海綿狀的水成岩因爲本身具有無數的細密孔眼，所以經常把地下那些熱至沸騰的水吸收和貯存，成爲溫泉的泉源。這些熱水的溫度相當高，通常都達到沸點，它的熱力是來自地心的熔岩，地心的熔岩經常不斷的向上噴湧，在上面的部份稍爲冷卻，遂成爲軟塊的岩漿 magma ，但是仍然具有相當高的溫度。由地心熔岩的熱力傳導至岩漿，再由岩漿傳導至岩石上面的水，使水沸騰起來，於是構成溫泉。

據地質學家估計，單是墨西哥沿海的海溝系統，就存在着深達二萬呎的海綿狀岩石，這些岩石幅員廣大，像一般溫泉一樣，蘊藏着無限熱力，成爲一個巨大的能量貯藏所，如果人們能善加利用，便可以大量取得人們所需的電力。不過據專家們的意見，人們如欲從這裡吸取能量，使其轉化爲電力，最好是避免採用渦輪機或其他類似的設備，只須在地下開一口深井或用一條濶大的管道，直接將地下的熱量接應上來，或者用管線將蒸氣送入一部無轉輪的溫差發電機 thermoelectric generator 裡面，便可有效的獲得電力。此種由直接熱力轉化爲電力的換能裝置 exchanged energy equipment，一經充分使用與發展，工程費用及電力成本非常低廉，也可節省許多維護與技術上的痲煩。以上計劃目前正在逐步展開與實現。民國六十年左右，我國石油公司在陽明山大屯山溫泉系列曾鑿井數口，據報導所發現的地下熱量非常理想，只是酸性太強，使深入地下的管線很快便被硫化而變爲廢物，現在只能用來作木材的乾燥處理，誠屬可惜！其實資源的利用不一定要使之發電，作熱處理只要價値合理，卽不算是浪費。

以上所述發電的方法，多數取決於換能裝置，其發電的原始能源不管取決於風、水、火、澤，惟天地電均屬直接電能，這種電能雖然那麼龐大，然而於今之世，在人們所掌握的科技能力尚不能馴服，僅處於研究與遐思階段，如同太空漫遊，而眞實的爲人們所使用着的，雖然在改進之中，仍脫不開傳統的換能方式，這樣如果繼續發展下去，並且很順利和沒有危險性的話，人們應該很滿意，而且也稱得上爲理想的潔淨電力。

雖然天地電那麼強烈，以及那麼微不足道，但它却是直接電能的泉源。綜觀一部易經由八卦以至於六十四卦而言，無非一陰一陽而已，六十四卦則以剛柔爲極，故乾坤兩卦所佔篇幅也多，而表現在人類諸般事物上者也廣。而天地電之產生，尤以乾坤兩卦最爲出色，故易大傳曰：「範圍天地之化而不過，曲成萬物而不遺，通乎晝夜之道而知，故神无方而易无體。」這就是易之精神所在。

至於六十四卦何以未言及電能之發展與使用，因爲一部易經僅三千餘字，已包羅萬有。故易大傳稱：「書不盡言，言不盡意，然則聖人之意其不可見乎……立象以盡意，設卦以盡情僞。」這就是我們要硏究大易的原因，而不僅是讀易知易。

貳、電學歷史與大易

易曰：「天行健，君子以自彊不息」，又有「放彌六合，退藏於密」之說。其實電子雖微小，却儼然如一小型宇宙，不息的運行於其軌道上。現在讓我們來討論電子究竟如何以構成物質基本能量，竟而運轉不息。

電學歷史之倡於西方，可回逆至早年的希臘人，他們發現了摩擦過的琥珀 elektron（而英名謂琥珀則爲 amber），有吸引輕物之能力。約在一六〇〇年以前，伊莉莎伯女王統治時期，一位名吉柏特 Gilbert 的外科醫師及科學家，又發現玻璃棒以及約有二十種其它物質，用絲摩擦後，也會發生如希臘人之現象，他們便很驕傲的說，這種現象是物體已被電化。而復於一七三三年，法國學者杜費 Dufay 又發現火漆被貓皮摩擦後也被電化，並且發現火漆上之電很有力量，而且火漆被電化後也排斥玻璃棒被電化後而發生之現象，由此他們便把電加以區分共計兩種。將玻璃電名之爲 vitreous，樹脂電爲 resinous。到一七四七年佛蘭克林便引用正電⊕和負電⊖，名之爲 positive and negative，這兩個字來區分這兩種電荷。佛氏認爲，任何物體爲貓皮所擦過的火漆排拒者爲帶負電，而爲絲絹所擦過的玻璃棒所排拒者爲帶正電，以後尚有許多實驗，如法拉第氏用冰桶實驗，並認爲當玻璃因絲擦過而帶正電的時候，絲的本身便帶有負電，其帶電數量完全與玻璃棒所得到之正電相同，這便證明正負電荷總是同時以完全相等數量出現，而電之名詞也因希臘文之琥珀elektron改用英文electron適用之於世界，於是電之世界便大事開放。至一八七三年馬克士威爾 Maxwill 稱電子爲電的分子，molecule of electricity，克魯斯Crookes在眞空方面之研究，於一八七九年進一步指示出，有一種基本電荷之存在，然後在轉向廿世紀之時，湯遜德 Townsend 、威爾遜Wilson、佛來明 Fleming 等之研究實驗而證明電子理論之概念，並使之單獨成立，此外尚有諸子百家各說成理而趣及一時，但也有爲後來所推翻與否定之一頁光輝史實。這些於天地之間不爲人們所目視而退藏於密、行之有數的物質最基本的能，在我國格物無章的時空裡，爲西方所證實，能不爲吾人所敬佩？

何謂物體？在易經裡敍述得較爲完整，它以理、象、數爲論述之基本根據，「象者器也」，物必有象有數，而宇宙凡有重量，並佔據空間的稱爲物體，構成任何物體之實質稱爲物質，而物質之最小微粒尚可存在，而不失其原來性質者，稱爲分子。故自然界物質有億萬種時，必也有億萬種分子，當進一步研究此億萬種分子時，迄目前可查考者，不過一百零三種基本物質而已，在化學上稱爲元素 element 者所組成，元素之基本質點稱爲原子 atom，其平均直徑不過一億分之三厘米，而原子雖爲物質之最小微粒，但它的出現不是以實際之圓球或方塊，而係一種均衡之能量集結，我們如能用一想像之放大鏡去觀察原子時，則又發現原子卻又包含一個帶正電⊕之原子核，在核子內尚有不相同而亦帶有正電⊕之質子，及帶中性之中子，而在原子核的周圍尚環繞著一個或一個以上帶負性之電子⊖在不停的運行，其運行的情況，若一小型宇宙，有如太陽系由各種星球所圍繞着旋轉。這種原子構造定律出自丹麥科學家波耳Dr Niels Bohr 所闡述，這個學說在一九一三年第一次引起物理學家們的注意，這便是尖端科學物理學發展的開端。

原子構造因元素之不同，而電之結構亦異，如最簡單之氫原子，即由一個電子⊖環繞着含有一個質子⊕之原子核在運行，而氦原子則爲兩個電子⊖環繞着一個含有兩個質子⊕及兩個中子○之原子核運行，而炭原子則有四個電子⊖環繞着一個有六個質子⊕六個中子○之原子核運行，如最重的鈾原子則由九十二個電子⊖環繞於九十二個質子⊕，因核內質子等活動的電子數，其中子則多到一四六個之多，核內中子數等於原子量減質子數，而鈾原子量爲二三八，減去質子九二等於一四六。這樣複雜的原子，其電子之分佈亦有層次，分KLMNOPQ層。

因電的特性爲「同性相斥，異性相吸」，而一般物質平時不顯電性的原因，是電子於原子內各守崗位以平衡狀態的相互依存，而成為均衡狀態，這種情況如果受到外力的打擊，如光、熱或強力的振動或化學作用，雖然在某些時候不足以拆散原子核之組織，將使四週電子運轉加速，結果發生離心趨勢，大於向心，而失去部分電子，使原來平衡之中和狀態，不能保持，於是產生電之現象，我們便利用這種再還原與中和的過程，為我們達成各種任務，如導電、絕緣、發電等，或用之於其他方面。由以上電子物理之敘述中，不難想像到物質之運動於我們生活與視觸感察之外，而構成另一天地，如天之行健，自強不息。

易繫辭傳曰：「是故易有太極，是生兩儀，兩儀生四象，四象生八卦。」而朱子則釋太極生兩儀曰：「一每生二，自然之理也。」愛因斯坦於一九〇五年在量子論中亦謂：「當一物質消滅時，它便會產生一相當大之能量。」不管能如何表現，或熱或光，或其它方式，均為能量之轉變，而非物質之不滅，其式為 $E=mc^2$，而原子分裂的情形，便在這一公式下產生，因物質受外加之能量，如光、熱或其它方式，使核之四週電子加速運動，當運動速度繼續不斷增加時，增加至不能承受時，便受到中子的撞擊，而致原子核為之破裂，其破裂之情形有如太極生兩儀，兩儀生四象，繼續不斷的以倍數分裂，此刻必然破壞臨界物質，而使之產生鏈反應chain reaction，或說之爲鏈鎖反應，故而原子爆炸時其威力相當驚人。人類鑒於此等能量之驚人，於是核子和平用途被人們注意，而原子能發電、醫療等便應運而生，所以日本於二次大戰尾聲中，被美國於廣島投一原子彈後，原子分裂的知識廣被人們所認識，而當時我國考試委員張默君女士曾發表談話，言原子彈發展的理論，在我國易經中早已有之，那就是「易有太極，是生兩儀，兩儀生四象，四象生八卦而六十四卦，甚至於一百廿八等……」這與原子分裂情形相若，亦足見先民們智慧水準早已凌駕時代之上，而後人未爲研究發展而已。今人謂吾國科技追趕不上歐美諸國，實由後人曲解禮記官制所稱：『製奇技淫器者殺』之語意，由此語推衍吾國科技於當時發展已有相當之成就，而因律例及秦以後皇室專制而沒落，復於宋代以後不以數理學者配祀孔廟，及科舉不考數學，使數理科學爲之式微，是爲吾國科技沒落之一大原因。蓋理象數乃自然三態，人們當隨此三者而自然發展，我國却在文理詩章方面的發展最爲突出，也許智者因限於官制而發抒於文詩，如「山雨欲來風滿樓！」若察以氣象科學，則我國尙是現代的新知。除天文而外，寓科學於詩文者，以上句而言，則爲先風而後雨的預報，如此等詩文者，實不勝枚舉，亦有因此而將大易之卜筮更加神祕化者。其實易之所謂神者，乃爲「精神之運，心術之動」，如言「君子觀之，德智益備，小人研之，可化爲君子。」

以及「易无思也，无爲也，寂然不動，感而遂通天下之故，非天下之至神，孰能與於此。」序卦傳更具體指出：「得之於精神之運，心術之動，與天地合其德……然後可以謂之知易也。」其神者係精神之運與心術之動；而研究科學或其它學術者，又何嘗非精神之運．心術之動？

於前文中常提到我國文化科技之發展，起源於如易大傳曰：「古者包犧氏之王天下也，仰則觀象於天，俯則觀法於地，觀鳥獸之文，與地之宜，近取諸身，遠取諸物，於是始作八卦，以通神明之德，以類萬物之情。」復因上古文教未開，人類發展科技只能以本身器官—眼、耳、口、鼻、四肢等，作爲對事物的探觀儀器，然後加以推衍，此種探察方法，雖不能與今日各種分門別類的精密儀器相比擬，要亦不失爲方法之一種，卽觀察法也。且今日學理依據豐富，皆古人之成就，並不限於中國人。易以仰觀天象，乃知天之行健與自強不息，以及自然界日、月、風、雷、山、澤、水、火之廣，爲用也極。又復退藏於密，覺於思維，而默察出人之器官眼、耳、口、鼻等所不能察覺到的微小事物。

物理的變遷已歷三代，第一代以物質之最小單位分子爲極，而引出了物質不滅定律；第二代以物質之基本質點「原子」爲極，而發現了中子等，引出了能量不滅定律；第三代則為丁肇中的J粒子之發現。由此三代的變遷可證諸易大傳「易窮則變，變則通。」的道理，不但適用於物理方面，而在其他方面，也將永遠沒有休止的變下去。即誰也不能斷言電子在物質中為最小，誰也不能斷言在以後的研究中，不再發現電子中將會出現另一天地。近世西方學者一直在探測宇宙之奧，而不知太空究有多大；觀測於極小的粒子，而不知粒子究有多小；時大時小，時輕時重，不停的探測，也不停的變化。而吾國於此，則以至大無外以形容「放彌六合」，以至小無內以解釋「退藏於密」，像這種智慧的啓發，眞可到達「通神明之德」的境界了。

何以我國在核子與電子科學方面的發展沒有成就，而淪為仿效與學習的啓蒙時期，而僅徘徊於文詩之屬，近年就連這點僅有的成就也大有「江水東去」之勢。這當然與西學的輸入有關，而古時則由於官制之限，惟近代國人西學，而略識洋技，即論我國東也落後，西也無知，殊不知力學上進，而需一切由自己開始，引西人之長，探吾人之奧，力學研幾，創造發明，也許能創出超核子物理，而發明電子彈，或威震環宇之其它科技，以強國勢造福人類，使世界成為一個大同而理想的安和樂利的世界，我想有那麼一天，只要我們努力。

叁、習電子探大易之奧用

一、以電學釋聖人之道四

易大傳說：「易有聖人之道四焉，以言者尚其辭，以動者尚其變，以制器者尚其象，以卜筮者尚其占。」

科技於古籍，在吾國少有專輯，或爲官制所限，對技藝之流傳多以私相受授，迴避官制，時日往久，而流爲自私，故古時竟有「傳媳不傳女」之事實，而文學在我國之發展則鼎勝於諸代，或因記述器具之不易，與保存無方，或因文字粗具與變遷，或因智者舞墨弄筆，思想鄉愿，使文字簡略而難通；故有「用一字面面皆通，立一義要頭頭是道。」而易經卽此類經典之典型，故可說之一文學、科學，甚至於美學，或純以卜筮之學，豈不可惜！加之古時文字獄之興，卽清時亦未稍變，如某君讀於窗前，忽爲風吹散書籍，時因觸景情生，詩性大發，而書曰：「清風不識字，何事亂翻書？」後被朝廷查獲，而滿門抄斬，故吾國文風雖盛，而立義模稜兩可，意寓多方，而失之眞實，並且言辭難於一貫，使動變無則，故而制器無方，誠爲後世研究之阻力，能不遺憾萬千！

而大易於文化之發揚方面，以此四者爲目，余以習電子工程，依工作體驗略爲粗釋：

1.以言者尚其辭。係指成一事需有依據，立一義必有憑藉，以此而言，則有方、有規，以爲後世典範，並「引而伸之，遂類而長之……。」

2.以動者尚其變。世間每一事物有其「靜態」與「動態」之兩面，靜態以爲規，動態以適變。以電子學爲例：當電流流動時則會發生作用，如電流之加載 loading，於電燈則發光，加載於電爐則生熱，加載於電工器具，則有聲、光、電波或啓動設備，均能以電之流動於不同電路而生變化。若電流未加載，則電之不能流通於電路內，亦不能顯電之現象，故電以加載而使電流流動，電流流動則聲光等皆能爲變所適，顯之於外，並能以動而尚其所變。

3.以制器者尚其象。象者像也，乃能掛之圖象，圖象掛之則顯，置之則不可見，故有器必有象。知此，吾人於從事電子維護或裝設工程時，可見之圖象因機器之不同而異。當故障發生時，查其圖而知弊，於重大工程時，必先集資料於先，如圖表資料、圖象，與所使用之器材，以爲制器之依據，依此而設計新的藍圖。當施工完畢後，則新的物象而生，此卽爲以制器者尚其象，而其它工程又何嘗不是？

4.以卜筮者尚其占。吾人應將卜筮當作研究策劃去解釋，因「知易不占」。是說對大易之德業有所通達，可量之一事物，如吾人於卜筮時，必用筮具，占後必查卦文，閱卦辭，以研卦情，而策劃者卽決策籌劃之意，而策籌乃古之計器，以此器爲據以設事物，並加推衍、假定與判斷，而此數法皆含數學意味。古意云占者算也，此數者於任何工程中皆爲不可或缺之法則與過程。

二、大易「應與」與電之爲用

易曰：「應與」陽以應陰，陰以應陽，二氣感應以相與。吉亨也，「无應」「有應」而無私則有輔矣！反之初柔四柔之類，陰以拒陰，陽以抱陽，二氣相拒，不相感應，則謂之「无應」「无與」，「无應无與」者則傷之矣！曰吝悔。

吉者：好順之事，亨者通達之意，如有好順之事豈能不通達。

「无私」者：乃正用也，卽最適當的用途。

「无應无與」者：如物之無用，無用之物豈能不吝不悔。

在電學方面：如以交流電（alternating current）通稱 A.C.，通過線圈 coil 則生感應電流，惟極性相反，如電流通過線圈而無感應電流則傷之矣！亦卽線圈發生故障，故障之線圈卽無感亦無應。

而又電分陰陽，如電池之兩極：一曰正極，一曰負極。如太極之陽(—)與陰(- -)將此二極單獨使用，將兩陽極相並聯parall用之於電器，必不生作用，我們可稱之爲「无應」，如同陽以拘陽。反之則仍無作用，如同陰以拒陰，而形成有電之電池，而無電之作用。蓋電之特性爲同性相斥，異性相吸，故將兩電池加以串聯或個別使用，以陽極與陰極相觸，既生火花，或接以適當之電器如燈炮，則會發光，發光與發生火花就是發生作用。如同大易之「有應」與「有與」，「有應」者位正，「無應」者位不正，而磁性亦有與電之同一特性，卽取兩磁石，將兩石之「S」極相互接觸卽發生排斥作用；而二石之「N」極相接觸亦發生排斥作用。但將兩石之「N」極與「S」極相互接觸則相互吸引。電與磁之特性與大易有不謀而合之處，所不同者大易所言爲氣，而電所發生之電場有謂電氣，而磁所發生之磁場有謂磁氣，在新說中稱此兩者爲電力線與磁力線。電與磁在古籍雖有記載，多以此兩種現象爲說，或更說之爲神明，此兩說作形容詞則尚無不可，若以其說爲要典，則差距太大，因此吾國科技方面也越顯落後。

三、研電子析太極之妙

古釋「太極」者，原復鴻濛未判，形氣未有，太極凝於寂虛之域。蓋渾渾焉，溟溟焉，泊其氣機交流，兩儀始分，三才方肇，氣之輕消爲天，下而爲地，日月星辰週行不已，山嶽川澤屹立交流，鼓之以雷霆，潤之以風雨，於是八卦成矣，物象生焉，而萬物森然具於其中。

所謂氣者「能」也，後人稱之曰「誠」。「誠」又釋爲「熱能」，故「誠」者天之道也，惟能不可見。而「電」「電能」也，亦不可見。而在自由活動中曰「象」，凝結後曰「形」，故在天成象，在地成「形」。已經成「形」卽佔空間，而稱爲「太極」。而又謂於寂然之中，「形」「氣」未有，「无形」「无象」，而宇宙間却星雲密佈，時而渾渾，時而溟溟，觀之如氣，察之無物，而氣之上升謂天，重濁下凝曰地，「地」「氣」者皆爲物象，故「太極」者物之本，有如原子爲物之基本構成，而原子，却由電子㊀、質子⊕、中子〇所構成，恰如「太極」之陰陽，而中子如太極中之陰以抱陽與陽以抱陰，乃無性之象，亦陰亦陽。而物亦以固、氣、液三種情況顯之，謂之三態。氣之能於上浮，液之能於流通，而固態之能於凝聚，而所有物質必佔其一，而物之如氣，氣之如物，相互交流，必聚之以物，如同聚之以電。復因物之結構各異，必也相互交流，卽電子之相互交換，亦或不易交換。習電者，謂此兩物質爲良導體或非良導體，新說釋爲電子於物質內活潑者謂之良導體，不活潑者爲非良導體─或稱爲絕緣體 insulate。

而近說以半導體者 semiconduction 在物質而言，有自然半導體，此種物質導電性極差，或謂之內阻抗 resistance 過大，如鉛、鎢等，而另一種爲人工半導體，今則居功大矣！此種物質在人們所使用着的有鍺：“Ge” germanium 與矽 “Si” silicon 爲基本物質，此兩者本爲良好的絕緣體，故無導電能力，而係以人工方法摻以鎵或鉀，或其它適當的導電物質，使之成爲半導體，此半導體在今日電子器材中居功奇偉，如二極體與電晶體 diode and transistor，近廿年來電子工業之突飛猛進，尤以電腦工業之不可一世，皆電晶體與二極體之功，惟尚不能代替強功率的眞空管，我想這只是時間問題。

吾人知電之爲物質基本單位，而物爲器，器乃載道之具。何以謂道，道者道理，言物必有物之道理，謂之物理；言事必有事之道理，謂之事理。故世上所有萬物皆有不同的物象，而物雖有視覺上之分野，其化學結構則以元素之聚合爲依據，如銅與鎳相混合，在視覺上現黃色，人們稱之爲黃銅，或摻之一雜物必顯異色，然經分析後銅鎳及雜物各自獨立，並不因混合而成新的元素，故器物雖億萬種，而元素僅爲人們所知者一百零三種。

余因一念之繫，覺人類自稱爲高級靈長動物，而靈長動物必也衆多，惟人能以物致事，以事計數，數之以理，觀察入微，文明以生，皆未超越大易之理象數之範圍，而其它靈長類，如猿猴，依然依天賦本能眼耳口鼻，並以四肢而生活，誰能信其對事物無觀察力，只是低能而已。而且人類對生命所記述的方式，以地球上生物的生態衍變爲基礎，而對於其它星球而言，人類所能察覺到的是無生物，余以爲這不公平，而事實上生命之於其它星球，也未必要依賴空氣與水爲活劑，更未必像人類一樣的有眼耳口鼻，立而行之，而其它生態也未必不能使用科技，而人類不是也常收到宇宙間不明之電波，並不能析其意寓？然其發射電波之具，必也是電晶體或眞空管！誰能說人類所使用之器具不是宇宙間最笨拙的，此說雖妄，難謂無理性，故書之以觸發讀者諸君之靈智，希望借此創造更爲完美而能幸福人類的物器。

（本文作者高志恩先生爲中央電台工程師）

第九篇　易理與物理

第九篇　易理與物理

蕭冬然

壹、緒論

易經繫辭傳有云：「河出圖，洛出書，聖人則之。」又云：「古者庖犧氏之王天下也，仰則觀象於天，俯則觀法於地，觀鳥獸之文，與天（註一）地之宜，近取諸身，遠取諸物，於是始作八卦，以通神明之德，以類萬物之情。」

「易」也者，變易之謂也；變而有序，變至極處而復始，循環不已者，週期也。「周易」（註二）者，週期之變也。易有太極，是生兩儀，兩儀生四象，四象生八卦；八卦，一週期也，其週期爲八。八卦相重而成六十四卦，於是萬象顯焉，萬物生焉，天道行焉，天理彰焉！

天命之謂性，率性之謂道，修道之謂教；道也者，不可須臾離，可離非道也。由誠而明，哲學也；由明而誠，科學也；誠則明矣，明則誠矣。哲學，道也；科學，器也。易也者，總攝道器也。人有人性，物有物性；人有人理，物有物理。人性本通乎物性，物性亦通乎人性；人理本通乎物理，物理亦通乎人理；二者一也。惜常人未察也，而聖人察之。世之爲哲學者，多强調人性與人理，而忽略物性與物理；爲科學者多强調物性與物理，而忽略人性與人理；是皆以一概全而有所偏也，而賅乎天、地、人之眞理無由而得焉。實則，人性與物性，皆天性也；人理與物理，皆天理也。易象者，天象（註三）也；易理者，天理（註四）也。是以欲使人性與物性、人理與物理一以貫之者，唯易爲能也。

我對易學之探求，雖二十有年矣；然由於易理之深奧，且名師之難求，故久久不得其門而入。近年來，由於張令教授之引介，得識易哲名家周鼎珩教授，從而師之，方窺卦象之玄機；又承易數權威黎凱旋教授之指點，始悉河洛之妙用。由是非但對易學之興味橫生，且以爲我優良傳統文化之復興，易學之闡揚，實其要務也。於是乃將鑽研所得，公諸於同好；在此僅將其與物理科學有密切關係者，就教於高明，以期拋磚而引玉也。

貳、易象與物理

混沌之初，乾坤未奠，無以名之，名之曰太極。太極動而生兩儀，兩儀者，一陰（- -）一陽（—）也；兩儀變而生四象，再變而生八卦，八卦重而成六十四卦；

其過程實爲二項式定理之演算。設有二不同之數學符號a與b，則由二項式定理得：

$(a+b)^0=1$，

$(a+b)^1=a+b$，

$(a+b)^2=aa+ab+ba+bb$

$(a+b)^3=aaa+aab+aba+abb+baa+bab+bba+bbb$，

$(a+b)^6=aaaaaa+aaaaab+aaaaba+\cdots\cdots+bbbbab+bbbbba+bbbbbb$，

於前列諸式中，若令a表⚊，而令b表⚋，則得：

(⚊＋⚋)⁰＝1（太極），

(⚊＋⚋)¹＝⚊＋⚋（兩儀），
陽　陰

(⚊＋⚋)²＝⚌＋⚍＋⚎＋⚏（四象），
太陽　少陰　少陽　太陰

(⚊＋⚋)³＝☰＋☱＋☲＋☳＋☴＋☵＋☶＋☷（八卦），
乾　兌　離　震　巽　坎　艮　坤

(⚊＋⚋)⁶＝䷀＋䷪＋䷍＋……＋䷆＋䷗＋䷁（註五）（六十四重卦）
乾　夬　大有　……　師　復　坤

兩儀、四象、八卦，可以分別用於表達物理上之一度空間、二度空間及三度空間，如圖一、圖二及圖三所示。若以⚊表正，以⚋表負，則一度空間之正、負方向各以⚊、⚋名之，二度空間之第一、第二、第三、第四象限各以⚌、⚎、⚏、⚍名之，三度空間之八個象限各以☰、☴、☶、☲、及☱、☳、☷、☵名之，則既簡且明也。三度空間之觀念在今日物理上已不敷應用，於是愛因斯坦乃將時間與空間三度合併而創時空四度之宇宙觀，致使複雜之物理現象能獲得較為合理之解釋。其實時空四度之宇宙觀，中國早已有之，淮南子有云：「四方上下曰宇，往古來今曰宙。」宇宙也者，乃空間與時間之聯集也。是以時空四度之宇宙觀，非始自愛氏也。

愛因斯坦以四度時空為體系之相對論，對已往難以解釋之物理現象（如光速之特性）雖能提供較為圓滿之解釋，然今日科學之發展已確證其仍然不敷應用，因此國人薛學潛先生曾根據八卦之推演及五行生尅之原理，將質與電與四度時空合併，而提出其五度體系之超相對論（又名易經數理科學講義）。薛氏之論著，全以八卦之演繹變化為根據，將近代重要之物理理論，盡賅無遺，且將相對論與量子論一以貫之，惜未受到國人之普遍重視，誠憾事也！

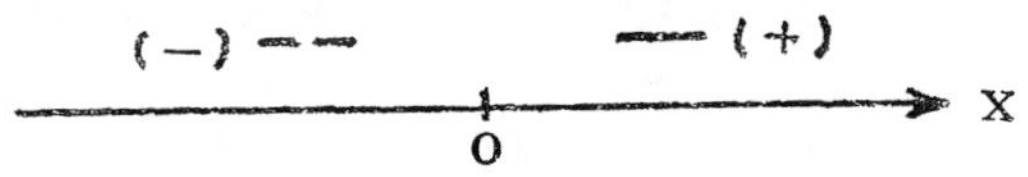

間空度一表儀兩、一圖

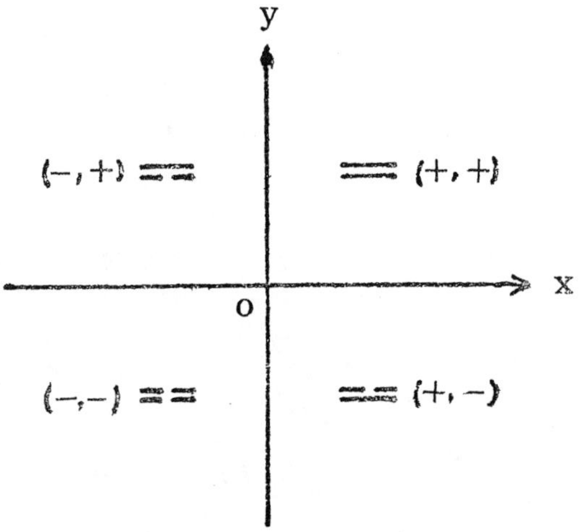

間空度二表象四、二圖

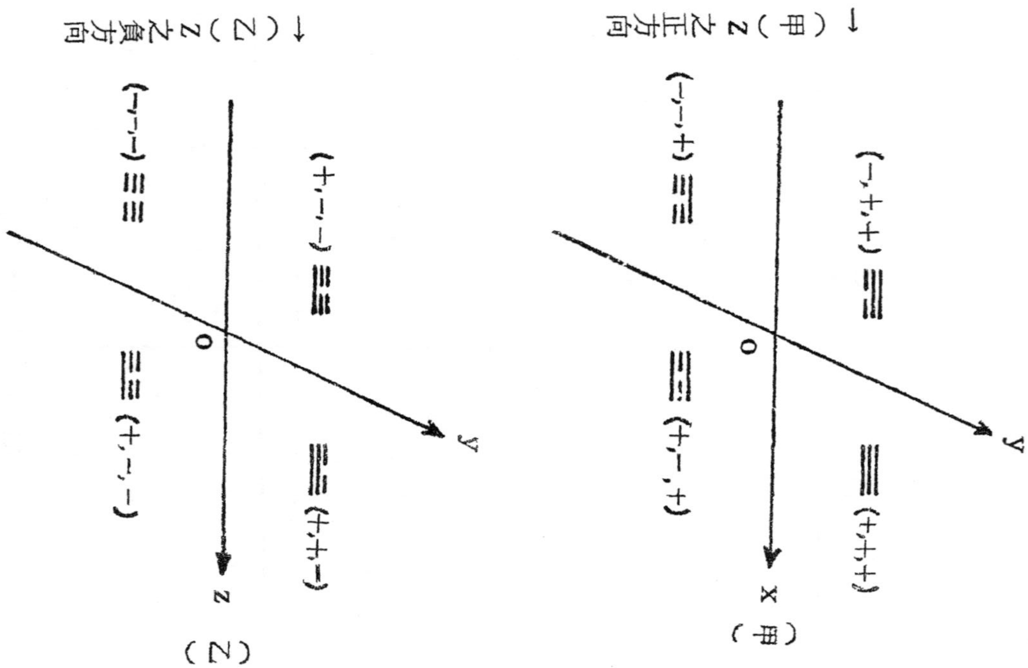

圖三、八卦表三度空間

易之經文乃卦象之釋義，夫八卦，乃聖人仰觀俯察，則河洛而作之者，故而重象。單卦（八卦）每卦有三爻，重卦（六十四卦）每卦有六爻；聖人取卦象物，咸以三爻之單卦或以六爻之重卦爲之，而不以四爻、或五爻、或七爻者爲之，蓋必有所寓意也，是以若取八單卦及六十四重卦之寓意，則狹義之空間應爲三度，而廣義之物理空間應爲六度耳。至於六度者爲何，以及如何用以描繪物理世界，則有待易學之發揚及科學之創見也。

易有太極，是生兩儀，兩儀者，一陰一陽也。電荷有正、負兩種，物質有正、反兩類，此非兩儀之謂歟。根據太極圖（如圖四所示）之寓意，陽中有陰，陰中有陽。圖中之白色部份代表陽，黑色部份代表陰；白中之黑圓代表陽中之陰，黑中之白圓代表陰中之陽。設太極（大圓）之直徑爲一，則小圓之直徑爲四分之一，由圓面積公式可以算得小圓之面積爲大圓面積十六分之一，故小黑圓面積爲陽儀（白儀）八分之一，而小白圓面積爲陰儀（黑儀）八分之一。關於此一寓意，證諸現代科學，似不誣也；蓋醫學上發現男性體中有女性賀爾蒙之存在，女性體中有男性賀爾蒙之存在；高能物理實驗室中發現反物質質點之存在，天文上發現反物質星雲之存在；雖其比率並非八分之一，然此不足以損及易象之預言，蓋吾人對整個自然之探索，尚未窺其全貌也。

自然界之基本力共有四種，卽重力（gravitational force），電磁力（electromagnetic force），弱作用（weak interaction）與强作用（strong interaction）；輕粒子（leptons）共有四種，卽電子（electrons），μ介子（mu-ons），e微中子（electron-neutrinos）與μ微中子（muon-neutrinos）…，重粒子（baryons）共有四類，卽u夸克（up quarks），d夸克（down quarks）、s夸克（strange quarks）與c夸克（charmed quarks）；而大部份之物理現象均能由此四種力、四種輕粒子及四類重粒子予以描繪之，此乃自然與四象之巧合乎？抑聖人作卦之初卽已知之乎？

圖四、太極與兩儀

八卦之變，以八爲週期。基本物質（單質或元素）共分八屬，且作週期性之遞變；巧合乎？抑聖人知之乎？然六十四重卦之方陣排列爲八行八列，卽週期爲八，且共有八週期；而已知之元素，僅七週期而已。若六十四重卦之週期性有寓意於元素之週期者，則自然界中可能有第八週期元素之存在，唯此時此地尙未發現而已。若參照現行週期表之推論，則第八週期最後一元素之原子序應爲一百五十，且應爲一惰性之金屬元素。至於惰性金屬元素之特性爲何，自難臆測也。

六十四重卦排列（如圖五所示）似尙與原子之內部結構有極爲密切之關係。陰陽互易之二重卦稱之爲交錯卦。如䷀之與䷁也，䷊之與䷋也，䷾之與䷿也。連結交錯二卦之線段稱之爲交錯線跡，凡交錯線跡必過卦陣之中心，如圖六中之諸圖所示也。卦陣共分四層，其第一層（最內一層）之交錯線跡爲二，第二層爲六，第三層爲十，第四層爲十四；此與原子系統之電子軌域 s^2、p^6、d^{10}、f^{14} 雷同。是以由六十四重卦之方陣圖形推論，每一軌殼至多有四軌域；若果如是，則第一百五十位元素之電子組態應爲：

$1s^2$

$2s^2\ 2p$

$3s^2\ 3p^6\ 3d^{10}$

$4s^2\ 4p^6\ 4d^{10}\ 4f^{14}$

$5s^2\ 5p^6\ 4d^{10}\ 5f^{14}$

$6s^2\ 6P^6\ 6d^{10}\ 6f^{14}$

$7s^2\ 7p^6\ 7D^{10}$

$8s^2\ 8p^6$

六十四重卦之每一卦有六爻，在自然界中，可見光有六色，紅、橙、黃、綠、藍、紫是也；可聞聲有六音，C、D、E、F、G、A、B（其中E至F爲半音，B至C爲半音）是也；物質之結晶形態有六系，正方晶系、斜方晶系、單斜晶系、三斜晶系、等軸晶系、六方晶系是也。巧合乎？抑聖人知之乎？

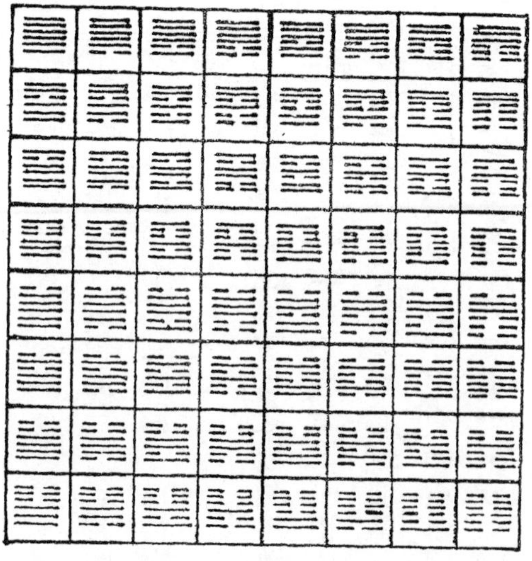

圖五、六十四重卦之方陣排列

（甲）第一層之交錯線跡數爲二

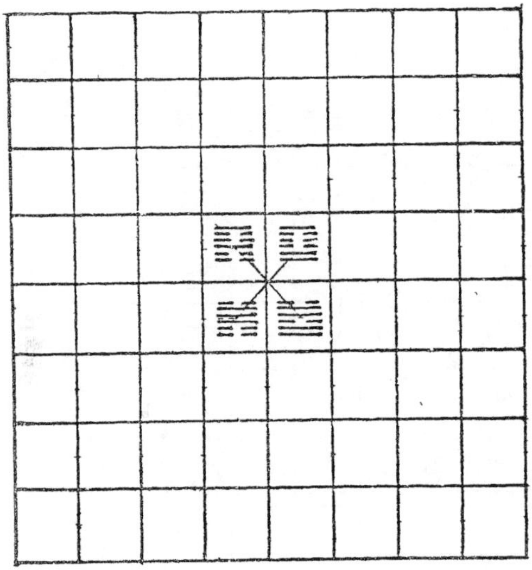

（乙）第二層之交錯線跡數爲六

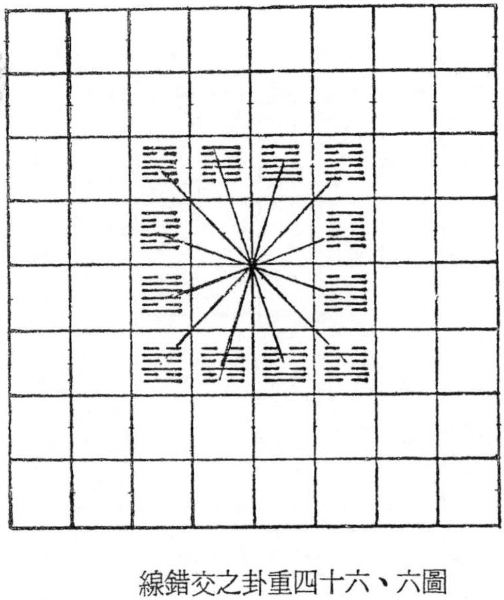

圖六、六十四重卦之交錯線

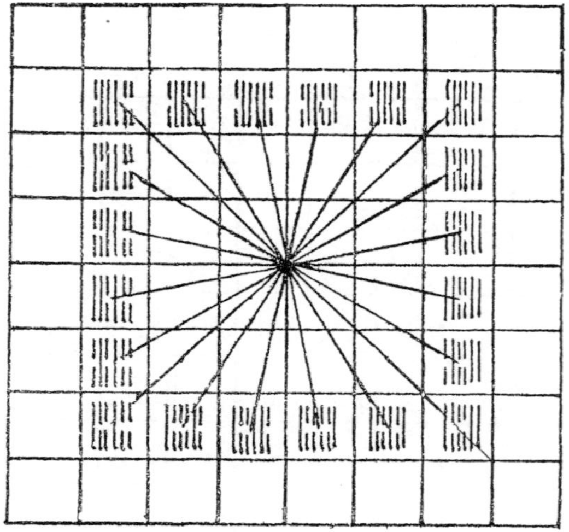

（丙）第三層之爻錯綜跡數爲十

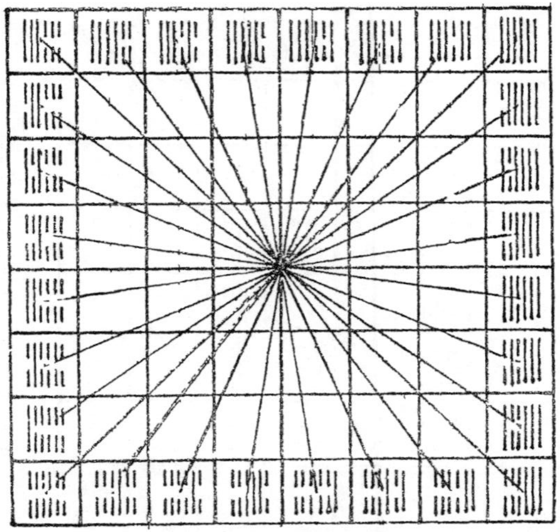

（丁）第四層之爻錯綜跡數爲十四

叁、易數與物理

庖犧氏仰觀俯察，則河洛而畫卦作易，以通神明之德，以類萬物之情。河洛之數，似與天文星象及原子結構密不可分，本文僅擇洛書之與此有關者略作介紹。洛書原爲一均勻之三三方陣，如圖七（甲）所示，可以數表之如圖七（乙）；其各行各列及各對角線之值均爲十五，此一分佈可用以顯示空間之勻稱性（homogeneous）及其均向性（isotropic）。由洛書之演繹可得無數之均勻方陣，關於河洛之演繹，黎凱旋教授在其近著易數淺說中有甚爲精湛之理論及詳盡之方法，於此不擬贅述。

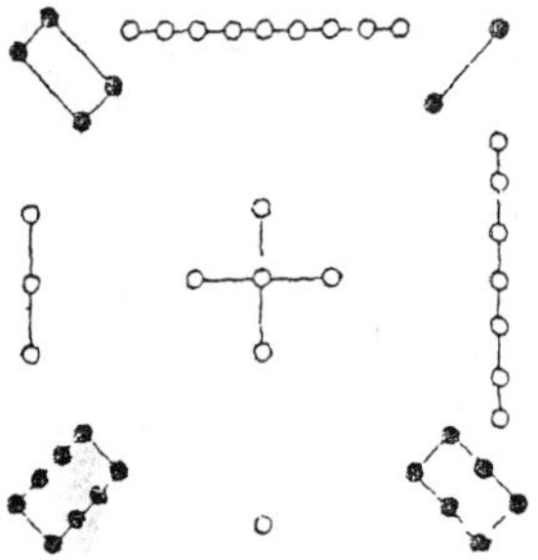

圖七、(甲)洛書原圖

4	9	2
3	5	7
8	1	6

圖七、(乙)洛書數圖

四四方陣可以排列如圖八所示，其各行各列及各對角線之值均爲三十四；若將其十六數均分爲四組，則每組中四數之順序均成環形，而其中二環爲左旋，二環爲右旋，茲解析如圖九、圖十、圖十一及圖十二所示。原子系統中之軌道電子，其運動有公轉與自轉之分，其公轉與自轉，又均有左旋與右旋之別；此四環形不正足以顯示s軌域中電子之可能運動狀態乎？

八八方陣、十二十二方陣等亦有如此之特性，茲以八八方陣爲例作圖，如圖十三所示，其各行各列及各對角線之值均爲二百六十；若將其六十四數均分爲十六組，則其每組中四數之順序的成環形，而其中八環爲左旋，八環爲右旋，茲解析如圖十四所示；此十六環形不正足以顯示s軌域與p軌域中電子之可能運動狀態乎？同理，十二十二方陣之一百四十四數，以四均分之，得三十六組而排列成三十六個環形，可以顯示s軌域、p軌域及d軌域共十八個電子之可能運動狀態；十六十六方陣之二百五十六數，以四均分之，得六十四組而排列成六十四個環形，可以顯示s軌域、p軌域、d軌域及f軌域共三十二個電子之可能運動狀態。然而可巧者，六六方陣及十十方陣等則並無此等特性，何以故，蓋此等方陣以四均分之組數，與s、p、d、f等軌域中所分佈之電子數不相符也。

圖八、洛書四四方陣

甲

10	6	11	7
15	3	14	2
5	9	8	12
4	16	1	13

乙

10	11	6	7
5	8	9	12
15	14	3	2
4	1	16	13

丙

2	13	16	3
11	8	5	10
7	12	9	6
14	1	4	15

丁

12	3	14	5
13	6	11	4
7	16	1	10
2	9	8	15

圖九、圖八（甲）之解析

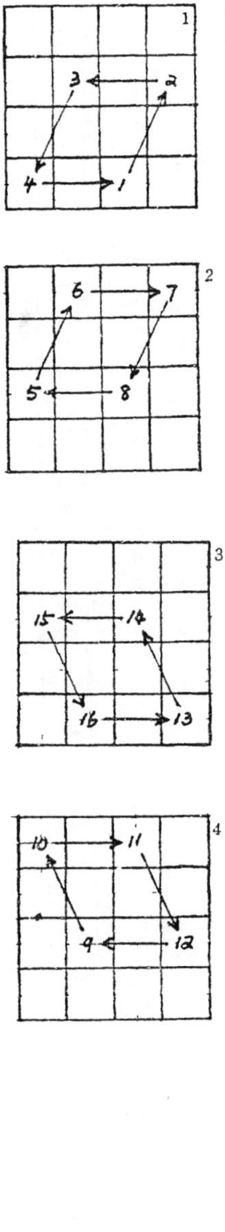

圖十、 圖八（乙）之解析

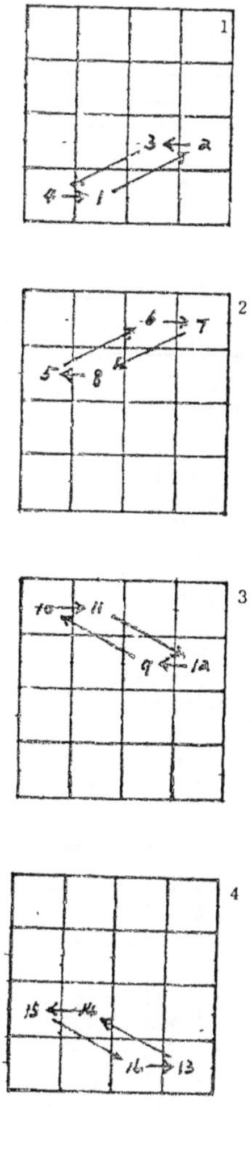

圖十一、 圖八（丙）之解析

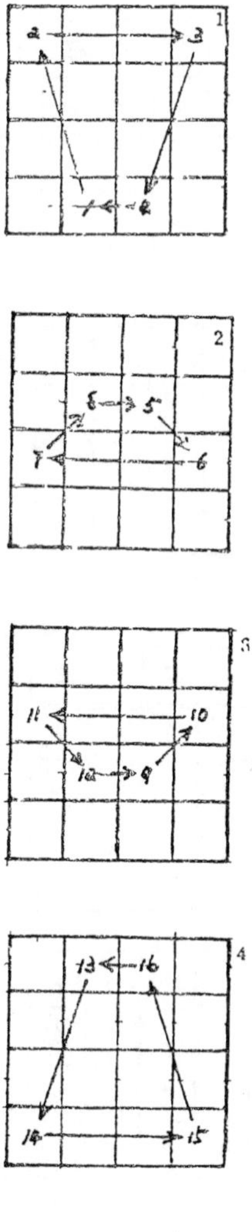

圖十六　圖八（丁）之解析

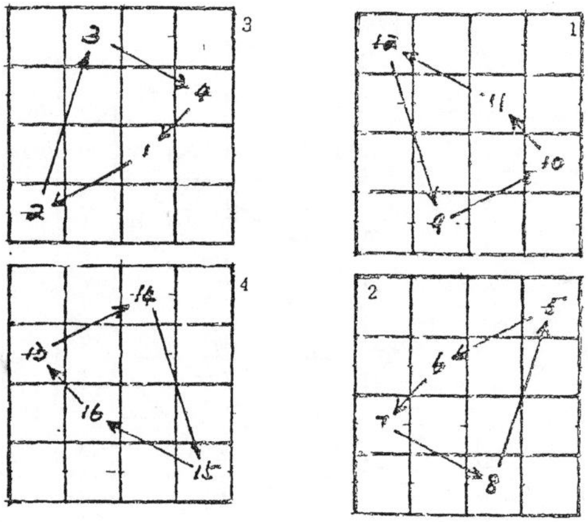

圖十七　洛書八八方陣

19	48	47	21	20	42	41	22
6	57	58	4	5	63	64	3
35	32	31	37	36	26	25	38
54	9	10	52	53	15	16	51
14	49	50	12	13	55	56	11
27	40	39	29	28	34	33	30
62	1	2	60	61	7	8	59
43	24	23	45	44	18	17	46

圖十四、八八方陣之解析

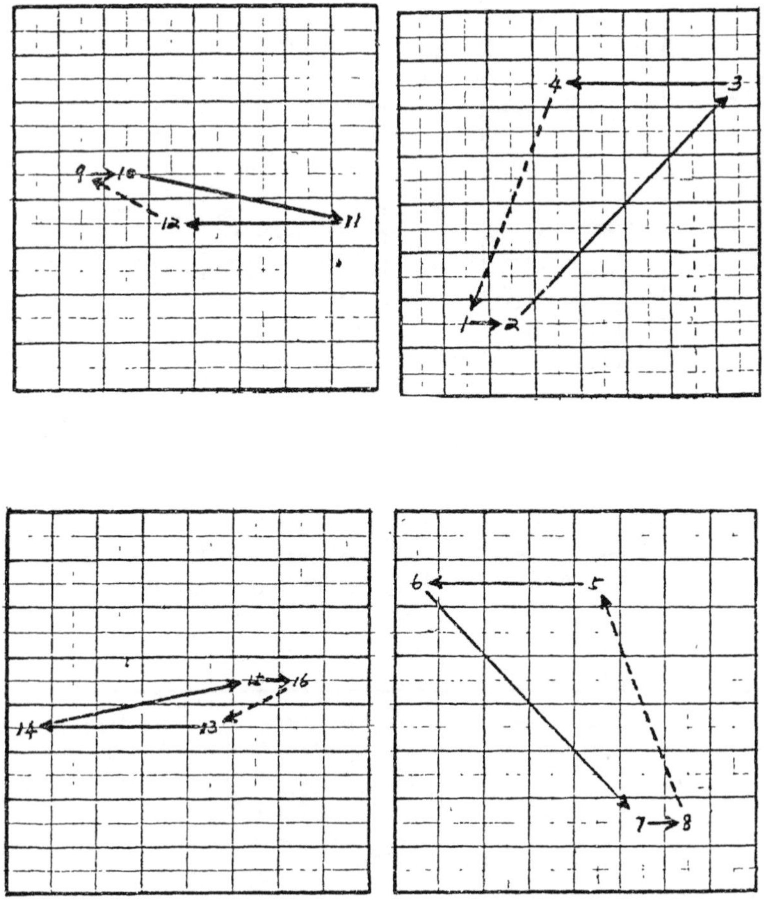

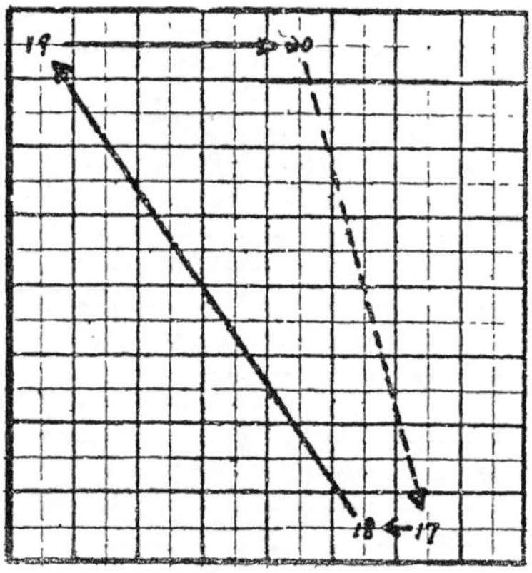
19
20
18
17

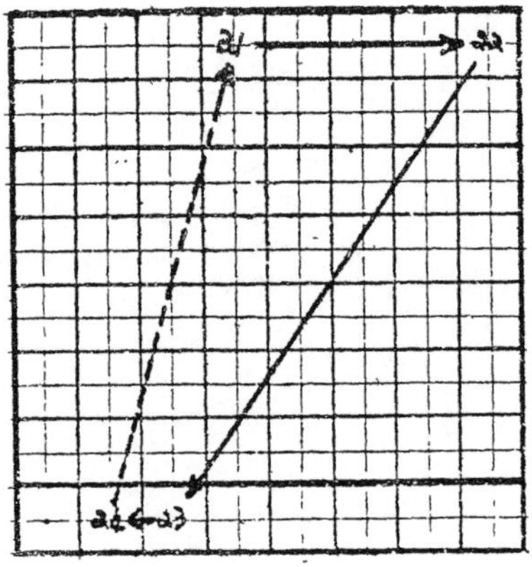
21
22
24
23

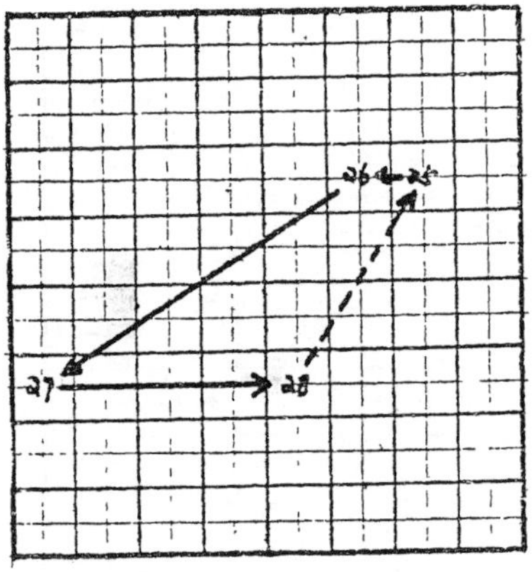
26
25
27
28

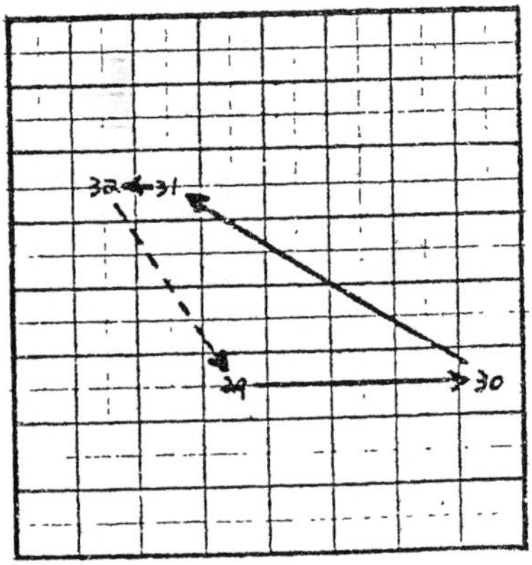
32
31
29
30

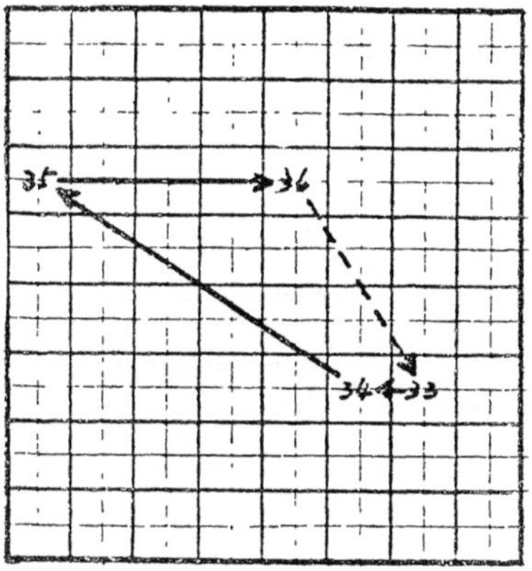
35
36
34
33

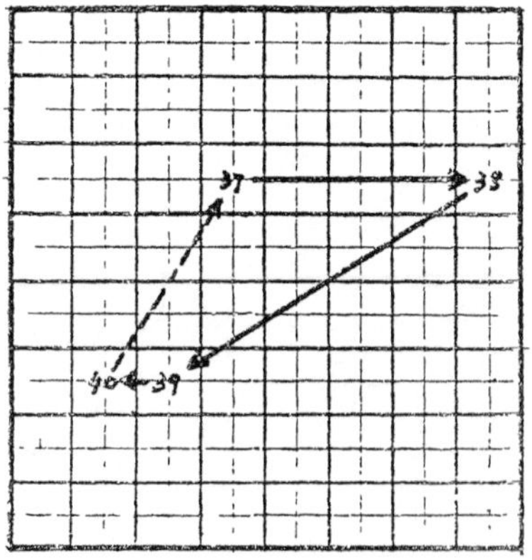
37
38
40
39

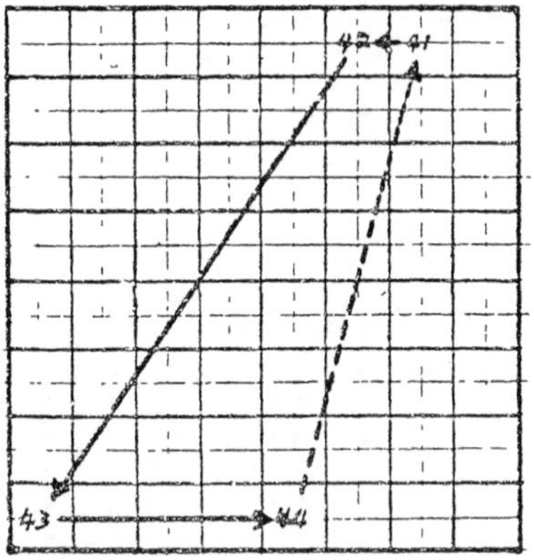
42
41
43
44

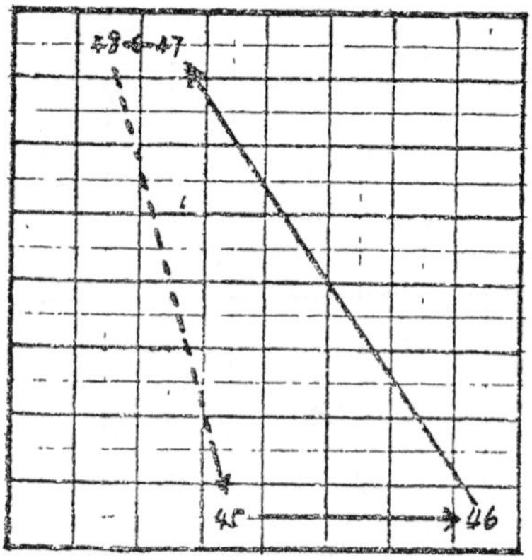
48
47
45
46

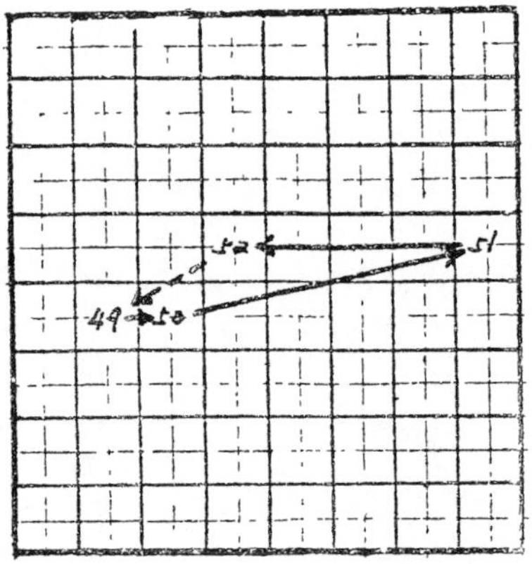
51
52
49
50

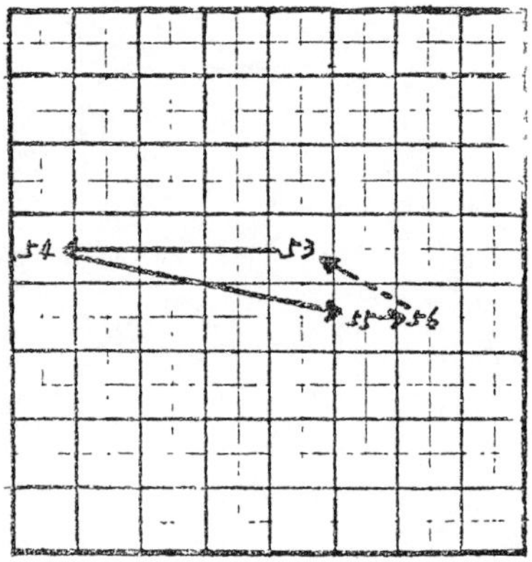
54
53
55
56

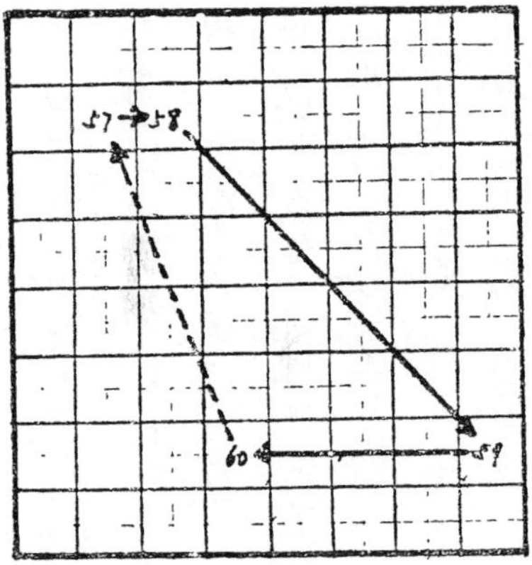
57
58
60
59

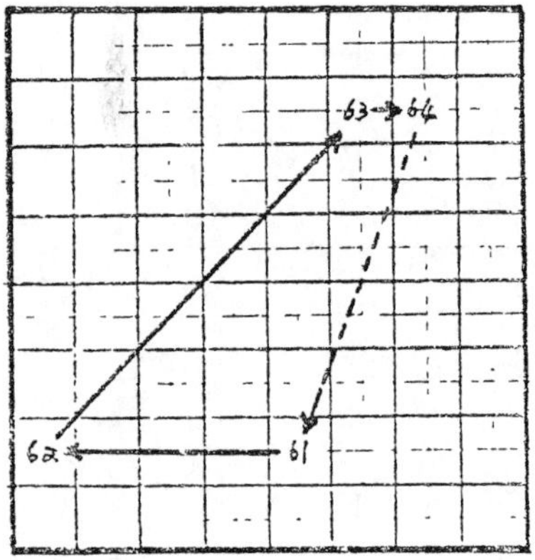
63
64
62
61

奇方陣似乎均與天文有關，茲以五五方陣為例，五五方陣可以排列如圖十五所示，其各行各列及各對角線之値均為六十五，茲將此方陣之二十五數均分為五組，則其第一、第二及第四、第五各組之五數均依順序排列成五角星形，而其中央一組則依順序排列成一螺旋狀星雲形，如圖十六所示。

七七方陣亦復如是，如圖十七所示，其各行各列及各對角線之値均為一百七十五，若將此方陣之四十九數均分為七組，則其第一、第二、第三及第五、第六、第七各組中之七數均依順序排列成七角星形，而其中央一組則依順序排列成螺旋狀之星雲形，如圖十八所示（第五、第六、第七組之分佈情形順次與第三、第二、第一各組相似，圖中未予繪出）。其他各高級奇方陣莫不具此特性。

圖十五、洛書五五方陣

9	18	25	2	11
16	5	7	14	23
22	6	13	20	4
3	12	19	21	10
15	24	1	8	17

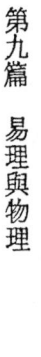

（乙）

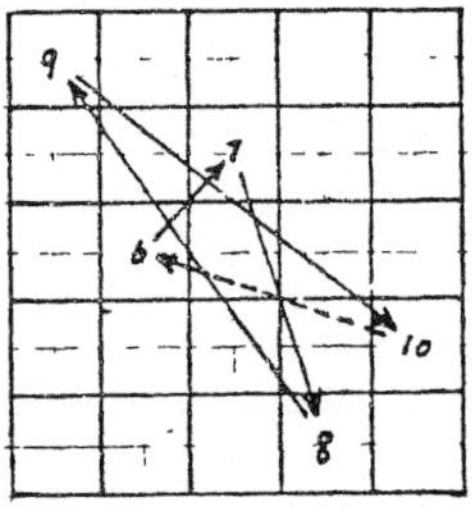

（丁）

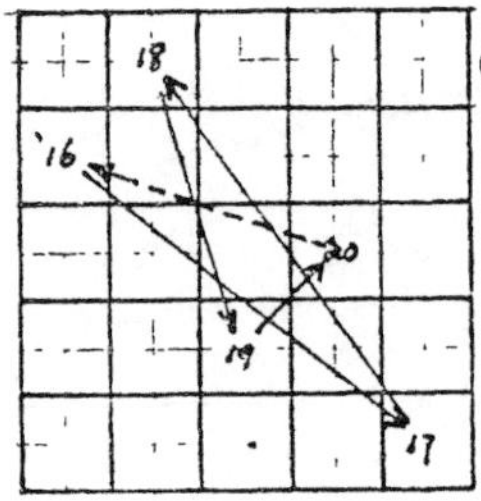

圖十六、五五方陣之解析

（甲）

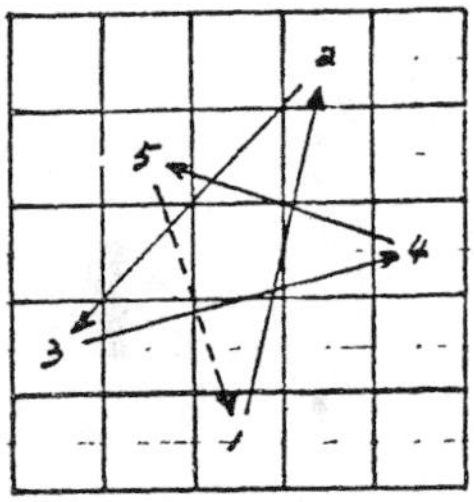

（丙）

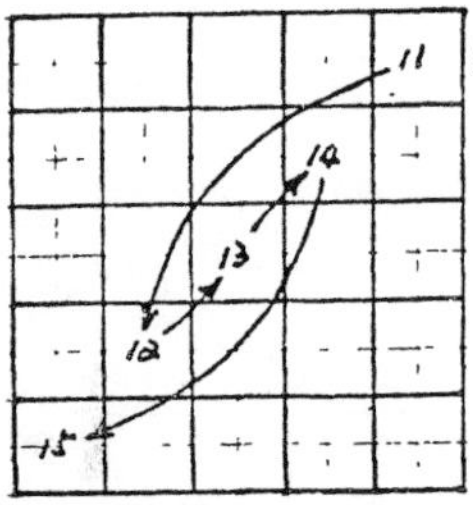

（戊）

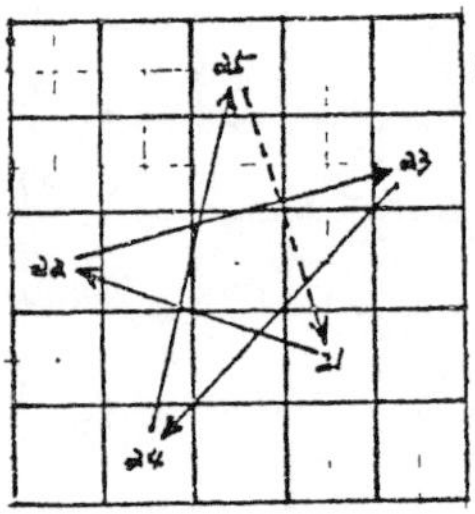

圖六、七七方陣之解析

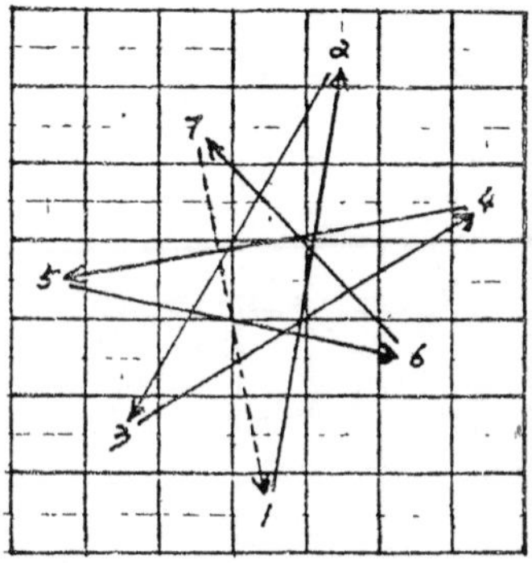

（甲）

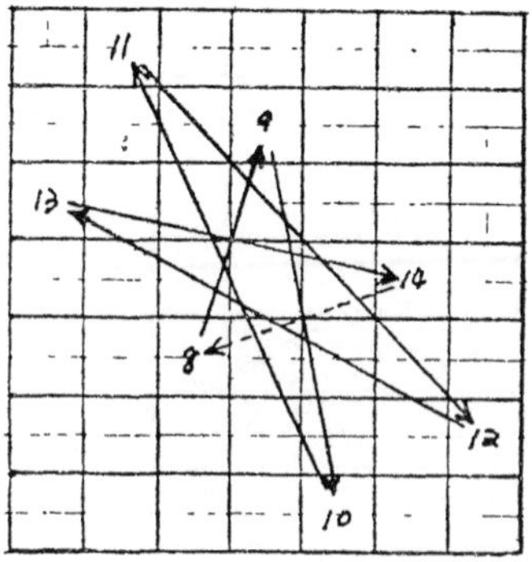

（乙）

圖七、洛書七七方陣

22	11	40	49	2	31	20
38	27	7	9	18	47	29
13	44	24	33	42	15	4
5	36	16	25	34	14	45
46	25	8	17	26	6	37
21	3	32	41	43	23	12
30	19	48	1	10	39	28

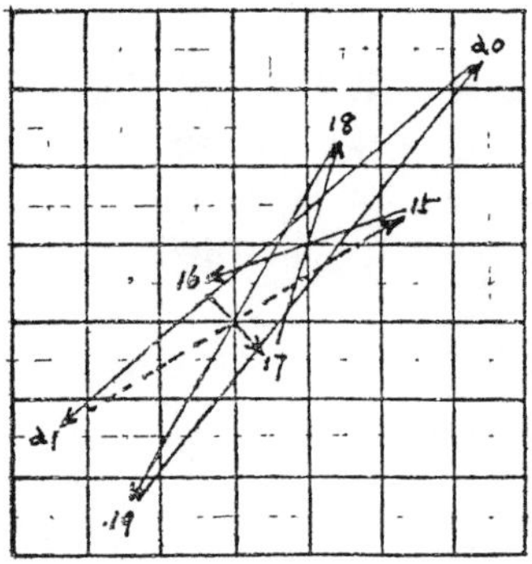

（丙）

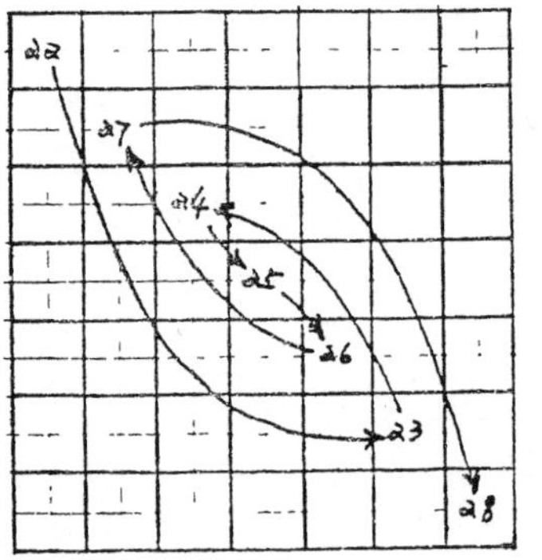

（丁）

肆、結論

易學與哲學關係之密切，自不待言，國人鑽研而大力闡揚者，頗不乏人；且中國數千年哲學思想模式之發展與演變，迄無逾越易學之範疇者。至於易學與科學之關係究竟如何，則猶待今後之爲科學且熱衷於易學者之共同努力也。本文之作，承程惠波教授在物理方面提供之寶貴意見良多，特致謝忱！

註解

（註一）古本易經多無「天」字。

（註二）或謂，易有夏易（連山）、商易（歸藏）、周易；周易者，乃指周代所興之易。

（註三）天象即自然現象。

（註四）天理即自然定律。

（註五）近代數學中 a 與 b 之排列順序由左而右，八卦中 ⚊ 與 ⚋ 之排列順序乃由下而上。

參考文獻

一、朱熹注：周易本義
二、江愼修：河洛精蘊
三、黎凱旋：易數淺說
四、薛學潛：易經數理科學講義（原名超相對論）

（本文作者中國文化大學物理系蕭冬然教授）

第十篇　易經之軍事思想

第十篇　易經之軍事思想

●倪岱峯●

壹、緒論

易繫辭上傳曰：「夫易廣矣大矣，以言乎遠則不禦，以言乎邇則靜而正，以言乎天地之間則備矣。」下傳曰：「易之爲書也，廣大悉備，有天道焉，有人道焉，有地道焉。」故易乃包羅萬象，綜合一切哲學、科學、自然、人文之基本原理，而爲我國傳統文化中學術思想根源之所在。歷代對之研究註釋，亦較他書爲多，宋王應麟於困學紀聞中有曰：「迂齋（樓昉號，乃呂東萊弟子）講易，謂伏羲未作易之前，天下之人無非易，伏羲既作易之後，天下之萬事無非易。」又策問謂：「种名逸以易學名，而其後世衡至師道，累葉爲名將，郭逵以將帥顯，而其後秉山（郭忠孝號）、白雲（郭雍號）皆明易，蓋易之爲書，兵法盡備，其理一也。」然而易經中之兵法安在，其說未詳，明丘濬在大學衍義補中，總論威武之道，有師、比、謙、豫、夬、萃六卦，器械之科，有暌、離二卦，征討綏和之義，有既濟等，共九卦。清陳夢雷於古今圖書集成戎政典戎政總論中，有蒙、師、泰、謙、豫、復、離、晉、萃、旣濟、未濟等，共十一卦，多引唐孔穎達，及宋程頤、朱熹之註解，雖將易卦納入兵學範圍，然其釋義仍與兵學諸多扞格之處，以致易經之兵學，二千年來黯而不彰，乃不揣譾陋，依現代軍事學觀點，運用現行之軍事術語，將易經中之軍事思想，基於卦爻中有關軍事之言辭，以其眞解法予以演繹，俾能對之有一系統而清晰之概念，並以就正於方家。

貳、易經中軍語之釋義

㈠戰：說文：「鬥也。」左傳莊公十一年，敵未陣曰敗某師，皆陣曰戰。杜預註曰：「堅而有備，各得其所，成敗決于志力者也。」現代軍語釋爲會戰，乃軍團或獨立軍以上大部隊，與敵遂行之決戰。

㈡伐：左傳莊公二十九年，凡師有鐘鼓曰伐，無曰侵，輕曰襲，孔穎達疏曰：「鳴鼓以聲其過曰伐，寢鐘鼓以入其境曰侵，掩其不備曰襲，此所以別與師用兵之狀也。」現代軍語釋爲正規作戰，乃運用傳統攻守作戰手段與方式所進行之作戰。

(三)寇：說文：「暴也。」左傳文公十年，兵作於內爲亂，於外爲寇，寇猶及人，亂自及也。現代軍語無相當之名詞，略似入侵作戰。

(四)征：孟子曰：「征者，上伐下也。」現代軍語無相當名詞，略似討逆平亂作戰。

(五)禦：拒也。現代軍語釋爲防禦，乃拒止、消耗，或摧毀敵之攻擊，其着眼在依地形之利用、工事設施，與戰鬥準備之週到，以加强戰力，並以大力及逆襲擊滅敵人，確保防禦地區，以利全般作戰爲目的。

(六)師：說文：「二千五百人爲師。」王弼註曰：「師，兵衆也。」現代軍語釋爲軍隊。

(七)戎：說文：「兵也。」現代軍語釋爲軍事，或軍人。

叁、易經中含有軍語之卦爻

(一)坤：上六。龍戰于野，其血玄黃，象曰：「龍戰于野，其道窮也。」文言曰：「陰疑於陽必戰，爲其嫌於无陽也，故稱龍焉。猶未離其類也，故稱血焉。夫玄黃者，天地之雜也，天玄而地黃。」

(二)屯：元亨，利貞，勿用有攸往，利建侯、象曰：「屯，剛柔始交而難生，動乎險中，大亨貞，雷雨之動滿盈，天造草昧，宜建侯而不寧。」
初九。磐桓，利居貞，利建侯。象曰：「雖磐桓，志行正也，以貴下賤，大得民也。」
六二。屯如邅如，乘馬班如，匪寇，婚媾，女子貞不字，十年乃字。彖曰：「六二之難，乘剛也，十年乃字，反常也。」

㈢蒙：上九。擊蒙，不利爲寇，利禦寇。象曰：「利用禦寇，上下順也。」

㈣需：九三。需于泥，致寇至。象曰：「需于泥，災在外也，自我致寇，敬愼不敗也。」

㈤師：貞，丈人，吉，无咎，彖曰：「師，衆也，貞，正也，能以衆正，可以王矣。剛中而應，行險而順，以此毒天下，而民從之，吉又何咎矣。」象曰：「地中有水，師，君子以容民畜衆。」
初六。師出以律，否臧凶。象曰：「師出以律，失律凶也。」
九二。在師中，吉，无咎，王三錫命。象曰：「在師中吉，承天寵也，王三錫命，懷萬邦也。」
六三。師或輿尸，凶。象曰：「師或輿尸，大无功也。」

六四，師左次，无咎。象曰：「左次无咎，未失常也。」

六五。田有禽，利執言，无咎，長子帥師，弟子輿尸，貞凶。象曰：「長子帥師，以中行也，弟子輿尸，使不當也。」

上六。大君有命，開國承家，小人勿用。象曰：「大君有命，以正功也，小人勿用，必亂邦也。」

(六)小畜：上九。既雨既處。尚德載，婦貞厲，月幾望，君子征凶。象曰：「既雨既處，德積載也，君子征凶，有所疑也。」

(七)履：六三。眇能視，跛能履，履虎尾，咥人凶，武人爲于大君。象曰：「眇能視，不足以有明也，跛能履，不足以與行也，咥人之凶，位不當也，武人爲于大君，志剛也。」

(八)泰：初九。拔茅茹以其彙，征吉。象曰：「拔茅征吉，志在外也。」

上六。城復于隍，勿用師，自邑告命，貞吝。象曰：「城復于隍，其命亂也。」

(九)同人：九三。伏戎于莽，升其高陵，三歲不興。象曰：「伏戎于莽，敵剛也，三歲不興，安行也。」

九四。乘其墉，弗克攻，吉，象曰：「乘其墉，義弗克也，其吉，則困而反則也。」

九五。同人先號咷而後笑，大師克相遇，象曰：「同人之先，以中直也，大師相遇，言相克也。」

㈩謙：六五。不富以其鄰，利用侵伐，无不利。象曰：「利用侵伐，征不服也。」上六。鳴謙，利用行師，征邑國。象曰：「鳴謙，志未得也，可用行師，征邑國也。」

(十一)豫：利建侯行師。彖曰：「豫，剛應而志行，順以動。豫，豫順以動，故天地如之，而況建侯行師乎。天地以順動，故日月不過而四時不忒。聖人以順動，則刑罰清而民服，豫之時義大矣哉。」

(十二)復：上六。迷復，凶，有災眚，用行師，終有大敗，以其國君凶，至于十年不克征。象曰：「迷復之凶，反君道也。」

(十三)頤：六二。顚頤拂經，于丘頤，征凶。象曰：「六二征凶，行失類也。」

(十四)習坎：有孚，維心亨，行有尙。彖曰：「習坎，重險也，水流而不盈，行險而不失其信，維心亨，乃以剛中也，行有尙，往有功也。天險，不可升也，地險，山川丘陵也，王公設險以守其國，險之時用大矣哉。」象曰：「水洊至，習坎，君子以常德行，習教事。」

(十五)離：上九。王用出征，有嘉折首，獲匪其醜，无咎。象曰：「王用出征，以正邦也。」

(十六)大壯：初九。壯于趾，征凶，有孚。象曰：「壯于趾，其孚窮也。」

(十七)晉：上九。晉其角，維用伐邑，厲吉，无咎，貞吝。象曰：「維用伐邑，道未光也。」

(十八)睽：上九。睽孤，見豕負塗，載鬼一車，先張之弧，後說之弧，匪寇，婚媾，往遇雨則吉，象曰：「遇雨之吉，群疑亡也。」

(十九)解：六三。負且乘，致寇至，貞吝。象曰：「負且乘，亦可醜也，自我致戎，又誰咎也。」

(二十)損：九二。利貞，征凶，弗損益之。象曰：「利貞，中以爲志也。」

(二十一)夬：揚于王庭，孚號有厲，告自邑，不利卽戎，利有攸往。象曰：「夬，決也，剛決柔也。健而說，決而和，揚于王庭，柔乘五剛也。孚號有厲，其危乃光也。告自邑，不利卽戎，所尚乃窮也，利有攸往，剛長乃終也。」九二。惕號，莫夜有戎，勿恤。象曰：「有戎勿恤，得中道也。」

㉜萃：象曰：「澤上於地，萃，君子以除戎器，戒不虞。」

㉝升：元亨，用見大人，勿恤，南征吉。象曰：「柔以時升，巽而順，剛中而應，是以大亨。用見大人，勿恤，有慶也，南征吉，志行也。」

㉞困：九二。困於酒食，朱紱方來，利用享祀，征凶，无咎。象曰：「困于酒食，中有慶也。」

㉟革：六二。巳日乃革之，征吉，无咎。象曰：「巳日革之，行有嘉也。」

九三。征凶，貞厲，革言三就，有孚。象曰：「革言三就，又何之矣。」

上六。君子豹變，小人革面，征凶，居貞吉。象曰：「君子豹變，其文蔚也，小人革面，順以從君也。」

㊱震：上六。震索索，視矍矍，征凶，震不于其躬，于其鄰，无咎，婚媾有言。象曰：「震索索，中未得也，雖凶无咎，畏鄰戒也。」

㊲漸：九三。鴻漸于陸，夫征不復，婦孕不育，凶，利禦寇，象曰：「夫征不復，離群醜也，婦孕不育，失其道也，利用禦寇，順相保也。」

㊳歸妹：征凶，无攸利。彖曰：「歸妹，天地之大義也，天地不交而萬物不興。歸妹，人之終始也，說以動，所歸妹也，征凶，位不當也，无攸利，柔乘剛也。」

初九。歸妹以娣，跛能履，征吉。象曰：「歸妹以娣，以恒也，跛能履吉，相承也。」

㉙巽：初六。進退，利武人之貞。象曰：「進退，志疑也，利武人之貞，志治也。」

㉚中孚：六三。得敵，或鼓或罷，或泣或歌。象曰：「或鼓或罷，位不當也。」

㉛既濟：九三。高宗伐鬼方，三年克之，小人勿用。象曰：「三年克之，憊也。」

㉜未濟：六三。未濟，征凶，利涉大川。象曰：「未濟征凶，位不當也。」九四。貞吉，悔亡，震用伐鬼方，三年有賞于大國。象曰：「貞吉悔亡，志行也。」

以上共三十二卦，上經十五卦，下經十七卦，在六十四卦中之比例爲二分之一，適居其半數，足見軍事在易經中之重要性。

肆、就軍事觀點直解易經中含有軍語之卦爻

㈠坤：上六。龍戰于野，其血玄黃。註疏曰：「陰盛之極，至與陽爭，兩敗俱傷。」乾陽坤陰，陽健坤順，陽剛坤柔，在軍事上爲乾攻而坤防，克勞塞維茨在戰爭論中，對防禦之眞義有曰：「所謂防，是說抵抗敵之攻擊，要對敵之攻擊加

以抵抗，卽當先起戰鬥，所以防禦一般的性質是待敵，而防禦的動作是抵抗。」此爻顯示防禦時，最後由於攻者之接近主陣地而惹起戰鬥，形成互有傷亡。

㈡屯：元亨，利貞，勿用有攸往，利建侯。註疏曰：「勿用有攸往，利建侯者，以其屯難之世，世道初創，其物未寧，故宜利建侯以寧之。」此卦之卦辭中雖無軍語，惟建侯之義，在周初含有建軍之思想，故其意爲局勢混沌之時，欲期革命開國，宜以建軍爲先務。

初九。磐桓，利居貞，利建侯，註疏曰：「處屯之初，動卽難生，故磐桓也，不可進，唯宜利居處貞正，亦宜建立諸侯。」意爲當革命建國之初期，所遇之阻力甚大，宜先鞏固團結，培育幹部，以建立革命武力。

六二。屯如邅如，乘馬班如，匪寇，婚媾，女子貞不字，十年乃字。註疏曰：「正道未通，故班旋而不進。」意爲建軍伊始，由於人員、物資、經費等之籌措匪易，如徘徊遲疑，則建軍進度緩慢。

㈢蒙：上九。擊蒙，不利爲寇，利禦寇，註疏曰：「處蒙之終，以剛居上，能擊去衆陰之蒙，合上下之願，故莫不順從也。若因物之來，卽欲取之而爲寇害，物皆叛矣，故不利爲寇也，若物從外來，爲之扞禦，則物咸附之，故利用禦寇也。

」意爲當革命形勢尚屬蒙昧之際，雖有漸趨明朗之機，然在戰略上，以暫取守勢較爲穩固。而不宜卽採戰略攻勢。

(四)需：九三。需于泥，致寇至。註疏曰：「泥者，水傍之地。泥溺之處，逼近於難，欲進其道，難必審己，故致寇至。」意爲國防上有所經營，如迫近戰略要衝，易招致敵人之入侵而引起爭奪。

(五)師：貞，丈人，吉，无咎。註疏曰：「師衆，貞正也，丈人謂嚴莊尊重之人，唯得嚴莊丈人監臨主領，乃得吉，无咎。」師卦諸爻均屬軍事範圍，卦辭首揭建軍與用兵，其成敗吉凶，繫於領導者之德能，故千軍易得，一將難求。

初六。師出以律，否臧凶。註疏曰：「出師之道，當謹其始，以律則吉，不臧則凶。」意爲軍紀乃軍隊之命脈，戰力之基礎。

九二。在師中，吉，无咎，王三錫命。註疏曰：「以剛居中而應乎上，是在師中吉也，王三錫命，以其有功，意爲軍中若具有軍紀之要素三信心，能信仰上官，信仰部下，又能自信負責盡職，必能發揮軍紀效力而戰無不勝。

六三。師或輿尸，凶。註疏曰：「師徒撓敗，輿尸而歸。」意爲軍中如無嚴肅之軍紀，必難發揮戰力而終遭挫敗。

六四。師左次，无咎，註疏曰：「左次謂退舍也，知難而退，師之常也。」意爲作戰時，遇敵强難克，如能適時作戰略轉進，尚不致喪師失利。

六五。田有禽，利執言，无咎，長子帥師，弟子輿尸，貞凶。註疏曰：「禽之犯苗，則可獵取，叛人亂國，則可糾之，可以執此言往問之，无咎。若使君子任事，而又使小人參之，則是使之輿尸而歸，故雖貞而不免於凶。」意爲縱屬師出有名，作戰目標正確，然軍中指揮組織不健全，人員任用不當，仍難掌握戰機，發揮戰力。

上六。大君有命，開國承家，小人勿用，註疏曰：「師之終，順之極，論功行賞之時也，然小人雖有功，亦不可使之得有爵土。」意爲軍中勳獎，有制可循，不可徇私逾越。

㈥小畜：上九。既雨既處，尚德載，婦貞厲，月幾望，君子征凶。註疏曰：「畜極而成，陰陽和實，故爲既雨既處之象，陰加於陽，故雖正亦厲，然陰既盛而抗陽，則君子不可以有行矣。」意爲軍隊戰力初畜有成，已能擔任次要之作戰任務，此際尤須積德於衆，切戒驕盈，如輕舉躁進，則不免於凶敗。

㈦履：六三。眇能視，跛能履，履虎尾，咥人凶，武人爲于大君。註疏曰：「武人爲于大君者，行此威武加陵于人，欲自爲于大君，以六三之微，欲行九五之志，頑愚之甚。」意爲兵凶戰危，如欲興師動衆，發起戰爭，必須將敵我之戰力，先予詳校，不宜輕舉妄動，僨而敗事。

(八)泰：初九。拔茅茹以其彙，征吉。註疏曰：「茅之爲物，拔其根而相牽引。彙者，類也，以類相從，征吉。」意爲軍中人事，如能保擧賢才，則群賢畢至，如此軍隊得人，戰力必强。

上六。城復于隍，勿用師，自邑告命，貞吝。註疏曰：「隍者，城下地也，城之爲體，由基土陪扶乃得爲城，今下不陪扶，則損壞以此崩倒，反覆于隍，猶君之爲體，由臣之輔翼，今上下不交，臣不扶君，君道傾危，故云城復于隍。」意爲當軍心動搖之際，應先求安定內部，不宜立卽參予作戰。

(九)同人：九三。伏戎于莽，升其高陵，三歲不興。註疏曰：「九五剛健，九三力不能敵，故伏潛兵戎於草莽之中。升其高陵，三歲不興者，唯升高陵以望前敵，量斯勢也，縱令更經三歲，亦不能升起也。」意爲伏擊作戰有進伏、誘伏、待伏之分，如探於叢草地區待伏，將觀測所設置於附近高地，敵如警覺性高而不進入伏擊地區，則終難有所斬獲。

九四。乘其墉，弗克攻，吉。註疏曰：「乘其墉者，履非其位，弗克攻者，違義喪理，衆所不與，雖復乘墉，不能攻克也。」意為在城鎮作戰中，登牆踰垣，對敵實施正向攻擊，如難以攻克敵之堅固據點，則以實施迂迴、包圍，較為有利。

九五。同人先號咷而後笑，大師克相遇。註疏曰：「體柔居中，衆之所與，執剛用直，衆所未從，故近隔乎二剛，未獲厥志，是以先號咷也。居中處尊，戰必克勝，故後笑也。不能使物自歸而用其強直，必須大師克之然後相遇也。」意為兩或數國間，均有聯盟作戰之需要，然戰略目標未必盡合，然於軍事作戰發起後，終能在基于共同利益之目標下趨於一致。

(十)謙：六五。不富以其鄰，利用侵伐，无不利。註疏曰：「以柔居尊，在上而能謙者也，故為不富而能以其鄰之象，蓋從之者衆矣，猶有未服者，則利以征之。」意為一國之為政能深得民心，因而得道多助，如此對橫暴之敵國使用武力，無不有利。

上六。鳴謙，利用行師，征邑國。註疏曰：「謙極有聞，人之所與，故可用行師，然以其質柔而无位，故可以征己之邑國而已。」意為一國之政略得計，然在戰略上尚未處於有利形勢，故僅能使用武力於內部之討逆平亂作戰。

(十)豫：利建侯行師。註疏曰：「和順而動，動不違衆，衆皆悅豫，故利建侯也。以順而動，不加無罪，故以行師也。」意爲建軍與用兵最適切之時機，乃當國家之政治措施，足使全國國民均能安和樂利，對政府具有充分之向心力。

(十二)復：上六。迷復，凶，有災眚，用行師，終有大敗，以其國君凶，至于十年不克征，註疏曰：「以迷求復，故曰迷復也。用之行師，難用有克也，終必大敗，用之於國，則反乎君道也，大敗乃復量斯勢也，雖復十年修之，猶未能征也。」意爲一國已飽經憂患，而漸露生機，然內部仍有蠢蠢欲動之奸佞，此際如運用武力，必遭凶險而陷入長期戰爭。

(十三)頤：六二，顛頤拂經，于丘頤，征凶。註疏曰：「顛，倒也，拂，違也，經，義也，丘，所履之常處也，不奉于上，而反養于下，是違此經義於常處。」意爲國防力量，如不求自力更生，而依賴外援，或軍中後勤，不循正常系統申請補給，而逕自徵購於民，則難以保持持續戰力。

(十四)習坎：有孚，維心亨，行有尚。彖曰：「習坎，重險也，水流而不盈，行險而不失其信，維心亨，乃以剛中也，行有尚，往有功也。天險，不可升也，地險，山川丘陵也，王公設險以守其國，險之時用大矣哉。」象曰：「水洊至，習坎，君子以常德行，習教事。」註疏曰：「坎是險陷之名，習者，便習之義，險難之事，非經便習不可以行，故須使習於坎，事乃得用。」意爲軍事乃一凶險之事，必須於平時勤嚴訓練以增强戰力，並運用有利之地勢，以妨碍敵軍之入侵。

㈤離：上九。王用出征，有嘉折首，獲匪其醜，无咎。註疏曰：「處離之極，離道旣成，物皆親附，當去其非類以除民害，故王用出征也。」意爲戰爭目的在使敵人屈從我之意志，如在戰略攻勢中，能誅其首要，而宥其脅從，卽可達成任務。

㈥大壯：初九。壯于趾，征凶，有孚。註疏曰：「在下用壯，陵犯於物，以斯而行，凶其信矣。」意爲軍中之士氣，要在蓄、養、節、宣之得宜，當其初盛，尚非作戰之有利時機。

㈦晉：上九。晉其角，維用伐邑，厲吉，无咎，貞吝。註疏曰：「處進之極，猶日過於中，不能使物自服，必須攻伐其邑，然後服之。」意爲軍隊戰力，或軍中士氣，已屆高昂之時，及鋒而試，足以戰勝攻取。

(十八)睽：上九。睽孤，見豕負塗，載鬼一車，先張之弧，後說之弧，匪寇，婚媾，往遇雨則吉。註疏曰：「處睽之極，睽道未通，故曰睽孤。豕失負塗，穢莫過焉，見鬼盈車，吁可怪也。張弧，欲射之也，說弧，疑消釋也。匪寇，婚媾，知其匪寇而實親也，往遇雨則吉，疑盡釋而睽合也。」意爲軍中領導統御，雖其成員份子複雜，若能啓發團隊精神，將可團結一致而衆志成城。

(十九)解：六三。負且乘，致寇至，貞吝。註疏曰：「在車騎之上負物，盜寇知其非己所有，於是競欲奪之。」意爲作戰時在敵前暴露弱點，敵必乘隙而進。

(二十)損：九二。利貞，征凶，弗損益之。註疏曰：「損，減省也，九二剛中，志在自守，不宜損下益上。」意爲軍隊數量，乃依據作戰任務之需要而編配，當情勢必需之際，不宜整編裁員，自損戰力，又如軍隊補給之節約，宜斟酌當時之戰況緩急而定，不宜苛細減省，影響戰力。

(二十一)夬：揚于王庭，孚號有厲，告自邑，不利卽戎，利有攸往，註疏曰：「夬，決也，君子決小人也。揚于王庭者，明行決斷之法。孚號有厲者，號令也，以剛制斷，行令於邑可也，若卽戎尚力取勝，爲物所疾，以此用師，必有不利。」意爲軍中人事任用與獎懲，必須本公正、公平、公開之原則，若所屬有過，應明令責罰，不宜訴諸暴力。

九二。惕號，莫夜有戎，勿恤。註疏曰：「雖有惕懼呼號，謂夜間有戎卒來害，然能不惑不憂，故勿恤也。」意爲指揮官在戰場上應鎮定從容，部署週密，縱有敵軍夜襲之慮，亦可應付裕如。

(三二)萃：象曰：「澤上於地，萃，君子以除戎器，戒不虞。」註疏曰：「萃，聚也，人既聚會，不可無防備，故君子於此時修治戎器以戒備不虞也。」意爲國防力量之增强，以發展製造新武器爲優先。

(三三)升：元亨，用見大人，勿恤，南征吉。註疏曰：「升者，登上也，得大通，故曰元亨，用見大德之人乃得無憂，南征，前進也。」按周文王封爲西伯，其政治與軍事之基地，在今之陝西省中部地區，故其軍事發展之主作戰方面爲東方，而南方爲其右側翼，屬於支作戰方面，意爲當戰力漸增，戰略形勢日趨改善之際，以先對支作戰方面發動攻勢，鞏固側背之安全較爲有利。

(三四)困：九二，困于酒食，朱紱方來，利用享祀，征凶，无咎。註疏曰：「酒食，人之所欲，然醉飽過宜，則是反爲所困焉。」意爲在攻勢作戰時，將優勢發揮至最高點之際，形勢即爲之轉變，故宜適時中止攻勢，確保既獲之戰果。

㈤革：六二。巳日乃革之，征吉，无咎。註疏曰：「革，變革也。六二柔順中正，而爲文明之主，有應於上，於是可以革矣，然必巳日而革之，則征吉而无咎。」意爲作戰時如能窺破戰機在適當之時機以調整部署，則對攻勢（擊）之進展有利。

九三。征凶，貞厲，革言三就，有孚。註疏曰：「過則不中，征之非道，則正之危也，如能誠實不虛，自無不利。」意爲在作戰時如判斷錯誤，行動失策，而仍能保持不敗者，乃由於部隊戰力尚强，且指揮官領導有方，誠信素著之故。

上六。君子豹變，小人革面，征凶，居貞吉。註疏曰：「居變之終，變道已成，君子處之，能成其文，小人樂成，則變面以順上，宜守靜守正，有所征則凶。」意爲指揮官在戰場上，基於情勢變化而適時調整部署，部隊各就配置，初宜於集結地區整備戰力，不宜立卽發起攻擊。

㈥震：上六。震索索，視矍矍，征凶，震不于其躬，于其鄰，无咎，婚媾有言。註疏曰：「居震之極，求中未得，故懼而索索，視而矍矍，無所安親也，故征而凶，若未及己身，卽于鄰近戒備，尚無不利。」意爲當部隊接敵運動至展開之前，爲顧慮敵軍不意之襲擊，宜派出搜索警戒部隊，以掩護主力之安全。

㊼漸：九三。鴻漸于陸，夫征不復，婦孕不育，凶，利禦寇，註疏曰：「鴻，水鳥，陸非所安也，夫征而不反，婦孕而不育，乃凶之道，異體合好，順而相保，物莫能間，故利禦寇。」意爲當部隊初動時向目標地區前進，由於敵情不明而作廣正面之搜索，使主力縱隊於行進間能獲得掩護。

㊽歸妹：征凶，无攸利，註疏曰：「歸妹猶嫁妹也，此卦以妹從姊而嫁，須自守卑道，若進求寵，則有並后凶咎之敗。」意爲在軍事指揮系統中，有配屬或支援之單位，應以共同達成任務爲目標，受所配屬或被支援單位之節制。

初九。歸妹以娣，跛能履，征吉，註疏曰：「妹繼姊爲娣，雖非正配，不失常道，猶跛人之足，雖不正，不廢能履，故行則吉。」意爲軍事指揮系統中之配屬部隊，初期通常擔任次要之任務，如因狀況需要，適時投入以擴張戰果，亦能發揮戰力。

㊾巽：初六。進退，利武人之貞。註疏曰：「處令之初，法未宣著，不能自決，心懷進退，未能從令，宜用武人之正以整齊之。」意爲當作戰狀況處於進退維谷之時，指揮官應洞察全般，堅定決心，不爲局部所惑。

(三十)中孚：六三。得敵，或鼓或罷，或泣或歌。註疏曰：「信發於中，謂之中孚，而位不相當則爲敵，不量其力，進退無恒，憊可知也。」意爲派遣諜報人員深入敵後，獲知敵軍有進、有止、有喜、有悲，情況混亂，士氣不振。

(三十一)既濟：九三。高宗伐鬼方，三年克之，小人勿用。註疏曰：「殷高宗德實文明，而勢甚衰憊，不能卽勝，三年乃克，君子處之，能建功立德，小人居之，日就危亂而喪邦也。」意爲攻勢作戰在戰略指導上，以採速決殲滅爲宜，若曠日持久，逐次使用兵力，將師老兵疲，尤以拙劣之戰場指揮官，可陷軍隊於危敗。

(三十二)未濟：六三。未濟，征凶，利涉大川。註疏曰：「以不正之身，力不能自濟而求進，必喪其身也，若能棄己委二，則沒溺可免。」意爲當渡河作戰時，應在未渡河之前盡量秘密部隊行動，採奇襲渡河，不得已而須强行渡河時，宜以主力攻佔橋頭堡，以利後續攻擊。

九四。貞吉，悔亡，震用伐鬼方，三年有賞于大國。註疏曰：「居文明之初，以剛健之質接近至尊，志行其正，正則貞吉而悔亡，正志旣行，故震發威怒以伐鬼方，然其德未盛，不能卽勝，故曰三年也，旣克而還，必得百里大國之賞。」意爲當緒戰初起，若情況有利時，應即將主力投入戰鬥，縱遇敵之激烈抵抗，終能獲致決戰之勝利。

以上卦辭八項，爻辭四十一項，內初爻六項，二爻七項，三爻十項，四爻三項，五爻三項，六爻十二項，卦爻共四十九項，其中三六兩爻較多，有兵凶戰危，不得已而用武之含意。

伍、易經中軍事思想體系之分析

易經中軍事思想體系分析表

區分	類別	卦爻原辭	軍事思想含義
	戰	1. 屯：元亨，利貞，勿用有攸往，利建侯。	建國必先建軍。
		2. 屯：初九。磐桓，利居貞，利建侯。	建軍必先培養幹部。

一		
力　整		
	3.屯：六二。屯如邅如，乘馬班如，匪寇，婚媾，女子貞不字，十年乃字。	確立建軍目標，一致努力以赴。
	4.需：九三。需于泥，致寇至。	國防重要資源及戰略要點之經營，應慎謀之。
	5.小畜：上九。旣雨旣處，尙德載，婦貞厲，月幾望，君子征凶。	戰力培養，須日就月將畜積而成。
	6.履：六三。眇能視，跛能履，履虎尾，咥人凶，武人爲于大君。	兵凶戰危，應愼戰於始。
	7.豫：利建侯行師。	以開明之政治措施作爲建軍之基礎。
	8.復：上六。迷復，凶，有災眚，用行師，終有大敗，以其國君凶，至于十年不克征。	戰爭目標不明，不知爲何而戰，軍事必遭凶敗。
	9.頤：六二。顚頤拂經，于丘頤，征凶。	國防力量以自力更生爲主，不宜徒恃外援。

		卦爻辭	說明
	備	10.大壯：初九。壯于趾，征凶，有孚。	軍隊戰力初壯，不宜操切用兵。
		11.損：九二。利貞，征凶，弗損益之。	當作戰任務需要之際，不宜整編裁員，自損戰力。
		12.萃：象曰：「澤上於地，萃君子以除戎器，戒不虞。」	國防力量之增强，以發展製造新武器爲優先。
二	領導	1.師：貞，丈人，吉，无咎。	千軍易得，一將難求，成敗利鈍，繫於主將德能。
		2.師：初六。師出以律，否臧凶。	軍紀爲軍隊之命脈，戰力之基礎。
		3.師：九二。在師中，吉，无咎，王三錫命。	軍紀之要素，爲信仰、信任、自信之三信心。
		4.師：六三，師或輿尸，凶。	軍紀敗壞之軍隊，臨戰必敗。
		5.師：上六。大君有命，開國承家，小人勿用。	軍中勳獎有制，不宜徇私弄權。

統	6.泰：初九，拔茅茹以其彙，征吉。	軍中人事能任用賢將，戰力必强。
	7.泰：上六，城復于隍，勿用師，自邑告命，貞吝。	軍心動搖之際，先求安定內部，不宜卽赴戰鬥。
	8.睽：上九，睽孤，見豕負塗，載鬼一車，先張之弧，後說之弧，匪寇，婚媾，往遇雨則吉。	啓發軍中團隊精神，將可增進團結，提振士氣。
御	9.夬：揚于王庭，孚號有厲，告自邑，不利卽戎，利有攸往。	軍中人事任用與獎懲，須本公正、公平、公開之原則。
	1.蒙：上九。擊蒙，不利爲寇，利禦寇。	敵情未明，以暫採守勢較爲穩固。
	2.師：六四。師左次，无咎。	主動轉進以爭取戰略上有利態勢，乃屬至當。
	3.師：六五。田有禽，利執言，无	雖戰略指導適當，然指揮組織不健

三		
戰略	咎，長子帥師，弟子輿尸，貞凶。	全，仍難克敵制勝。
	4. 同人：九五。同人先號咷而後笑，大師克相遇。	戰略上之外綫作戰，乃先分進而合擊之。
	5. 謙：六五，不富以其鄰，利用侵伐，无不利。	能與多數友邦實施聯盟作戰，乃有利之戰略形勢。
	6. 謙：上六，鳴謙，利用行師，征邑國。	欲求攘外，必先安內。
	7. 離：上九。王用出征，有嘉折首，獲匪其醜，无咎。	戰略攻勢中，主目標應指向敵之作戰策源地。
	8. 晉：上九。晉其角，維用伐邑，厲吉，无咎，貞吝。	軍隊戰力已臻顛峰之際，宜及鋒而試。
	9. 升：元亨，用見大人，勿恤，南征吉。	對主作戰方面發動戰略攻勢前，先求鞏固側背之安全。
	10. 困：九二。困于酒食，朱紱方來，利用享祀，征凶，无咎。	攻勢作戰到達頂點時，應中止攻勢，確保既得戰果。

11.革：六二。巳日乃革之，征吉，无咎。	窺破戰機，適切調整部署，以尋求有利態勢。
12.革：九三。征凶，貞厲，革言三就，有孚。	作戰時縱遇不利狀況，如戰力堅强，仍有勝算。
13.革：上六。君子豹變，小人革面，征凶，居貞吉。	作戰時當變更部署後，部隊先作整備以培養戰力。
14.既濟：九三，高宗伐鬼方，三年克之，小人勿用。	攻勢作戰以採戰略速決爲主。
1.坤：上六。龍戰于野，其血玄黃。	防禦時激烈之戰鬥，在主陣地附近發生。
2.同人：九三。伏戎于莽，升其高陵，三歲不興。	伏擊作戰採待伏方式，不如進伏與誘伏之有利。
3.同人：九四，乘其墉，弗克攻，吉。	城鎭戰鬥採正面攻擊，不如迂迴、包圍之有利。

四	戰術
4.習坎：彖曰：「王公設險以守其國。」	防禦時應充分藉地形之利，以妨碍敵之前進。
5.解：六三，負且乘，致寇至，貞吝。	過早暴露企圖，敵易乘隙而進。
6.夬：九二。惕號，莫夜有戎，勿恤。	警戒週密，可防止敵之夜襲。
7.震：上六。震索索，視矍矍，征凶，震不于其躬，于其鄰，无咎，婚媾有言。	當接敵運動時，應派遣搜索警戒部隊，以掩護主力之安全。
8.漸：九三。鴻漸于陸，夫征不復，婦孕不育，凶，利禦寇。	在敵情不明狀況下，部隊無論行進或停止，均應講求搜索警戒。
9.歸妹：征凶，无攸利。	對配屬及支援部隊之適切運用，有利任務之達成。
10.歸妹：初九。歸妹以娣，跛能履，征吉。	使用配屬部隊於次要方面，易於達成任務。

11.巽：初六。進退，利武人之貞。	情況混亂之際，指揮官尤應鎭定從容。
12.中孚：六三。得敵，或鼓或罷，或泣或歌。	偵蒐敵情，應深入敵軍內部。
13.未濟：六三。未濟，征凶，利涉大川。	渡河作戰以採奇襲爲宜，如必須强渡時，以主力攻佔橋頭堡爲宜。
14.未濟：九四。貞吉，悔亡，震用伐鬼方，三軍有賞于大國。	當諸戰有利時，宜將主力立卽投入戰鬥。

右表將軍事思想區分爲四類：一戰力整備，二領導統御，三戰略，四戰術，在卦爻四十九項中，以戰略與戰術共含二十八項，所佔比重較大。

陸、易經中軍事思想與孫吳兵法

我國軍事思想以孫子兵法與吳子兵法爲宗，太公六韜據後人考證，爲戰國中期以後之著作，較孫、吳兵法晚出，茲將易經中具有軍事思想之卦爻，與孫、吳兵法相通者，予以列擧如后：

㈠屯：元亨，利貞，勿用有攸往，利建侯。

吳子圖國篇：「昔之圖國家者，必先教百姓而親萬民。」

㈡蒙：上九。擊蒙，不利爲寇，利禦寇。

孫子形篇：「昔之善戰者，先爲不可勝，以待敵之可勝，…不可勝者，守也。」

㈢師：貞，丈人，吉，无咎。

孫子作戰篇：「故知兵之將，民之司命，國家安危之主也。」

㈣師：初六。師出以律，否臧凶。

孫子形篇：「善用兵者，修道而保法，故能爲勝敗之政。」

吳子治兵篇：「武侯問曰：『兵何以爲勝？』起對曰：『以治爲勝。』」

㈤師：六三。師或輿尸，凶。

孫子地形篇：「將弱不嚴，教道不明，吏卒無常，陳兵縱橫，曰亂。」

㈥履：六三。眇能視，跛能履，履虎尾，咥人凶，武人爲于大君。

孫子計篇：「兵者，國之大事，死生之地，存亡之道，不可不察也。」

㈦同人：九三。伏戎于莽，升其高陵，三歲不興。

孫子虛實篇：「故善戰者，致人而不致於人，能使敵人自至者，利之也。」

(八)同人：九四，乘其墉，弗克攻，吉。

孫子謀攻篇：「故善用兵者，屈人之兵而非戰也，拔人之城而非攻也。」

(九)豫：利建侯行師。

孫子計篇：「道者，令民與上同意也，故可與之死，可與之生，而民不畏危。」

吳子圖國篇：「是以有道之君，先和而造六軍。」

(十)復：上六。迷復，凶，有災眚，用行師，終有大敗，以其國君凶，至于十年不克征。

孫子謀攻篇：「故君之所以患於軍者三：不知軍之不可以進而謂之進，不知軍之不可以退而謂之退，是謂縻軍。不知三軍之事而同三軍之政者，則軍士惑矣，不知三軍之權而同三軍之任者，則軍士疑矣，三軍旣惑且疑，則諸侯之難至矣，是謂亂軍引勝。」

(十一)頤：六二。顚頤拂經，于丘頤，征凶。

孫子軍爭篇：「是故軍無輜重則亡，無糧食則亡，無委積則亡。」

(十二)萃：象曰：「澤上於地，萃，君子以除戎器，戒不虞。」

孫子九變篇：「故用兵之法，無恃其不來，恃吾有以待之。」

吳子圖國篇：「簡募良材，以備不虞。」

(十三)巽：初六。進退，利武人之貞。

孫子地形篇：「故知兵者，動而不迷，擧而不窮。」

吳子料敵篇：「見可而進，知難而退。」

(十四)中孚：六三。得敵，或鼓或罷，或泣或歌。

孫子用間篇：「凡軍之所欲擊，城之所欲攻，人之所欲殺，必先知其守將、左右、謁者、門者、舍人之姓名，令吾間必索知之。」

(十五)旣濟：九三。高宗伐鬼方，三年克之，小人勿用。

孫子作戰篇：「故兵聞拙速，未覩巧之久也，夫兵久而國利者，未之有也。」

吳子圖國篇：「故曰天下戰國，五勝者禍，四勝者弊，三勝者覇，二勝者王，一勝者帝，是以數勝得天下者稀，以亡者衆。」

(十六)未濟：六三。未濟，征凶，利涉大川。

孫子行軍篇：「絕水必遠水，客絕水而來，勿迎之於水內，令半濟而擊之利，欲戰者，無附水而迎客。」

右擧十六項，易經中軍事思想與孫子兵法相通者，計十五項，而與吳子兵法相通者，計七項，蓋因孫子兵法十三篇，包含戰力整備、領導統御、戰略、戰術等四類之全部，而吳子兵法六篇之範圍，以戰力整備與領導統御兩類爲主，至戰略與戰術兩類，則涉及者較少。

柒　結論

易經起自伏羲畫卦作易，至周文王於羑里，將伏羲六十四卦重加推演，並作卦辭，周公又作爻辭，孔子又作上下彖辭、上下象辭、文言、上下繫辭、說卦、序卦、雜卦等，謂之十翼。迨漢唐之間，註釋者甚衆，宋歐陽修著易童子問，對孔子所著繫辭、文言、說卦、序卦、雜卦等，頗有疑竇，葉適亦附和之，近人梁啓超在其古書眞僞及其年代中有謂：「我們應該把畫卦歸之上古，重卦及做卦辭、爻辭，歸之周初。彖辭、象辭暫歸之孔子。繫辭、文言，歸之戰國末年。說卦、序卦、雜卦，歸之戰國秦漢之間。」雖然易經之著者，由於年代久遠，難盡稽考，致後人疑之。但周禮太卜掌三代之易，已言明連山、歸藏、周易皆「六十四」卦。至於孔子作十翼，則史記、漢書等已言之甚詳矣。然其中軍事思想部份，乃以卦辭、爻辭爲主，著於周初，故應早於孫、吳兵法，而爲我國軍事思想之根源，殆屬無疑。而其內容足以涵蓋軍事思想之全部，堪稱之爲廣大悉備，亦必不虛也。

第十一篇　諸葛八陣圖的眞象

第十一篇　諸葛八陣圖的眞象

●黎凱旋●

壹、緒論

六十年九月廿二日，我曾在新生報發表過一篇漫談八陣圖的專文，曾把八陣圖的歷史、形狀、功用等，作了一番概略的分析和介紹。以後編印易數淺說一書，便把這篇專文收刊在第三編「八卦的體用」裏。

古代的八陣圖約有三種，卽兵家八陣圖、數學八陣圖和術家八陣圖。所謂兵家八陣圖，據兵略纂聞及太白陰經等說，是開始於四千六百多年前的黃帝「作八陣法，以破蚩尤」，並說「古之名將，知此法者，惟姜太公、孫武子、韓信、諸葛孔明、李靖諸人而已！」

姜太公、孫武子雖有兵書傳世，但並未提到八陣圖，倒是周禮中的二十八宿，已暗合八陣圖的形勢。孫武子的嗣孫鬼谷子門人孫臏，曾撰孫臏兵法一種，已在大陸出土，據說其中雖已提到八陣圖的八陣名稱，却未刊列陣圖的形狀。韓信、諸葛亮、李靖的八陣圖，除了史書的文字記載以外，在唐、宋前後的典籍裡，也並沒有具體的圖畫流傳。古書中眞正刊印有兵家八陣圖的圖畫和戰法的，據我多年來的探索，就只有明代版本的永樂大典和三才圖會兩書，可是現今全世界僅保存永樂大典三部，我們大都沒法見到。所幸三才圖會一書，十年前已由成文影印出版，書中的八陣圖有總圖一，分圖天覆陣、地載陣、風揚陣、雲垂陣、龍飛陣、虎翼陣、鳥翔陣、蛇蟠陣各一，共有九圖，而和兵略纂聞及太白陰經等所說的「天、地、風、雲、龍、虎、鳥、蛇八陣」之名稱相符。試刊印原圖及其原文，並就原文中有關易學文句，略作按語解釋。

貳、八陣圖總陣

〔原文〕凡推演八陣，始於隊伍，而成營陣。伍者，五行生成之數也。陣者，八卦之象也。游兵者，二十四氣之數也。所以五人爲伍，十伍爲隊，加五旗軍而五十有五，終於生成之數也。

〔黎按〕㈠「五行生成之數」是木→火→土→金→水。㈡「八卦之象」是唐李筌太白陰經所說的：「天陣居乾爲天門，地陣居坤爲地門，風陣居巽爲風門，雲陣居坎爲雲門，飛龍居震爲飛龍門，武翼（虎）居兌爲武翼門，鳥翔居離爲鳥翔門，蜿（蛇）

的旅。㈡「中成」相當於現今的軍。㈢「大成」相當於現今的集團軍或戰區。孔子說：「八卦而小成，引而申之……」中成、大成就是由小成引申而出。

〔原文〕其布列營陣，以將台左列四陣，右列四陣，分作兩層駐劄，而爲小將。左列四部，右列四部，亦分兩層，而爲中將。左列四將，右列四將，亦分兩層，而爲大將。其制陣以千人，可布六華陣，每面用六十步。以小成，三千五百二十人可布八陣，每面用一百二十步。以中成，二萬八千一百六十人，每面用六百步。以大成，二十二萬五千二百八十人，每面用一千二百步。其小成每隊相離十八步，中成每陣相離八十六步，大成每部相離一百七十二步。內餘數步者，加中軍而閏也。

〔黎按〕㈠「六華陣」又稱「六甲陣」或「六合陣」，天文星象有「六甲」，六六得三百六十步，以象一周天三百六十度，一周年三百六十天。㈡古代的「中軍」有兩種說法；一說相當於現今的參謀長，一說相當於現今的直屬部隊指揮官。㈢「餘數步……而爲閏」，語意出自孔子大衍數的「歸奇（餘）於扐以象閏」。

〔原文〕以天後衝四隊，東北、西北、風、雲各二隊，定作一號。以地後衝四隊，東北、西北、風、雲各兩隊，定作二號。以地軸、地後衝各二隊，定作三號。以地後軸四隊，左右後天衝各二隊，定作四號。以前地軸四隊，左右前天衝各二隊，定作

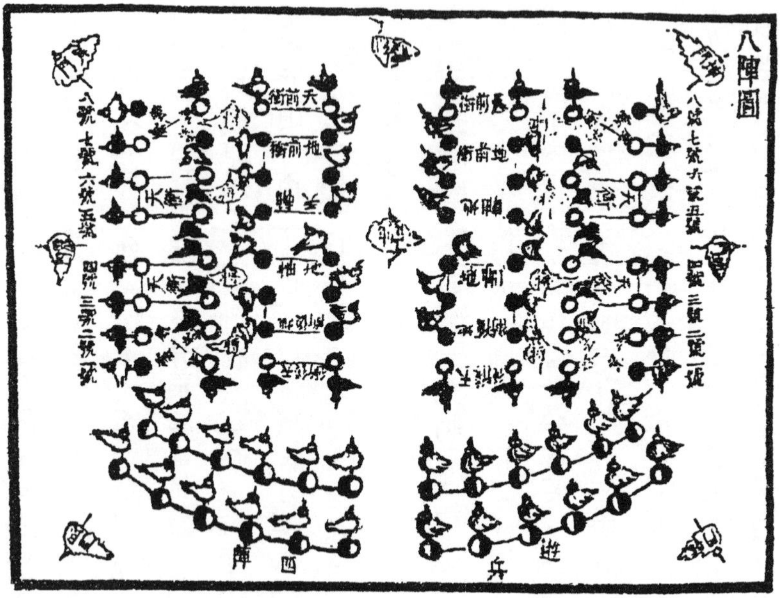

盤（蟠）居艮爲蚼盤門。」明體則用伏羲先天八卦，達用（明變）則用文王後天八卦。㈢「二十四氣」見中國曆法。㈣「五十有五」見孔子易繫辭傳「凡天地之數五十有五」，這裡是借喻「十伍」加「五旗」，合起來就是五十五數。

〔原文〕八隊爲一陣，有四百四十人；八陣爲一部，有三千五百二十人；而爲小成，可變兩陣也。八部爲一將，有二萬八千一百六十人，而爲中成，八陣齊可變也，終於六十四卦也。八將爲一軍，有二十二萬五千二百八十人，而爲大成。故韓信曰：「多多益善！」

〔黎按〕㈠「小成」語出孔子易繫辭傳「八卦而小成」，兵力相當於現今五號。以前地軸、地前衝各二隊，左右前天衝各二隊，定作六號。以地前衝四隊，東南、西南、風、雲各二隊，定作七號。以天前衝四隊，東南、西南、風、雲各二隊，定作八號。書於本隊旗上，布陣下營，不得錯亂。

〔黎按〕由以上各節原文，可知八陣圖完全是一種軍事哲學、軍事科學、軍事藝術的高度綜合運用，而並無任何神秘、玄虛之處。如果我們硬要說它神秘和玄虛，那也只是在它的「機密性」和「機動性」，令人莫測高深和莫知其變化而已！

〔原文〕聞中軍擧號，每陣皆間（去聲）隊一、二、五、六號先出，三十六步止，單戰擺開，戰畢，仍收作八陣，爲第一陣。二次擧號，三、四、七、八號出，過第一陣前三十六步止，單戰擺開，戰畢，仍收作八陣，爲第二陣。三次擧號，第一陣又間隊，每陣出五、六號，過第二陣前三十六步止，單戰擺開，戰畢，仍收入作八陣，爲第三陣。四次擧號，第二陣又間隊，每陣出七、八號，過第三陣前三十六步止，單戰擺開，戰畢，仍收作八陣，爲第四陣。次視中軍擧起火點鼓，每陣又間隊，一、三、五、七號不動，二、四、六、八號出，前行十八步止，天前衝四陣居前，天後衝四隊居後，風八陣居四維，雲八陣居四角，自然而成八陣之規也。

〔黎按〕上擧「車輪戰」式的攻擊戰法，卽今戰術上的「超越攻擊」，其陣法的嚴密，實超出了普通一般軍事學家的想像之外。

〔原文〕游兵二十四陣，分列兩哨，每哨十二陣，三陣定作一號，共作四號，分列兩層，進止、開闔、間隊，與八陣皆同。惟下營之際，掣環於後而伏之，持久固守，無外為八陣，取勝衝敵，全在乎遊兵。顧八陣者，正兵也；遊兵者，哨兵也。守五丈原，司馬懿受辱；攻祁山，張郃被馘。以正為奇，以奇為正，在人心運用之而已！

〔黎按〕原文所稱「取勝衝敵，全在乎遊兵」，可知這是一種正規戰和游擊戰的綜合運用。大抵是以正規戰的「超越攻擊」進行正面突破，而以游擊戰或運動戰迂迴敵人兩翼或敵後，進行攔腰截擊或包圍殲滅敵人。例如諸葛亮以八陣圖守五丈原，為「以守為攻」，而司馬懿不敢出戰；又攻祁山之役，為「以攻為守」，而張郃受戮。兵家的奇、正變化，實出自易道的陰、陽變化。

以上是按照八陣總圖的原文部份，逐段予以簡釋。在陣圖方面，顯然是和現今類似的一種大兵團兵棋推演及戰鬥演習。陣圖的形勢大致是：

㈠中央置將台及中軍。

㈡將台四周置六十四方陣，用黑白兩色的兵棋子及旗幟區分陰陽明暗，凡黑色的兵棋用白旗，白色的兵棋用黑旗，並標明六十四陣的名稱或番號，以符合易道陰陽及六十四卦的變化。

㈢六十四方陣的後方置遊兵二十四陣，使用黑白各半的兵棋子，以支援六十四陣，並迂廻敵人兩翼及敵後，「取勝衝敵」。

㈣六十四方陣很明顯的是屬於一種「集合方陣」，寓太極、兩儀、四象、八卦、十六卦，再由四個十六卦方陣集合而成六十四卦方陣，這樣才可以按照文王後天八卦方位圖，分置八門，卽西北（右下）置乾門，北方（下方）置坎門，東北（左下）置艮門，東方（左方）置震門，東南（左上）置巽門，南方（上方）置離門，西南（右上）置坤門，西方（右方）置兌門。通常是按照東南西北四正、四隅（角），賦予八種番號，而稱爲天覆、地載、風揚、雲垂、龍飛、虎翼、鳥翔、蛇蟠八陣（門），簡稱天、地、風、雲、龍、虎、鳥、蛇八陣（門）。

我們現在研究八陣總圖，必須圖、文並重，體、用兼顧，然後才能知奇、正，通常、變，運籌帷幄，決勝千里。而切不可故弄玄虛，故神其說，使人莫測高深，望而却步；更不可食古不化，固執不通，使人誤作落伍的老古董！客觀公正的看法是：八陣圖的組織再組織（指八陣及遊兵），攻擊再攻擊（指超越攻擊及運動戰），主動再主動（指主宰戰場），奇襲再奇襲（指八陣及遊兵），變化再變化（指易道的陰陽奇正），勝利再勝利（指徹底殲滅敵人的思想）等兵學原理，實可以垂範千秋萬世，直到永遠！

諸葛孔明像

諸葛八陣圖，合起來就只有一個陣圖，又名「總陣」。分解開來，就有二個、四個、八個、十六個、三十二個、六十四個陣圖。這和孔子讚易時所說的「易有太極，是生兩儀，兩儀生四象，四象生八卦……」，以及邵雍所說的「一分爲二，二分爲四，四分爲八，八分爲十六，十六分爲三十二，三十二分爲六十四……」的原理，完全相符。

如果把八陣圖分開爲八個陣，便爲天覆陣、地載陣、風揚陣、雲垂陣、龍飛陣、虎翼陣、鳥翔陣、蛇蟠陣，簡稱天、地、風、雲、龍、虎、鳥、蛇八陣，並設有八門，依次以象乾（☰）、坤（☷）、巽（☴）、坎（☵）、震（☳）、兌（☱）、離（☲）、艮（☶）八卦，而「盡變化之能事」。如唐李筌太白陰經：「黃帝設八陣之形，天陣居乾爲天門，地陣居坤爲地門，風陣居巽爲風門，雲陣居坎爲雲門，飛龍（卽龍飛）居震爲飛龍門，武翼（卽虎翼）居兌爲武翼門，鳥翔居離爲鳥翔門，蜿盤（卽蛇蟠）居艮爲蜿盤門。天、地、風、雲爲四正門，龍、虎、鳥、蛇爲四奇門。乾、坤、艮、巽爲闔門，坎、離、震、兌爲開門。」（參閱附圖）又據兵略纂聞：「黃帝按井田作八陣法……其名之曰天、地、風、雲、龍、虎、鳥、蛇八陣者（卽簡稱者），則孔明也。」特分刊八陣及其原文和按語如次。

叁、天覆陣

〔原文〕八陣外之分，變爲天覆陣，有風無雲，用總陣（見本文前總陣）外面陽隊。以右天前衝二隊列前居正南，以東南、西南風各二隊列天衝兩維，以左右前天衝各四隊列前中，以左右天前後衝各二隊列兩端，以左右後天衡各四隊列後中，以左天、後衝二隊列後，以東北、西北風各二隊列後兩維。謂風附天，而形圓也。

〔黎按〕㈠天覆、地載、風揚、雲垂、龍飛、虎翼、鳥翔、蛇蟠八陣，各有三十二陣，兩兩相配則爲六十四陣，六十四乘四（或三十二乘八）則爲二五六陣，是運用易經生生不息、變化無窮的原理。㈡八陣是可以「互變」而相貫通的，如天覆陣也可以任意轉換成其它的七陣，其它七陣中的任一陣也可轉換出八陣，這須要看當時的天候、地形、敵我兵力、戰場變化、我之企圖等來作決定。㈢天覆陣的乾（西北方）、坎（北方）、艮（東北方）、震（東方）、巽（東南方）、離（南方）、坤（西南方）

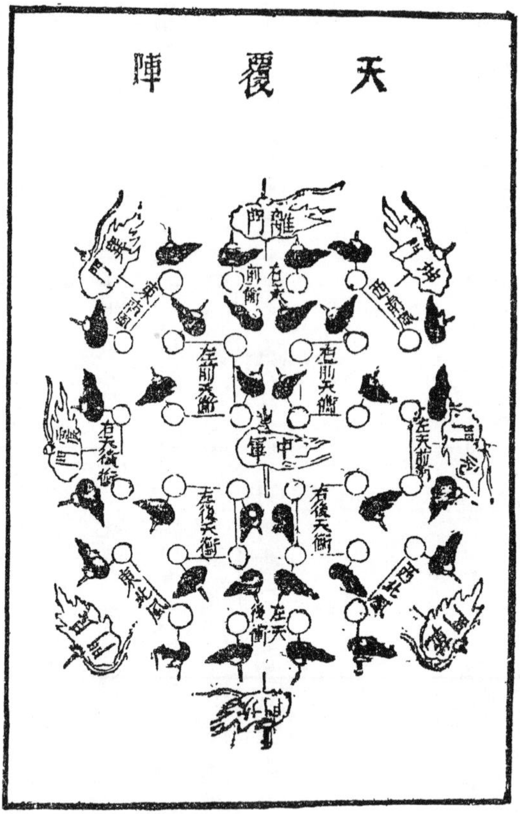

、兌（西方）八門的次序和方位，是依據後天八卦。㈣由於天體是圓形而屬陽，因此天覆陣形圓象天而使用白色兵棋三十二。

肆、地載陣

〔原文〕八陣內之分，變爲地載陣，有雲無風，用總陣中間陰隊。以左地後衝三隊列前居正北，以東北、西北雲各二隊列地後衝兩角，以左右後地軸各三隊列左右中，以左右前地軸各三隊列後地軸之左右，以左右地前後衝各三隊列軸之兩端，以右地前衝之三隊列後，以東南、西南雲各二隊列地衝兩角。謂雲附地，而形方是也。

〔黎按〕㈠前面的天覆陣使用白色兵棋以象天，天圓於外，故稱「用總陣外面陽隊」；而地覆陣則使用黑色兵棋以象地，地方其內，故稱「用總陣中間陰隊」。㈡地覆陣用黑色兵棋而「形方」，是象徵地和物質的屬性，主靜而以伏擊爲主要戰法，並非是單純的指地球。㈢用天覆陣的八門逆時針方向右旋一百八十度，就成爲地覆陣的八門，兩陣相合（乾門合乾門），就成爲一個烏龜殼似的立體兵棋模型了。

地載陣

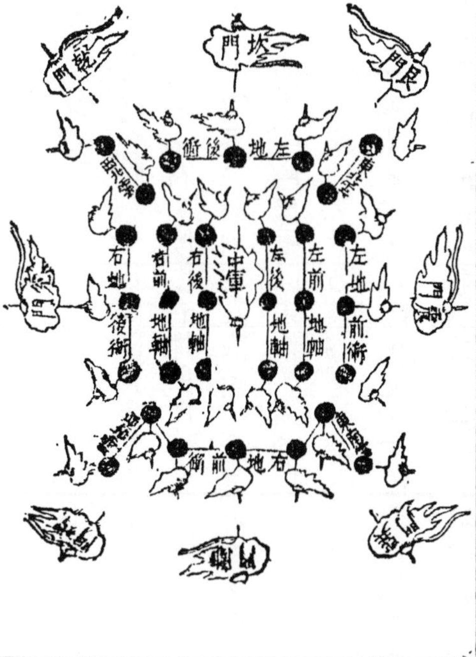

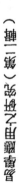

伍、風揚陣

〔原文〕八陣右之分，變爲風揚陣，有風無雲，用總陣右一半隊。以右天前衝二隊列前居正西，以西北、西南風各二隊列天前衝兩維，以右前地軸三隊列前中，以右前後天衡各四隊列地軸左右，以東北、東南風各二隊列衡兩端，以後地軸三隊列後中，以右地前後衡各三隊列地軸兩維，以右天後衝二隊列後。謂風附衡，而形鍁是也。

〔黎按〕㈠風揚陣使用白色兵棋（陽動）二十，黑色兵棋（陰靜）十二，以象陽多於陰而主動。㈡風揚陣朝前方（上方）成一馬蹄形，俗稱「馬蹄形陣」，即今中共所慣於使用的「口袋陣地」或「口袋戰術」。中共的「口袋戰術」又區分爲「前進口袋」和「後退口袋」，「前進口袋」主動（攻擊），「後退口袋」主靜（伏擊），很值得研究。㈢「謂風附衡」，是象徵風吹車轅橫木而前行的意思，語意出自周禮。㈣「形鍁」，指風揚陣的形狀像「臿」類器具，似今日的圓鍬，又像馬蹄。㈤風揚陣的八門，是把地覆陣倒轉九十度而成。

風揚陣
兌
坤
乾
西北風
東北風
離
坎
中軍

陸、雲垂陣

〔原文〕八陣左之分，變爲雲垂陣，有雲無風，用總陣左一半隊。以左天後衝二隊列前居正東，以左地前後衝各三隊列天後衝兩維，以左後地軸三隊列前中，以左前後天衡各四隊次列後地軸之左右，以左前地軸三隊列天衡之中，以東南、東北雲各二隊列天衡兩端，以左天前衝二隊列後居正，西南、西北雲各二隊列天前衝兩維，謂雲附衡，而有聚有散也。

〔黎按〕㈠雲垂陣和風揚陣相反，是使用黑色兵棋二十，白色兵棋十二，以象陰多於陽，而陰暗多變化。㈡雲垂陣朝後方（下方）成一馬蹄形，是一種和風揚陣相反的標準型「後退口袋」，利用滿天或滿山、滿谷的雲霧，誘敵深入而殲滅之。東北公主嶺剿匪戰役，我七十一軍主力就是陷入敵人的後退口袋而被擊潰！㈢「謂雲附衡」是象徵雲霧迷住車衡。㈣「有聚有散」是象徵兵力的分合，東北農安（卽宋之黃龍府）、懷德諸戰役，敵人經常進出松花江以出擊，飄忽不定，而造成我重大傷亡！㈤雲垂陣的八門，是由風揚陣倒旋一百八十度而成。

雲垂陣

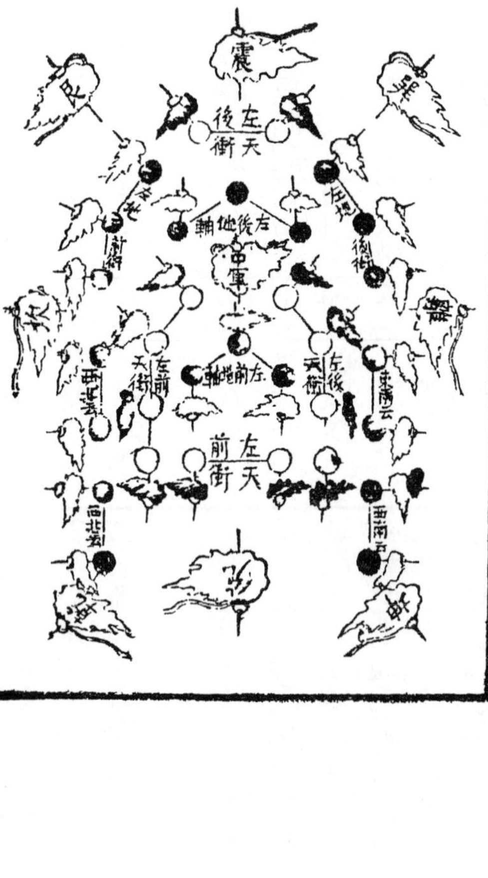

柒、龍飛陣

〔原文〕八陣後之分，變爲龍飛陣，有雲無風，用總陣後一半隊。以東南、東北雲各二隊列東南爲兩翼，以左後大衡四隊列前爲首，以左天後衝二隊列天衝次，以左地後衝三隊列天衝次，以左右後地軸各三隊列地衝中，以右地後衝三隊列地軸次，以右天前衝二隊列地衝次，以右天衡四隊列後爲尾，以西南、西北雲各二隊列衝二維爲翼，謂雲從龍，而形象龍也。

〔黎按〕㈠龍飛陣和雲垂陣一樣，也是使黑色兵棋二十，白色兵棋十二，以象能潛、能行、能飛而多變化。㈡龍飛陣的排列（部署）形狀像一條大恐龍，與白虎雄踞總陣左右兩翼，實力堅强。㈢「雲從龍」一語，出自孔子易乾文言：「雲從龍，風從虎，聖人作而萬物覩。」意指春天蒼龍七宿當值而多雲，秋天白虎七宿當值而多風，聖人出世，則萬物各遂其生而可得見。八陣借用以象天時的變化。㈣龍飛陣的八門，是把雲垂陣右旋（逆時針方向）四十五度而成。

龍飛陣

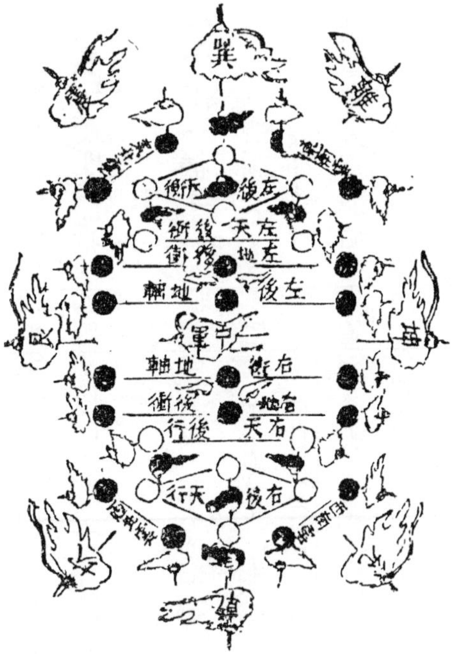

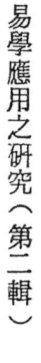

捌、虎翼陣

〔原文〕八陣前之分，變爲虎翼陣；有風無雲，用總陣前一半隊。以西北、西南風各二隊列西北二維爲前足，以右前天衡四隊列前爲首，以右前天衝二隊列天衡之次，以前地軸左右各三隊列中之左右，以地前衝左右各三隊列地軸兩端爲翼，以左天前衝二隊列地軸之次，以左天前衡四隊列後爲尾，以東北、西北風各二隊列天衡二維爲後足。謂風從虎，而形象虎也。

〔黎按〕㈠虎翼陣和龍飛陣相反，是使用白色兵棋二十，黑色兵棋十二，以象剛猛。㈡虎翼陣的排列形狀很像一隻飛虎。㈢「風從虎」一語的出處見前雲從龍。㈣虎翼陣的八門，是把龍飛陣右旋（逆時針方向）一百八十度而成。

虎翼陣

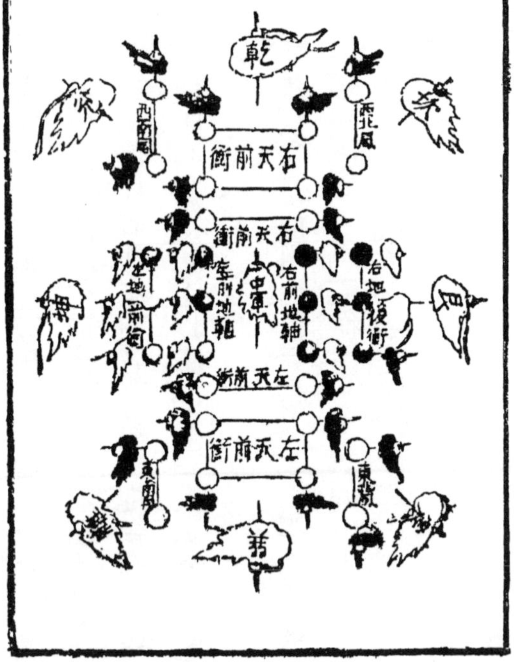

玖、鳥翔陣

〔原文〕東北、西南二隅變爲鳥翔陣，有雲無風，用總陣二隅之隊。以左天後衝二隊列前居東北爲首，以右天前衝二隊列後爲尾，以左後地軸三隊列天衝右，以右前地軸三隊列天衝左，以左後天衡四隊列軸右，以右前天衡四隊列軸左，以左地後衝三隊列天衡右，以右地前衝三隊列天衡左，以東北、東南雲各二隊列地衝右爲羽翼，以西北、西南雲各二隊列地衝左爲羽翼。謂雲附衝，而形象鳥翔也。

〔黎按〕㈠鳥翔陣又和虎翼陣相反，是使用黑色兵棋二十，白色兵棋十二，居總陣的前方（南方）。主攻時爲先鋒部隊而探索前進，故可「上於九天，下於九地」，以穩健而重陰。㈡鳥翔陣很像一隻展開雙翅的飛鳥，頭、尾、軀爲陽，翅爲陰。㈢鳥翔陣的八門，是把虎翼陣右旋（逆時針）九十度而成。

鳥翔圖

拾、蛇蟠陣

〔原文〕西北、東南二隅變爲蛇蟠陣，有風無雲，用總陣二隅之隊。以右後地軸之隊列前居西南爲首，以右前地軸三隊列後爲尾，以右後天衡四隊列軸右，以右前天衡四隊列軸左，以右後地衝三隊列天衡右，以左地前衝三隊列天衡左，以右天後衝二隊列地衝右，以左天前衝二隊列地衡左，以西一風二隊列天衝右，以西南風二隊列天衝左，以東北風二隊列西北風右，以東南風二隊列西南風左。謂風附軸，而形象蛇蟠也。

〔黎按〕㈠周禮二十八宿所稱的「左青龍，右白虎，前朱雀，後玄武」，玄武一詞，一般釋作黑龜。諸葛八陣圖以蛇代龜，取象於蟠曲，後世遂混淆不清，其實古俗龜、蛇同類，毋須細究。㈡蛇蟠陣又和鳥翔陣相反，是使用白色兵棋二十，黑色兵棋十二，居總陣後方（北方），主攻時爲後續部隊。㈢蛇蟠陣乍看像隻蝙蝠，細看却是由中央的黑、白兵棋各四，外層的白色兵棋十六所蟠曲而成，再加上前面的黑、白兵棋各二成菱形排列以象首，後面的黑、白兵棋各二地成菱形排列以象尾，自然就像蛇蟠了。㈣蛇蟠陣的八門，是由鳥翔陣倒轉一百三十五度而成，既不是順時針，也不是

蛇蟠陣

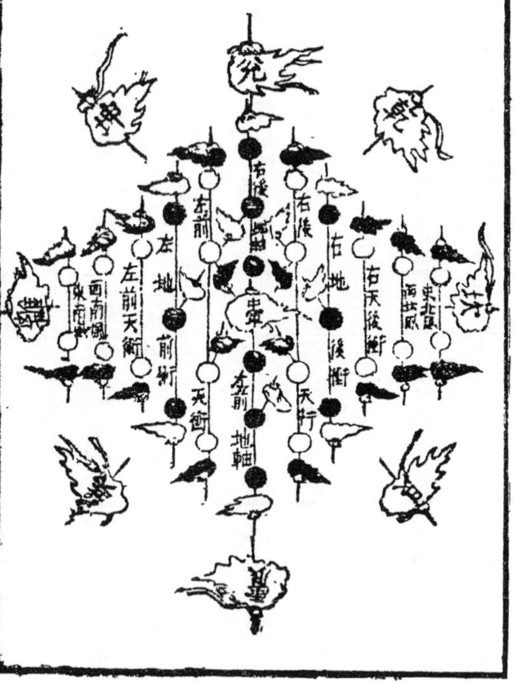

逆時針，而和時針的倒撥相似。

拾壹、結論

諸葛八陣圖的總圖和分圖，大致如上所述。現在再加三點小結：

第一、如果從黃帝時代算起，八陣圖在我國已使用了四千多年，並且只有大智大慧最尖端的兵學家才懂得運用。到了現在，雖說在兵學思想和武器、戰法方面已起了重大的變化，但以運用八陣圖而成名的姜太公、孫武子等，却始終被尊爲「世界的兵聖」，尤其一部孫子兵法中所談的戰爭原則，到現在尚沒有人能出其右。

第二、八陣圖的高明和奇妙處，是它能把握主動、攻勢、奇襲和生生變化諸原理原則。在生生變化方面，八陣圖可產生出四萬零三百二十種不同的變化；若再結合九宮，更可增加三十六萬二千八百八十種不同的變化，卽術數家們所謂「正反九宮八卦」，的確已到達科學和藝術的上乘境界。

第三、唐、宋兩代的數學家們，把古代兵家八陣圖推演成數學八陣圖，眞是精妙絕倫，詳情可參閱易學應用之研究第一輯第三篇。

（本文作者爲中華民國易經學會副理事長黎凱旋教授）

第十二篇　易與醫學

第十二篇　易與醫學

●陳　照●

壹、緒論

最早的中醫經典，是從四千六百多年到二千多年前的黃帝內經，再往黃帝內經以前追尋歷史遺跡，則無可考據，在內經中可依稀觀察出我們的醫學有與易經不可分的密切關係，那末從伏羲氏畫卦開始直到內經時期，這段漫長歲月還有四千多年的歷程，所以我們的醫學在內經以前就有脫了節連貫不起來之處，後人雖然穿鑿研判，巨著迸出，但許多地方還是摸索不清，不能確認明辨，祇是大體上可以判定中醫學是由易學引伸而來，故稱「中醫以易為體」。

唐代千金要方的著作人名醫眞人孫思邈稱：「不知易，不足以言太醫。」明代張景岳著醫易，强調天人相應之論說，也稱：「醫而不易，其何以行之哉！」可是今日行醫者，依象斷症，據易處方，以數理為起死回生之術者却很少見聞。

筆者並非醫學家，也非易學家，本行是機械工程學家，近年不知不覺中觸及某個「易內經」的要穴，而對「易與醫」引起特殊興趣，兩者融會貫通，應用自隨，於六十四年八月寫了一本鶴松易洛電腦針灸學，次年在台北召開的國際針灸大會繼而發表論文鶴松易理電腦針治學精義而獲國內外的佳評。最近向易學界進軍，寫了一本易經的平衡式，將近年在易領域中的諸新發現的數據公諸於世，求教於高明，中有一章易與生理，詳述內經女七男八數據的由來；七與八乃是陰陽二氣的數，再乘以五行之德，則所謂二氣五行，造化萬物或二五之精，萬物之靈。其結果所得為：7（陰）×8（陽）×5（五行）＝280，280的數是人在母體內的懷孕期數，也是人為萬物之靈完美的數據，並列舉其他動物的孵化及懷孕期全是七的倍數，現代醫學於一九七八年轟動全球之試管嬰兒，及尖端科學男女細胞核結合所發展微小胚胎的數與人類遺傳基因……等等的數，依本人所發表之研究，全是易之數據，所以筆者稱：上帝造人乃是依易的數據與模式而完成的。相信這一章可助人明瞭天人相應的理則。

這裡特先聲明，傳統不一定對，讓咱們以學術探討的方式以求眞理，要做到知其然亦知其所以然，則咱們的文化方有價值。盲從古典，死背歌訣，食古不化，絕不是聰明的辦法，更不易被現代年輕的一輩所能接受，我們有責任將這華麗的固有文化中堅強的一環－中醫學，來挖掘它的根源，並使之有規律地科學化，作為復興中華文化的好基礎。

筆者在易經的平衡式中曾明確指出孔子的八卦所以不傳於後世，宋代易學大師邵康節先生的六十四卦陰陽有偏差，及首創河圖衍洛書、六爻的相應位……等等，全不是憑空洞的理論判斷，皆是由明確的算式與數據來證明它的確實性，譬如六爻的相應位，研易玩爻者皆熟悉初、四，二、五，三、上相應，若問爲什麼會如此？相信大多數的答覆是：「古書如此記載或古人如此規定。」這便是知其然而不知其所以然！如要發揚光大令年輕的有識之士接受，就必須拿出程式數據，教他們知其然亦知其所以然，則自然而然啓發人的興趣而發揚光大了！中醫亦當朝此方向邁進。

貳、臟腑的五行根由

將歷代醫籍巨著中，摘錄各家有關臟腑與五行的關係學說，可編集一部相當可觀的厚書，其中文章寫得很美，想像力也很高深，但總感都與易學的關係脫節得太遠。

一、伏羲氏先天八卦五行的規律

易經裡沒有明確記述五行，但已隱藏著五行，將八卦傳統的五行屬性，塡寫在伏羲氏的先天八卦中，再如連綫箭頭順序，則知伏羲氏的先天八卦五行已有規律地以相尅爲主。

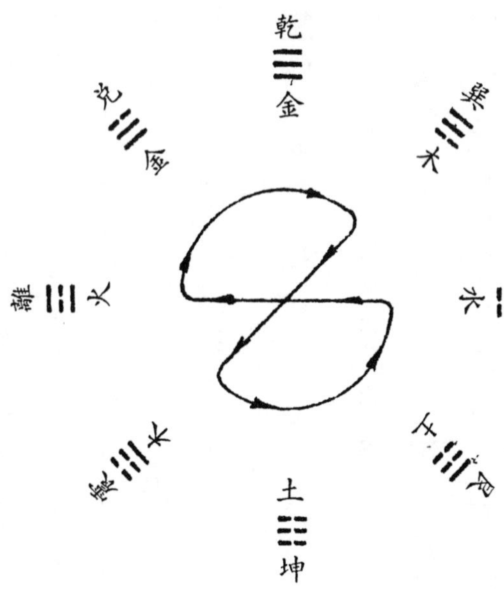

如上圖：
金尅木、木尅土、
土尅水、水尅火、
火又尅金。

二、八卦成列的五行次序

將上項伏義氏八卦展開成列的橫式，也記述其五行，並標明其陰陽性如下：

坤 ☷ 陰土

艮 ☶ 陽土

坎 ☵ 水

巽 ☴ 陰木

震 ☳ 陽木

離 ☲ 火

兌 ☱ 陰金

乾 ☰ 陽金

上列八卦，其乾兌震巽艮坤六卦分爲三陰三陽的金木土三種屬性，另☲離卦屬火，火炎上，應屬陽，但卦却屬陰，☵坎卦屬水，水凝下，應屬陰，但卦却屬陽，故離與坎二卦具有雙重性格。

三、先天八卦所屬臟腑經脈與五行關係

先天八卦所屬臟腑經脈的名稱在歷代醫籍還沒有見到過，乃是筆者發現這是內經

以前中醫學利用易學代入式的一種有規律的法則而命名的，並已在拙作鶴松易洛電腦針灸學及鶴松易理電腦針治學精義皆已記述，並重摘錄於后：

(1)十二經絡分表裡，其功效是氣血的通路，並內連臟腑外絡肢節，除十二經外尚有任督二脈稱十四經。

(2)十二經的次序：肺①、大腸②、胃③、脾④、心⑤、小腸⑥、膀胱⑦、腎⑧、心包⑨、三焦⑩、膽⑪、肝⑫。

(3)規則與方法：將成列八卦於上端標明五行屬性，先將任督二脈代入左右兩端的乾坤二卦，剩下中間六卦將十二經依次亦從左右兩側向中間代進而得，次序依①②③……⑫排列如下：

坤	陰土	☷	任	
艮	陽土	☶	胃……③	脾……④
坎	水	☵	膀胱……⑦	腎……⑧
巽	陰木	☴	膽……⑪	肝……⑫
震	陽木	☳	三焦……⑩	心包……⑨

離　火 ☲ 小腸……⑥ 心……⑤
兌　陰金 ☱ 大腸……② 肺……①
乾　陽金 ☰ 督

由上列則一目了然，肺與大腸屬金，心與小腸屬火，膽與肝屬木，膀胱與腎屬水，脾與胃屬土，祇有心包及三焦二經有差錯處，心包及三焦卦應屬震．五行屬木爲陽木，因心包在心的外層，心屬火，心包屬木有燒燬之危，未免不妥，於是先聖將心與小腸稱作君火，心包及三焦改稱作相火；又木在火外層不妥外，心包及三焦原屬陽木，陽好動，木動則生火（木生火），故改稱爲相火，這是哲學的道理。

清代江愼修先生亦有同樣的發現，茲錄其所著河洛精蘊中數語：「以震爲相火，從來儒家醫家皆未知，不觀說卦傳乎，震爲雷爲龍，龍雷之火，豈不象人身之相火乎？醫家亦知相火爲雷龍之火，而不知相火卽震卦，可謂惑之甚矣。」

江子是將雷龍之火比作相火，頗有殊途同歸之感。

叁、六淫—風暑濕燥寒火

一、五氣—風暑濕燥寒

內經素問陰陽應象大論：

東方生風，風生木，木生酸，酸生肝。
南方生熱（暑），熱生火，火生苦，苦生心。
中央生濕，濕生土，土生甘，甘生脾。
西方生燥，燥生金，金生辛，辛生肺。
北方生寒，寒生水，水生鹹，鹹生腎。

這是方位代入五行、五氣、五臟及五味等之模式，很易教人明瞭，排如下表則更清楚：

方位	東	南	中	西	北
五行	木	火	土	金	水
五氣	風	暑	濕	燥	寒
五臟	肝	心	脾	肺	腎
五味	酸	苦	甘	辛	鹹

六子的五行屬性，如上列之金、火、木、木、水、土，金爲燥，火爲暑，水爲寒，土爲濕，中間兩個木，則巽木爲風，陽木爲震爲雷，雷動化火，或稱是雷龍之火，卽俗稱之相火。

六經代入六淫式

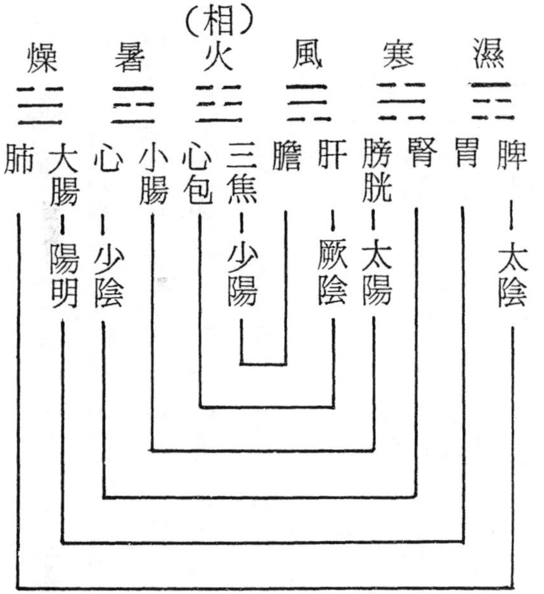

二、六淫——六氣

風暑濕燥寒後還多了一個「火」，却頗令人迷惘，歷代記述雖多，很難圓其說，如將上述先天八卦所屬臟腑與五行關係的式子移到這裡來用，則就簡單易解了，原來這個「火」就是震卦陽木所生之火，或說是相火、雷龍之火。

說卦傳記：「乾天也稱父，坤地也稱母。」剩下的六卦稱六子爲長、中、次三男及長、中、次三女，六淫則是六子之代入式如下：

八卦與父母六子代入式

坤	☷	母
艮	☶	少男
坎	☵	中男
巽	☴	長女
震	☳	長男
離	☲	中女
兌	☱	少女
乾	☰	父

六經代入六淫式

土	☶	濕	……少男
水	☵	寒	……中男
木	☴	風	……長女
木	☳	火——相火……	長男
火	☲	暑	……中女
金	☱	燥	……少女

錄內經素問至眞要大論一節：「厥陰（肝）司天，其化以風（☴）；少陰（心）司天，其化以熱（暑☲君火）；太陰（脾）司天，其化以濕（☶）；少陽（三焦）司天，其化以火（☳相火）；陽明（大腸）司天，其化以燥（☱）；太陽（膀胱）司天，其化以寒（☵）。可證明此代入式之確實性。

註：「六經代入六淫式」與前第二小節「先天八卦所屬臟腑經脈」之代入式同。

筆者研究河洛易象數之平衡，將六淫（六子）依先天原有卦位的位置排列成六角形，再連接六淫—風暑濕燥寒火—的連綫來顯示其平衡的圖式如下：

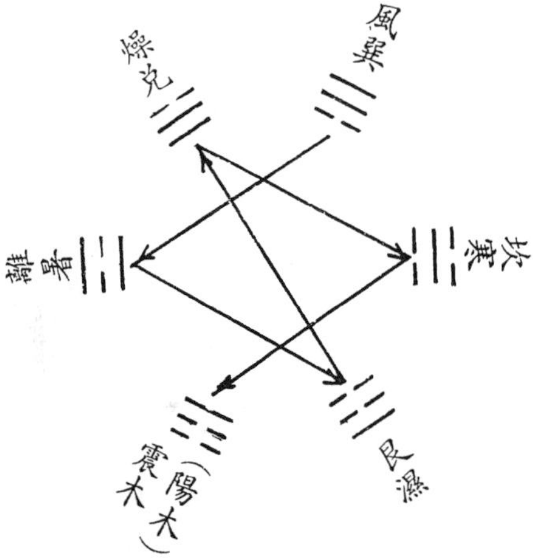

依上圖式，也是五行中之相生模式：如風生暑卽木生火；暑生濕卽火生土；濕生燥卽土生金；燥生寒卽金生水；寒生火，這個火是相火是雷動之火，實際是陽木，故並無水尅火之義，其實質還是水生木，是故，六淫中火之病症採用寒涼之藥療效最佳，倘用燥藥乃是金伐木之象，則凶。

內經素問玉機眞藏論：「……氣舍于其所生（生我之藏），死於其所不勝（尅我之藏），病之且死，必先傳行，至其所不勝病乃死……。」這篇論著已說明生尅之道，這病傳至生我（原病藏）之藏則生；傳至尅我之藏則死，如左之五行模式，外圈實綫者爲生，內星形虛綫者爲尅爲死。

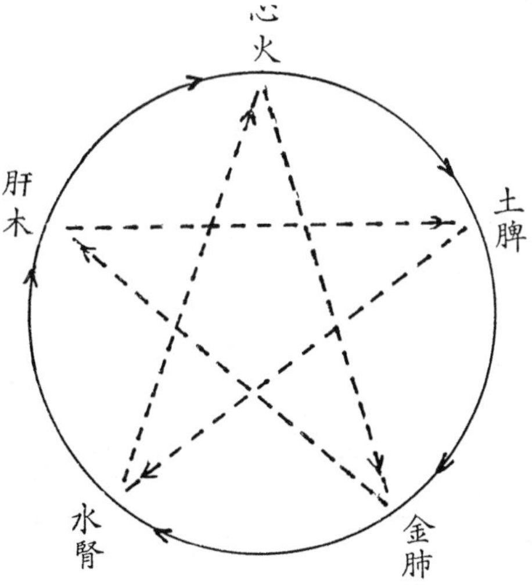

肆、太極的模式

1.內經靈樞論疾診尺篇：「四時之變，寒暑之勝，重陰必陽，重陽必陰。故陰主寒，陽主熱。故寒甚則熱，熱甚則寒。故曰：寒生熱，熱生寒，此陰陽之變也。」

這一篇述四時寒暑的變化，是由太極模式而來，陽代表暑或熱，陰代表寒。重陰 ⚏ 就是太陰，位在酉子段的象限，自太陰位的週邊順時針方向走，至子時的位置，是陰極之位，同時陽生，重陰必陽就是陰極必陽生，也就是寒甚則熱或寒生熱之義。重陽 ⚌ 就是太陽，位在卯午段象限，自太陽位的週邊順

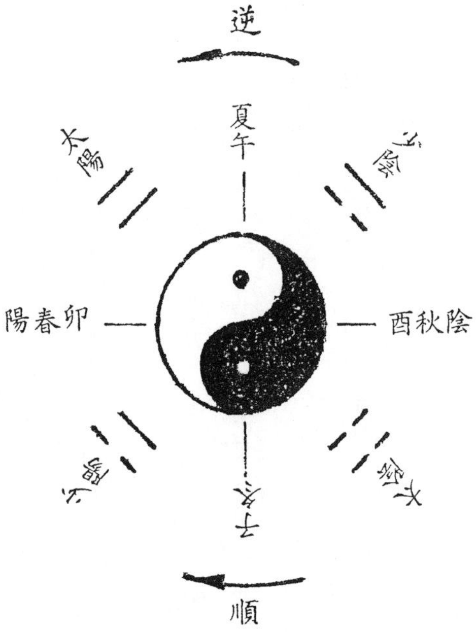

時針方向走，至午時的位置，是陽極之位，同時陰生，重陽必陰，就是陽極必陰生，也就是熱甚則寒，熱生寒之義。

2.內經素問四氣調神大論：「夫四時陰陽者，萬物之根本也，所以聖人春夏養陽，秋冬養陰，以從其根，故與萬物沉浮于生長之門，逆其根，則伐其本，壞其眞矣。故陰陽四時者，萬物之終始也，死生之本也，逆之則災害生，從之則苛疾不起，是謂得道。」

這篇大論中的「根本」，是指易的太極。「陰陽四時」「四時陰陽」皆是太極的模式，上圖春夏位陽盛，秋冬位陰顯；故在春夏調神須養陽，秋冬須養陰；也是宇宙萬物生長化育收藏的門徑。

陽對陰，陰對陽，謂剛柔相濟。太陰對太陽，少陰對少陽，這是易的平衡理則。拙作易經的平衡式述之甚詳。

四象有二陰是少陰太陰，及二陽是少陽太陽。人體經絡是三陰三陽，多一陰是厥陰，多一陽是陽明，此比四象多出來的陰陽，將排成圓圖，按易平衡理則，也須相對位方爲準確的平衡位置——內經素問五運行大論與此有悖——如下圖：

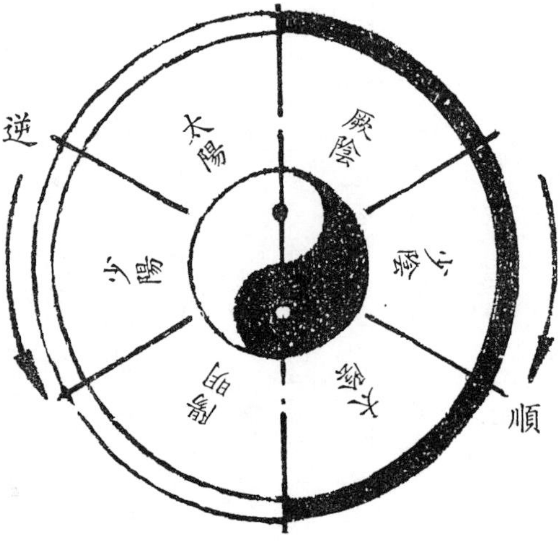

傷寒論是如上圖之模式。太極外之半圈白代表陽側，半圈黑代表陰側，各分爲三個階段。病情如箭頭順行，爲陰走陽，由裡出表之象，爲吉爲安。如箭頭逆行，是陽入陰從表入裡之象，爲凶爲危。

傷寒初發，發熱惡寒，然後頭痛，病在太陽爲表症。繼之寒熱往來，入半表半裡爲少陽病期，再繼而高熱不退則至陽明病期。若病無起色再深入，則由陽入陰至太陰期，此期如調養不妥，體力精神消失很快，如再至少陰期，則心臟呈衰弱，至厥陰期乃危在旦夕。至厥陰太陽間之陰陽界，則有囘光反照之象，死卽臨。反之，若病已在陰，調養和補得宜，體力精神漸佳，則如箭頭順行，病由陰行陽，漸由裡出表，則愈。

由這簡明三陰三陽傷寒論太極模式來解釋本調神大論之後半段則頗相宜。太極可表示萬物之終始，也如人生生老病死的基本模式，順從其理則健康疾病不起，逆其道則災害生，危難至，是所謂天理得道也。

「厥」爲氣逆閉塞昏暈休克之症狀。「厥陰」在中醫生理學裡應解作「陰之深部」（如上三陰三陽太極模式）。「陽明」與「厥陰」相對位，則自然解作「陽之深部」。何以不取「厥陽」而對「厥陰」，却以「陽明」對之則無從考據，概其經脈氣血頂盛而明且顯，先聖以「陽明」命名而對之也。

3.內經素問金匱眞言論：「陰中有陰，陽中有陽。平旦至日中，天之陽，陽中之陽也；日中至黃昏，天之陽，陽中之陰也；合夜至鷄鳴，天之陰，陰中之陰也；鷄鳴至平旦，天之陰，陰中之陽也，故人亦應之。」

這篇言論如將畫成合其文的太極模式，則如下：

此太極模式，不合子時陰極陽生現寒象，及午時陽極陰生現暑象；或子卯午則屬陽，午酉子則屬陰之理則。它是以卯午酉白天之天色

定陽，酉子卯黑夜之夜色爲陰。依太極的各項標準而言，並不恰當。

見後標準太極圖解：

太極可作任何事物的模式，這裡僅引內經數節以證實它們的關係，而內經與易經的密切關連還有很多很多。

伍、氣血的由來

大多數的針灸書籍述經絡學說都有記∴手太陰肺經多氣少血，手陽明大腸經多氣多血，足陽明胃經多氣多血，足太陰脾經多氣少血，手少陰心經少血多氣，手太陽小腸經多血少氣，足太陽膀胱經多血少氣，足少陰腎經少血多氣，手厥陰心包經多血少氣，手少陽三焦經少血多氣，足少陽膽經少血多氣，足厥陰肝經多血少氣。

追究它的根源，則到內經爲止，內經素問血氣形志篇：「夫人之常數，太陽常多血少氣，少陽常少血多氣，陽明常多氣多血，少陰常少血多氣，厥陰常多血少氣，太陰常多氣少血，此天之常數。」與前述者相同，可知前述者由此而分列十二經之氣血盛衰而成。

上記之素問血氣形志篇，歷代醫家皆能牢記熟誦，名家記述亦多，但却未見有知其然亦知其所以然者；換言之，多屬臆測附會之文章。筆者近年研醫究易，近對此有所悟，茲述於后：

易之「⚋」（陰）「⚊」（陽）代表宇宙萬物，八卦代表宇宙萬象。在中醫的生理學裡，先天八卦所屬臟腑十二經及任督二脈與五行關係等於前第二小節已有詳述，茲重加列三陰三陽於后：

先天八卦所屬臟腑陰陽十二經及任督二脈圖例

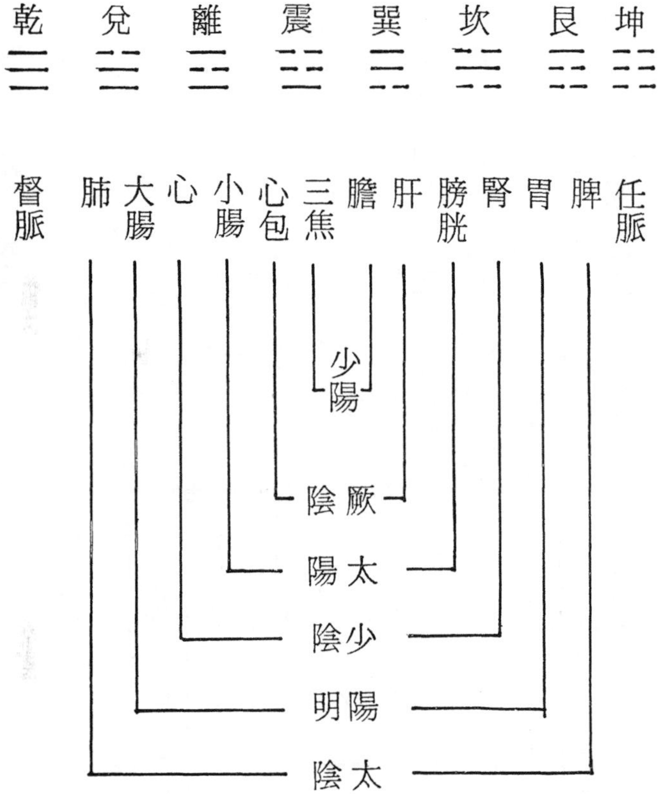

今加列：先天八卦與臟腑十二經氣血盛衰之象數

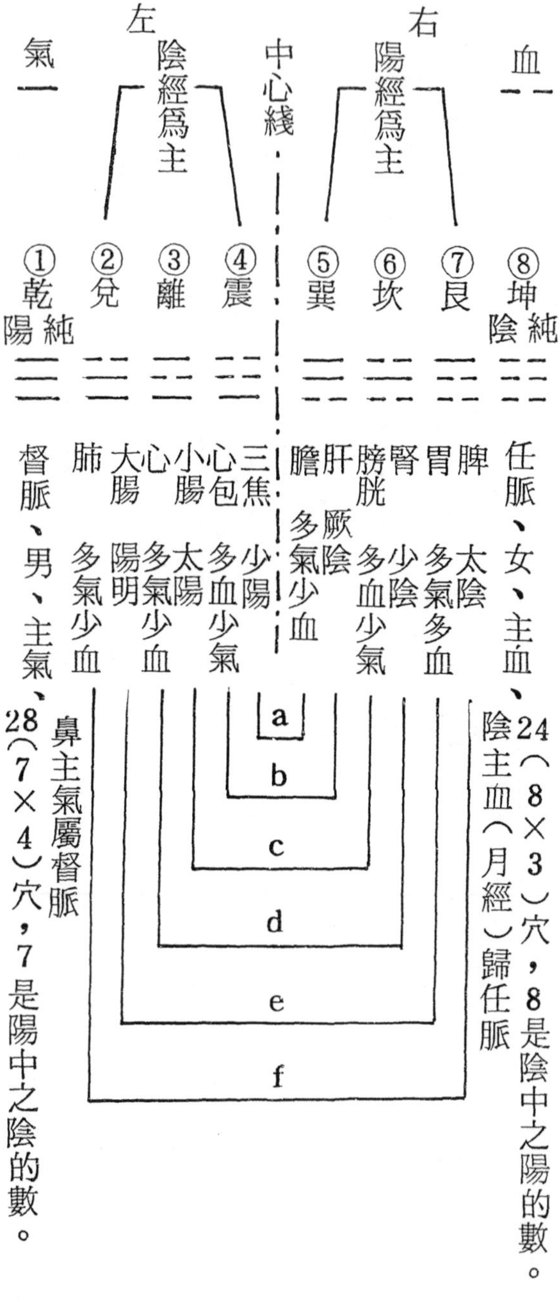

說明：

1. 右列之八卦，將中央劃出一道中心綫，分爲左右兩側。

2.「⚊」代表氣，「⚋」代表血。

3.左側①乾☰純陽，代表督脈、男、主氣、鼻主氣，鼻子屬督脈，督脈共28穴，28是7的4倍，7是陽中之陰的數（詳拙著易經的平衡式第七章）。

4.右側⑧坤☷純陰，代表任脈、女、主血、陰主血（月經），陰部歸任脈，任脈共24穴，24是8的3倍，8是陰中之陽的數（詳拙著易經的平衡式第七章）。

5.⑴圖左側②③④三卦以陰經爲主來和合純陽的☰卦，此是致中和平衡的法則；如肺、心、心包三陰經和合督脈。

⑵☱兌卦陰經代表肺，此卦「⚊」多「⚋」少，「⚊」爲氣，「⚋」爲血，所以稱「多氣少血」。

⑶☲離卦陰經代表心，此卦也是「⚊」多「⚋」少，所以也稱「多氣少血」。

⑷☳震卦陰經代表心包，此卦「⚋」多「⚊」少，所以稱「多血少氣」。

6.⑴圖右側⑤⑥⑦三卦以陽經爲主來和合純陰的☷卦，也是致中和平衡的法則；如膽、膀胱、胃三陽經和合任脈。

(2) ☴ 巽卦陽經代表膽，此卦「⚊」多「⚋」少，「⚊」爲氣，「⚋」爲血，所以稱「多氣少血」。

(3) ☵ 坎卦陽經代表膀胱，此卦「⚋」多「⚊」少，所以稱「多血少氣」。

(4) ☶ 艮卦陽經代表胃，爲「⚋」多「⚊」少之卦，但此經屬陽明，在六經之中有特殊之性質，如「三里」、「合谷」陽明經穴之氣特盛，前人是由經驗之累積而得的結果，故將此經原屬少氣多血而改稱「多氣多血」。

7. (1)將圖左側②③④三陽經註明有關陽明、太陽、少陽的名稱。

(2)將圖右側⑤⑥⑦三陰經註明有關厥陰、少陰、太陰的名稱。

(3)將上列八卦圖以中心綫爲界連接左右兩側相對稱位置的綫如a、b、c、d、e、f六綫。

8. (1)將上列八卦圖對照前述素問血氣形志篇：圖中c綫「太陽多血少氣」，a綫「少陽多氣少血」，e綫「陽明多氣多血」，d綫「少陰多氣少血」，b綫「厥陰多血少氣」，f綫「太陰多氣少血」，兩者完全符合。

(2)血氣形志篇首句稱：「人之常數」，末句稱：「天之常數」，乃是人之數與天之數相同，是天人相應之義。

由上證實，吾國文化準爲易，中醫學之「氣血」亦是由易而來可解釋了。

「氣血兩虧」與「血氣形志篇」無關，氣血兩虧是指病況之身體虧損，「血氣形志」是按天人相應法則，以八卦的子六有規律代入臟腑經脈，再以六子的卦爻形象，來代表經脈氣血的多少。「血氣形志」的直解應是「血與氣形象的記述」。

中醫學有說：血之運行有賴於氣；氣爲血之帥，又氣能生血……等等。立夫公將水廠壓送自來水作爲人體氣血運行的模式，非常恰當，自來水廠的泵浦將空氣吸入混和用水加壓而送達遠處的末梢用戶，方能達到運送的高效能。正如人體由肺臟吸入足夠的氧氣，由心臟（泵浦）混和血液壓送至各經脈及末梢的循環系統一樣。水廠是由氣引水，人體是由氣引血，水血二者都是液體，皆有賴氣之引導，故有稱「氣爲血之帥」。

熱天經常會看到窗外的冷氣機在滴水，這是由氣生水的現象，空氣經過壓縮，遇到冷却則一部份凝爲水而排出機外，這是氣能生水，人體的氣能生血也可藉這模式解釋。

天人相應理則與此也符合，先聖以八卦的六子：「☳、☲、☵、☴、☱、☶」代表臟腑十二經脈，每卦都有「⚊」爻代表氣混和着「⚋」爻的血應用，僅僅將純陰的坤☷及純陽的乾☰卦歸納於任督而不屬臟腑十二互為表裡的經脈，感到實在奧妙無窮，且恰合於立夫公之言。

陸、代數與代象

現代數學裡的「代數」名詞，被歷史失落了而脫了節，估計至少也有二千餘年，前述各小節內經的記述，非但以易據以代數同時還是代象，可憐自有史至今兩千年來的中醫界，絕大多數皆牢記熟誦死背，知其然而不知其所以然，連同目今中醫的考試制度，仍拘泥在不合時宜毫無啓發性的笨辦法裡，實在令人惋惜！

四十多年前，筆者少年時期，有一次看到新聞報紙上發表一個有關知識分子的統計數字，稱是全國的讀書人初中程度的平均數字祇有1／228，筆者當時是初中生，對這不可多得的知識分子還洋洋得意呢！所以印象特深而還可記憶。

古時候因為讀書人少得很，能認得幾個大字可代人書寫書信而略可達意的在某些鄉間，便可充當鬱神氣的紳士了！所以古時智慧高的有學之士，當他設計或發現一種新的法則，爲恐他人不易了解不易吸收，則編寫成歌訣，讓人熟背，具法依訣而行便可，而不必教人明瞭它的所以然而人亦很樂意接受了。

時代不同，社會的結構與古時也完全不同了！交通發達，人際間的距離縮短了！文盲沒有了，知識程度普遍提高了，且政府又將國民義務教育延長爲九年，比之四十多年前，約進步二百餘倍，比之古時代更不知如何對照！現今年輕的一代求知慾很强，他們需要啓發的教育，與有規則的科學途徑來符合時代的需要，所以咱們須要整理出古時法則的規律，追循其規則的演繹，追究它所得結果的效驗，這便是現代科學的理則。茲再舉數例具規律代數與代象的模式於後：

一、地支代入臟腑的模式

十二經納地支歌：

肺寅大卯胃辰宮　脾巳心午小未中
中膀酉腎心包戌　亥三子膽丑肝通

分析這歌訣的由來，原來是將十二經絡依序代入十二地支而得以下規律的模式：

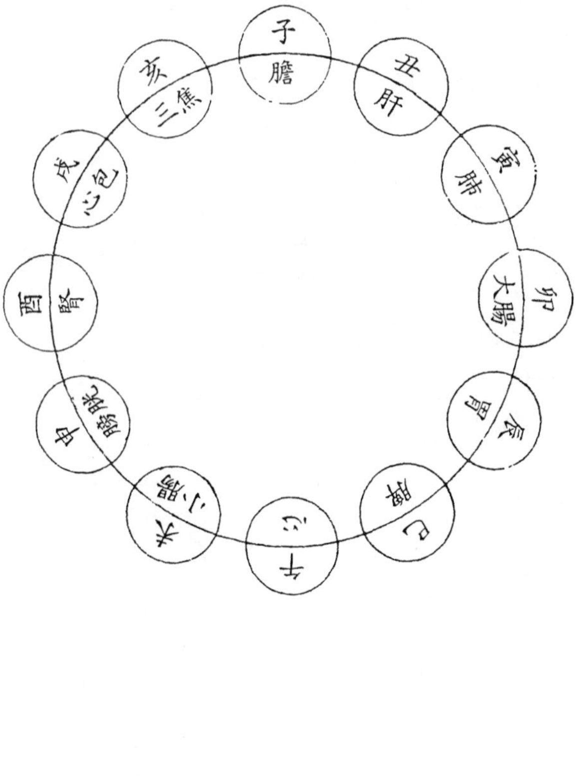

二、天干代入臟腑的模式

十二經納天干歌：

甲膽乙肝丙小腸　丁心戊胃己脾鄉
庚屬大腸辛屬肺　壬屬膀胱癸腎臟
三焦亦向壬中寄　包絡同歸入癸方

這個歌訣分析如下：

(1)先將天干分列爲：陽干——甲丙戊庚壬
陰干——乙丁己辛癸

(2)再分列十二經陰陽臟腑次序：

陽經屬腑——膽　小腸　胃　大腸　膀胱　三焦
陰經屬臟——肝　心　脾　肺　腎　心包

(3)將(1)(2)二項將陽經依序代入陽干，陰經依序代入陰干，其模式如下：

陽干——	甲	丙	戊	庚	壬	
陽經——	膽	小腸	胃	大腸	膀胱	三焦
陰干——	乙	丁	己	辛	癸	
陰經——	肝	心	脾	肺	腎	心包

天干是十個，經絡是十二數，十個代十數，故多出了心包及三焦二經絡，於是將此二經絡便寄代入壬及癸二干之中，歷史查不出是那一位先賢創造出這個規律，後人則背歌訣如法而行。筆者認為如將此剩餘二經絡代入甲乙二干亦未嘗不可。

以上二歌訣是「子午流注」、「靈龜八法」等應用之基本法則；也是中醫學有史以來慣用之模式，如甲木是膽，乙木是肝，丁火是心，戊土是胃，己土是脾，辛金是肺，癸水是腎，壬水是膀胱等。

三、鶴松後天八卦所屬臟腑經脈

上第二小節第三項曾述先天八卦所屬臟腑經脈。先天已有所屬作為「體」，故筆者設計之臟腑所屬八卦稱後天以達致「用」。

其八卦代入臟腑經脈的規律如下之模式：

(1)八卦的陰陽區分：

四陰卦－－☷坤　☱兌　☲離　☴巽

四陽卦－－☰乾　☶艮　☵坎　☳震

(2)十二經脈的臟腑陰陽區分：

陰經屬臟——肝　心　脾　肺　腎　心包

陽經屬腑——膽　小腸　胃　大腸　膀胱　三焦

(3)將上(1)(2)二項各依陰陽次序歸類代入則得如下模式：

陰卦——☷　☱　☲　☴　☷　☱

陰經——肝　心　脾　肺　腎　心包

陽卦——☰　☶　☵　☳　☰　☶

陽經——膽　小腸　胃　大腸　膀胱　三焦

六經代入四卦，不足之卦數循環代進去，而得結果如下表：

鵠松後天八卦所屬臟腑經脈：

坤　☷　肝　腎

艮　☶　三焦　小腸

坎☵ 胃

巽☴ 肺

震☳ 大腸

離☲ 脾

兌☱ 心包 心

乾☰ 膀胱 膽

四、八卦的臟腑經脈大象——天人相應

將上項鶴松後天八卦所屬臟腑經脈，排列成八卦圓圖，則成人體的臟腑經脈顯現在卦體的大象，也是八卦的臟腑經脈模式：

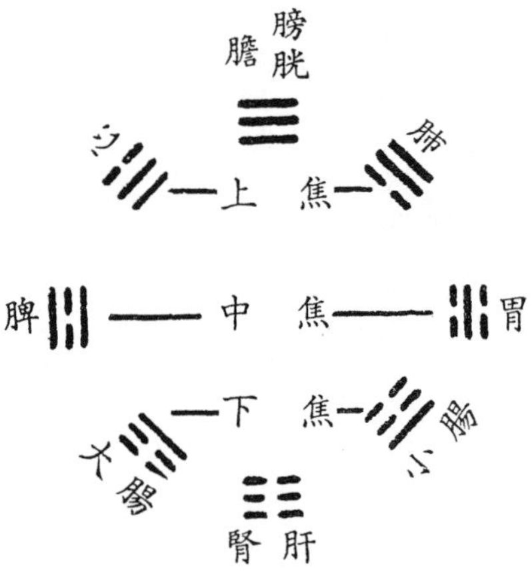

說明：

(1)按人體的經脈，膽及膀胱二經起自頭上由☰代表。

(2)腎、肝二經起自足下由☷卦代表，如以修士打坐姿態則腎、肝二經皆會於陰部，則在☷位之象更明顯。

(3)☲心、☰肺在人身卦體的上體位稱「上焦」。

(4)☳脾、☷胃在人身卦體的中位稱「中焦」。

(5)☵大腸、☳小腸在人身卦體的下體位稱「下焦」。

(6)由上諸項而顯現人身五臟六腑經脈大象而無遺。

柒、易之平衡象數

筆者研易，發現易之體全屬平衡的大象與數據，無論是伏羲氏的先天八卦抑或是文王的後天八卦，全部顯現着平衡的數與象，茲擇要述之：

一、八卦成列的平衡大象

陰，八卦符號爲「- -」，這裡另外再給它一個暫代的形象符號「▼」。

陽，八卦符號爲「—」，這裡另外再給它一個暫代的形象符號「▽」。

將上列▼陰▽陽二符號置槓桿上以天平般以衡其能、質、量。

▽爲能量，性屬陽。

▼爲質量，性屬陰。

能量質量同重同要，祇是屬性不同，其他皆相等。

萬物皆陰陽相對，剛柔相摩，這是易之理則，列於后：

a.  獨陽不長，不平衡。

b.  孤陰不生，不平衡。

c.  陽盛者亢，不合剛柔相摩要則，表面平衡，實質為假平衡。

d.  陰盛則不足，不合剛柔相摩要則，表面平衡，實質為假平衡。

e. 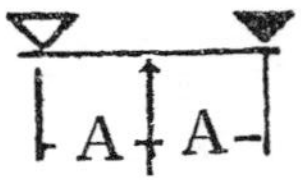

一陰一陽之謂道，剛柔相摩，致中和，為實質的眞平衡。

f. 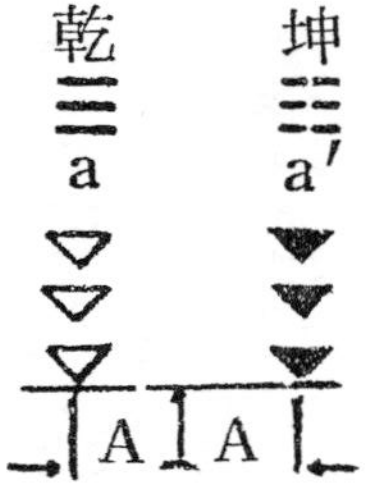

$a \times A = a' \times A$ 眞平衡。

天地定位，萬物滋生。

g. 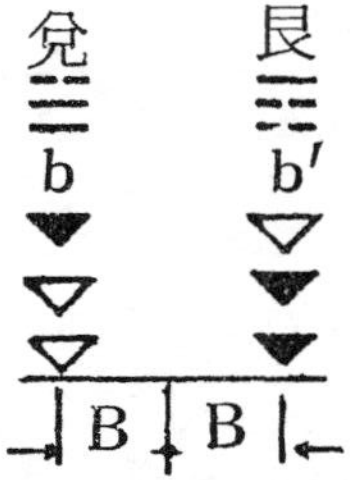

$b \times B = b' \times B$ 眞平衡。

山澤通氣，動物自澤始，植物自山出。

h. 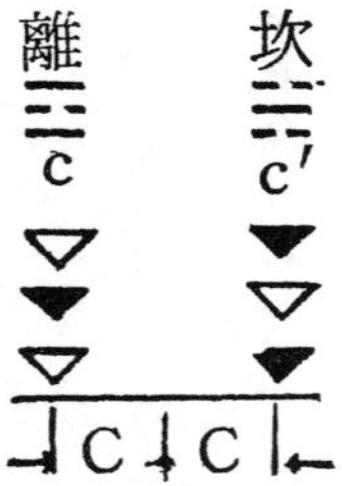

$c \times C = c' \times C$ 眞平衡。

水火不相射，一寒一暑，推移四時。

i. 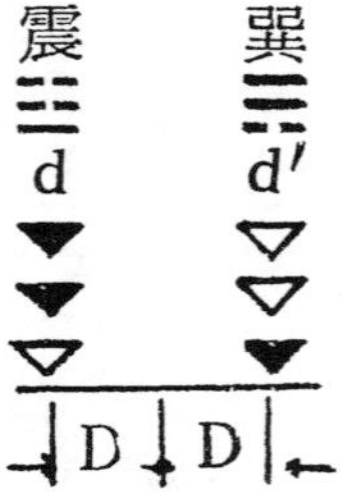

$d \times D = d' \times D$ 眞平衡。

雷風相薄，滋潤萬物之長成。

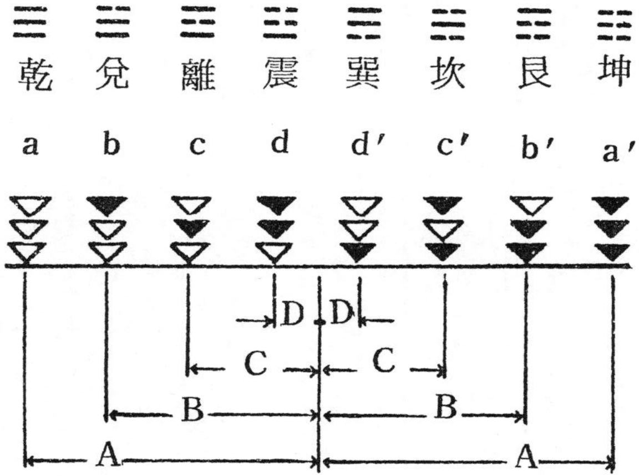

A、B、C、D為距離

則 $a \times A = a' \times A$
$b \times B = b' \times B$
$c \times C = c' \times C$
$d \times D = d' \times D$
——眞平衡

$(a+b+c+d)(A+B+C+D)=$

$(a'+b'+c'+d')(A+B+C+D)$ ------ 為大平衡。

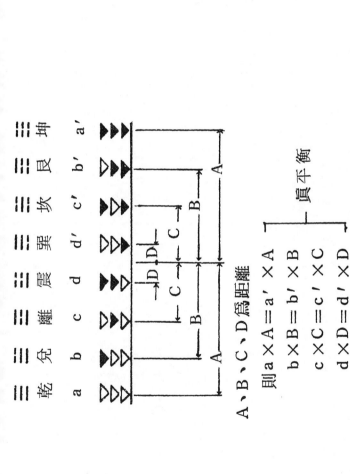

「八卦成列，象在其中矣。」此「象」乃宇宙平衡大象，現時代的科學名詞「模式」也是易學所稱「象」的一部份。凡物皆陰陽相對，剛柔相摩，宇宙間任何事物皆呈現著大平衡狀態。於此平衡大象或稱平衡模式，乃顯露無遺。

二、伏羲氏先天八卦相盪的平衡

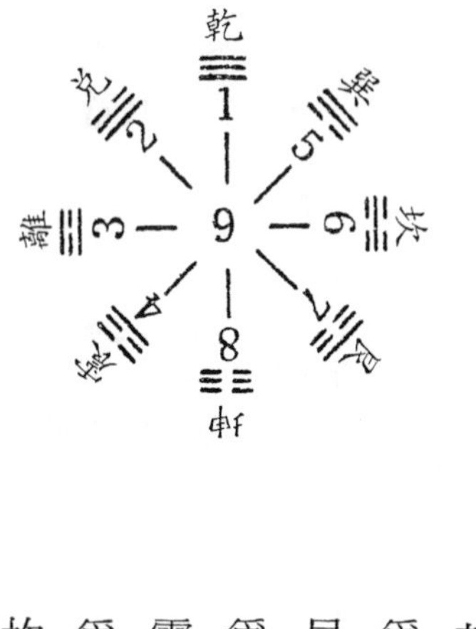

上列八卦圖：

乾☰坤☷相對，爲「天地定位」，其數互爲九。

艮☶兌☱相對，爲「山澤通氣」，其數互爲九。

震☳巽☴相對，爲「雷風相薄」，其數互爲九。

坎☵離☲相對，爲「水火不相射」，其數互爲九。

上稱其數互爲九，乃有二種數存在：

一種是如圖中卦號的數，如：

1 + 8 = 9　　2 + 7 = 9

3 + 6 = 9　　4 + 5 = 9

一種是如圖相對卦爻的劃數，如：

☰ + ☷ = 9　　☱ + ☶ = 9

☲ + ☵ = 9　　☳ + ☴ = 9

八卦分
- 四陰卦：☷ ☱ ☴ ☲ 其劃數各爲偶，屬陰爲「質」。
- 四陽卦：☰ ☶ ☳ ☵ 其劃數各爲奇，屬陽爲「能」。

伏義氏的先天八卦着重在「能」、「質」、「象」，稱：「剛柔相摩，八卦相盪」，其數皆互爲九，乃是各相對二卦個體平衡數的顯示；它相對每組的卦數都相同是九，是相等的平衡數。

三、伏義氏先天八卦整體的平衡

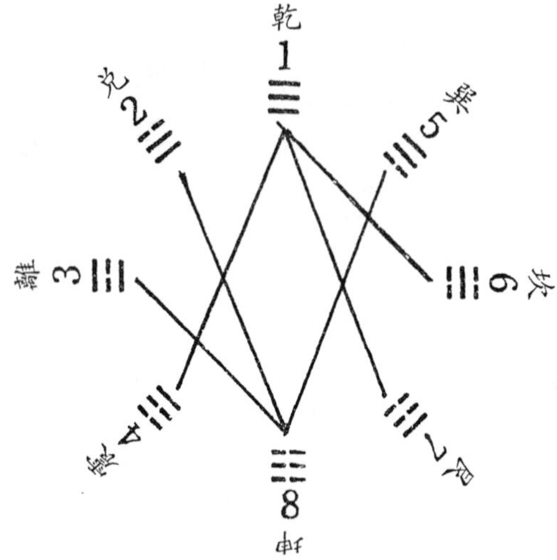

(1)將伏羲氏先天八卦圖分成陰陽二組：

陽組由乾☰卦統領作成連綫。

陰組由坤☷卦統領作成連綫。

則如上圖成爲兩組相對的傘形及三對陰陽相對卦的平行綫，顯示出陰陽整體的平衡圖式。

(2)據易經乾一兌二離三震四巽五坎六艮七坤八的卦數法則，則：

陽卦的數：1＋6＋7＋4＝18

陰卦的數：8＋3＋2＋5＝18

(3)陰陽卦卦爻的劃數：

陽卦：☰＋☵＋☶＋☳＝18

陰卦：☷＋☲＋☱＋☴＝18

(4)(2)及(3)二項陰陽卦的總數都是**18**，證實伏羲氏先天八卦整體陰陽的數也是完全平衡着的。

(5)如再將衍至六十四卦，則平衡的象數，無論其個體或整體，仍全是平衡的大象與數據，詳請見拙作易經的平衡式，於此不再贅述。

四、文王後天八卦的平衡式

(1)文王後天八卦爲整體的平衡式

將文王後天八卦仍將配上乾一兌二離三震四巽五坎六艮七坤八的卦數，再在震巽及兌乾間作一分界綫，界綫下端的四個卦其卦爻全爲奇數，全屬陽卦爲陽界，界綫上端的四個卦其卦爻全爲偶數，全屬陰卦爲陰界，已呈現陰陽整體相對的大象，再衍證其平衡的數據。

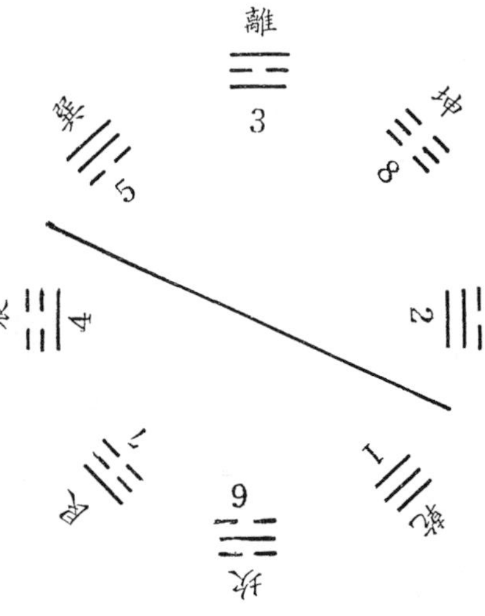

a. 卦數：上半體陰界——5＋3＋8＋2＝18

下半體陽界——4＋7＋6＋1＝18

b. 卦爻的劃數：

上半體陰界——☴＋☲＋☷＋☱＝18

下半體陽界——☳＋☶＋☵＋☰＝18

其界綫之上的陰數及界綫之下的陽數皆相等，證實文王後天八卦爲整體的平衡式。

(2)文王後天八卦個體的平衡法

文王後天八卦其個體未見平衡，那末如何使其致用呢!?它的個體平衡法是將其八卦配上洛書或稱九宮，也使其數成爲個體的平衡如下：

a. 洛書

4	9	2
3	5	7
8	1	6

洛書也稱九宮，其三乘三方九格，每橫格、直格及對角格的數之和都是十五，爲平衡的數。

b. 文王後天八卦配洛書圖式

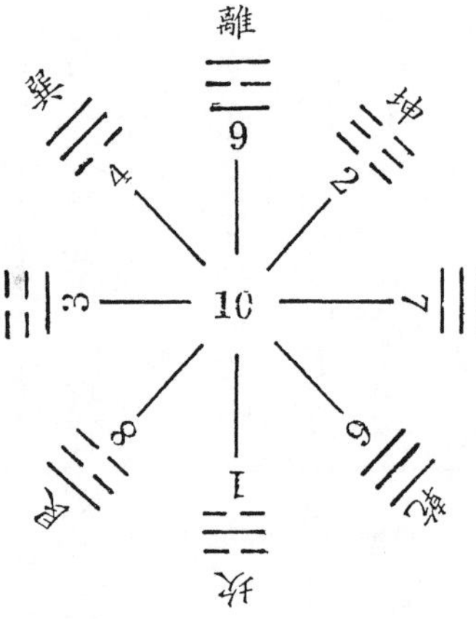

圖中的洛書數配上八卦，使其各自相對位的數都等於十（去五不用），而作其個體的平衡數。

(3)治病的辨法

易可代表天地、日月、人身及宇宙間所有的事與物，無論代表何事何物，它的先決條件是陰陽相對的平衡；個體平衡整體也平衡。本世紀名物理學家愛因斯坦的相對論，不過是易學中的一個小環節而已！

任何事物若失衡，則呈偏勝偏衰狀態，就是病態的表徵，若能調整其回復平衡，就是治病的好辨法。

五、中華文化的精英

前第六小節「代數與代象」及第七節中「易之平衡象數」的諸基本數據，乃是我中華文化的寶藏與精英，可按其規律再演繹成各項模式可應用到很多事物上，這便是我固有文化獨特的產兒，我們這一代有責任將其整理爲科學程式，據以發揚光大，來光宗耀祖。

筆者將其用在針灸上，確實得到良好的答案與結果，如何應用!?請細研拙作鶴松易理電腦針治學精義及鶴松易洛電腦針灸學，於此不另贅述。

捌、藥材以易爲用簡說

目下有些自以爲是的知識分子譏笑中醫吃頭補頭、吃腦補腦、吃肝補肝、吃足補足、吃肺補肺、……太不科學的幼稚方法！這裡筆者補充一句：「說這話的人知識程度還不夠深，膚淺了些！」

瓜蒂、葫蘆「湧上」是吐藥，是採取於這種藥材本身的上端，它生長的時候有「往上」的態勢，其部位比較人身如喉嚨的部位，故其效有湧上作吐的作用。

「枝」走「肢」，如桂枝桑枝藥性可走四肢，這是中醫不可缺的基本用藥知識，這便是易學裡的「象」，現代科學名詞可以「模式」代用。

藥材按易理來應用早在古時候就有了，近世有淡忘同時也有不知所以然的趨勢。茲摘錄本草藥材數項爲例：

一、陰陽水

這味藥是沸水半杯，井水半杯，二者混和服用。能治什麼病呢!?那是會駭人聽聞的，是治霍亂吐瀉病。

這如果拿現代科學眼光來評析，簡直是不可理喻，胡說八道；開水半杯，生水半杯混和服下，可治可怕的細菌傳染上吐下瀉的霍亂病，你能相信!?這是大部份人不能接受的。

本草備要是中醫必讀的書籍之一，它還這麼記載著：「治霍亂吐瀉有神功。」非但說可治霍亂吐瀉，而且還强調「有神功」，「神功」以現代術語就是「特效」，敎人非相信不可，而且「神功」二字，在這本書中並不多用或濫用，全書五百四十一味藥僅有在這味藥中提示，及另一味藥是用「奇功」，當可見其珍貴。

筆者對這味藥並無經驗，曾請敎過多位前輩中醫師，皆稱有效。有位前輩解釋更清楚，他說依他的經驗：「霍亂分多種，如乾霍亂或僅吐不瀉或僅瀉不吐的皆無效，祇是吐瀉兼施之霍亂才有效。」這個答案就有價值了。

按本草備要的註解：「上吐下瀉乃陰陽不和而交爭，服陰陽水而使陰陽和。」這便是易理中「象」的功能而達治病的效果。

二、金

金的性質是密度大，比重高，展延性强。

如將一小塊一錢重的金放在攝氏一〇〇度的沸水中煮百次千次萬次或萬萬次，一小塊的金子重一錢還是一錢，不會消失絲毫，其金子的成份也不會走樣或變質。

拿現在科學的準繩來衡量，一小塊一錢重的金子沒有損耗絲毫，成份也沒有變質，則其煮金子的水還是水，除變成蒸氣消失在空氣裡的外，剩下的還是水，不會有金子的成份，這種水更不可能有其他的作用。

這裡要對「現代科學」另作評價了，事實這煮金子的水有非常好的治病效果。凡嬰兒受驚恐所引起的不安，見睡眠時在短時間內多次作驚狀狂哭，這種嬰兒受驚症狀，凡有育嬰經驗的母親，幾幾乎都曾經驗過，會使年輕的母親慌張得束手無策，抱給西醫小兒科診治，下的可能是鎮定劑，很不妥。如果採用上述的金水，將之喂進幾茶匙，則很快就能安靜熟睡而愈的。這味藥在筆者的家族中不知已流傳了多少代，連在台灣的下一代也曾經應用過，而非常的靈驗。

本草備要的記載是：「金……重鎮怯，故鎮心肝安魂魄……。」嬰兒受驚，現恐怯而魂魄不安，呈不能安睡作驚狂哭，金性重，能鎮其魂魄安其心神而令愈。這祇有易的「象」可解釋，「現代科學」尚差一大節的距離。

三、荔枝核

本草備要記載：「……其實雙結核似睪丸，故治㿗疝卵腫，有述類象形之義……。」其實雙結核是指荔枝的果實雙連並蒂而生者，因其狀象形睪丸，故可治㿗疝睪丸腫脹發炎之症，書中已註得很淸楚是因「象」是具療效。

筆者記得在十多歲時，曾患過數次陰囊腫脹的癪疝卵腫症，治癒之方：「並蒂荔枝干五對，對葉腎四片（一種木本的野生藥，葉質像萬年青，對葉而生，葉狀如腰子，故俗稱對葉腎，取葉用）。」每服隔宿即腫消而癒。

按筆者少年時期住浙江鄉村市鎮，並蒂荔枝干要去南貨店一大堆荔枝干中去找，對葉腎在隔村章家（記憶猶新）種有一株，去討了幾片葉子，蒸調或煮湯服皆可。有一次南貨店的夥計不耐煩，不願意給找雙連的，取單個的充用，結果無效，次日到另一家南貨店購得並蒂雙連的方奏效。夏秋之交，台灣新鮮荔枝特多，每食荔枝，筆者必先擇雙連並蒂者先用，蓋受少年時深刻印象之影響也。睪丸俗稱腎子，在腦子裡還有補腎的連想呢！

上例諸藥，皆由易之「質」——藥物本質，「象」——與病症相似或象形，「能」——而達到治病的功能，所以藥材以易為用者，早在古時候就有了。伏羲易的要件，便是「能」「質」「象」。

四、同樣療法

最近西洋興起一種新醫療說學，稱時代新人的新醫學——同樣療法。此說筆者並不熟悉，但據文獻（大同中醫雙月刊）報導：「其所取藥劑與病人的病狀最為相似。

」而摘其理論概要如下：

(1)給病人的藥物如能在健康的身體上產生相似（象）的效能時，病人的病才能治好。

(2)疾病並不僅是某器官功能不良，主要是支配全身的元氣失其常態（不平衡）。

(3)藥品若沒有動力（能），若不能賦予精力（神），則不能深入器官而發揮作用。

(4)疾病的原因必須於動力（能）方面求之，不可於物理及化學方面求之。

這裡所說的諸要點，不是筆者所說的易與醫的理則嗎!?看情況醫學將有藉咱們的易學而興起的趨勢，希望研究「同樣醫學」的國內外朋友們多加研究咱們的易學，必將有所憑藉而百尺竿頭再進一步的。

第十二篇　易與命學

第十三篇　易與命學

●林毓㙗●

壹、緒論

命學是根據易學演繹出來的，認爲人類是宇宙間自然的產物，在其理論上說，當宇宙尚未形成物質之前，充滿於宇宙者是一片虛空（並非無的純空），叫做「混沌」（無極），這也就是老子所說的「無名爲萬物之始」，漸漸的由虛空而自然形成物質的原素，其單位之微小，科學家迄今也只證到「τ粒子」，而易理所說的還要比「τ粒子」更細小，在此時期，宇宙間是一片「渾淪」，好像有孕的鷄蛋，打開來看，和無孕的鷄蛋並沒有兩樣，但如用燈光照視時，則隱約有一線黑影可見，此一「渾淪」時期，稱之曰「太極」，也就是老子所說的「有名爲萬物之母」。

因爲有物混成，而且是先天地而生（遠在太陽和地球之先），所以說：「有形生於無形」。因此，也知道「太極」是一元混成體，而其混成的原理是由於兩極（陰陽）的交感作用（太極圖上所顯示的陰陽相互負抱就是說明），由是乃知二由一生（太極分兩儀，亦卽陰陽），同時，由一加二等於三，就是指天、地、人三樣，也就是命學上所說的「太極」本體所包涵的內容，由二生四（四象，用以代表東、南、西、北四方，並用木、火、金、水爲代號，中央用土爲代號，合起來就是「五行」），由四生八（把東南、西南、東北、西北也包括進去），叫做八卦（每卦代表一個方位），八再重八就是八八六十四卦，共三百八十四爻，運用「動變」的理則來推算萬事萬物時空關係，用資尋求合理的答案。

茲有一事尙需加以說明者，就是何以通常只說易有太極，是生兩儀，兩儀生四象，四象生八卦，八卦定吉凶。而上面怎會有由一加二等於三的說法呢？這一方面是因爲「三」是「太極」本體所具有的，如萬育吾先生的三命通會說：「易疏云：太極，謂天地未分之前，元氣混而爲一，蒙泉子曰：太初者，理之始也；太虛者，氣之始也；太素者，象之始也，太乙者，數之始也；太極者，兼理氣象數之始也，由數論言之，可見渾淪未判之先，只一氣混合，杳冥昏昧，而理未嘗不在其中，與「道」爲一，是謂「太極」。」又說：「莊子以『道』在『太極』之先，所謂『太極』，乃是指『天』『地』『人』三者，形氣已具而未判者之名，而『道』又別是一懸空底物，在『太極』之先。不知『道』卽『太極』，『太極』卽『道』，以其理之通行者言，則曰『道』

，以其理之極至者言，則曰『太極』，又何嘗有二邪？向非周子啓其秘，朱子闡而明之，孰知太極之爲理，而自不相離也哉。

其結論則說：「所謂太極者，乃陰陽動靜之本體，不離於形氣，而實無聲臭，不窮於變化，而實有準則，故一動一靜，互爲其根，分陰分陽，兩儀立焉，儀者物也，凡物未始無對，而未嘗獨立。天以生覆而依乎地，地以形載而附乎天，有理斯有氣，陰陽之謂也，有氣斯有形，天地之謂也。天地不生於天地，而生於陰陽，陰陽不生於陰陽，而生於動靜，動靜不生於動靜，而生於『太極』，蓋『太極』者，本然之妙也，動靜者，所乘之機也，陰陽者，所生之本也。『太極』形而上，『道也』，陰陽形而下，器也，動靜無端，陰陽無始，此造化所由立焉。」又說：「是人物之始，以氣化而生者也，鮑魯齋曰：天地以氣交而生人物。」

因此，萬育吾先生的綜合結論大意說：在形質未離的時期，氣是混在一起的，分離之後，就一分爲「三」－天、地、人，所以「三」是「太極」本來所具有的。另外一方面，他在應用方法上「論人元司事」時的大意說：在渾淪之太極時期形質未分時，是不分那個是陰，那個是陽的，到了形質分離之後，輕清者爲「天」，爲「陽」，用甲、乙、丙、丁、戊、己、庚、辛、壬、癸等十干作爲代號，叫做「天干」，代表「天元」，重濁者爲「地」，爲「陰」，用子、丑、寅、卯、辰、巳、午、未、申、酉、戌、亥等十二支作爲代號，叫做「地支」，代表「地元」，形成「人」的原素既來自天體又依存於地球，所以就安排其寄藏於地支而用天干作爲代號來運用，代表「人元」，而地支所藏代表「人元」的天干，在應用時所佔的地位，並不在「天元」和「地元」之下，是異常重要的，所以才說由一加二等於「三」，旨在說明應用上「人元」之所由來。

天地的體積（指太陽和地球等肉眼可見的星球），在整個宇宙而言，只是滄海之一粟，它的產生就是依此理則而形成的，故其運行有其規律的一定規則（不易就是指此定則而言），萬物在此規則下生滅，人類是萬物之靈者，故其感應性特別靈敏，經過長時期的自然形成進化而發皇。這裏所謂的長時期，是指無限個萬年，包括了地球生滅的無限循環，如依宋代邵雍（康節）用易數推算的結果，地球存在的「一大元」週期，是一百六十七億九千六百一十六萬年，其下統攝十二萬九千六百個「元」，「元」下統「會」，「會」下統「運」，「運」下統「世」，一「元」共有十二萬九千六百年，分成十二「會」，用子、丑、寅、卯、辰、巳、午、未、申、酉、戌、亥等十二支爲代號，每一「會」是一萬零八百年，地球可以化育萬物的期間，是從寅「會」迄至申「會」，如一交進酉「會」，地球可以化育的功能卽漸漸萎縮，經亥、子、丑三「會」，其化育功能因氣候寒冷達于極點，幾至停頓，然一經輪至寅「會」，地球又恢復化育功能，而重生萬物，如是運行，週而復始（這是指一個「元」的週行而言，請詳易學應用之研究第一輯陳立夫先生的易學導言），至「一大元」屆滿，地球毀滅，又進入虛空「混沌」「渾淪」時期，然後再形成。其形成的次序，依據三命通會引用列禦寇之言（據辭源載，列禦寇，戰國時代鄭人，與莊周同時，其學本黃帝老子，有列子一書）謂：「有形生於無形，天地之初，有『太易』，有『太初』，有『太始』，有『太素』。」太易是指未見氣的時期，太初是指氣之始，太始是指形之始，太素是指質之始，氣和形質未離的時期，就是「渾淪」時期。佛學則把「一大元」週期，分爲「成」「住」「壞」「空」四大階段，其道理也是一樣的。

按「元」「會」「運」「世」，以「元」統「會」，「會」統「運」，「運」統「世」，尤之年統月，月統日，日統時，十二時爲一日，卅日爲一月，十二月爲一年，卅年爲一「世」，十二「世」計三百六十年爲一「運」，卅「運」計一萬零八百年爲一「會」，十二「會」計十二萬九千六百年爲一「元」，十二萬九千六百「元」爲「一大元」，是地球壽命的一週期（已有的命學書籍，如鐵板神數，其計算基礎，四柱排列，就是把「元」「會」「運」「世」，縮成年、月、日、時、四柱，運用易學數理爻變的理則來推算的）。

由是推論，在一「元」之中，有人類連續存在的期間，大約是七萬多年，易學應用之研究第一輯陳立夫先生的易學導言上說：「北京人頭骨之發現，據專家計算，距今應有五十萬年之久，當爲四元前之人。」而我們現在這一「元」中，有文字記載者才只五千年左右，但依皇極經世書計算，現在則正當這一「元」中的午「會」，又地球的年齡，據黎凱旋先生的易數淺說上說：「近年來的科學家們說它已經活了五六億年至十二億年……。邵康節的皇極經世書上的推算，地球自初生到北宋時代，已經活了六億一千八百八十四萬年。」如以「一大元」的週期計算，地球末日之說，該是還早得很。

上述理論，說明了宇宙天體的生滅，是自然循環性的，正如圓週線上任何一點是始，同時也是終。同理的，人的生也就是死的起點，死也是生的開端，所以佛學依此「無始無終」之理成立因果輪廻之說，命學應用方法上的干支週行生死歷程、陰陽動靜、五行生尅變化、循環週行之理，就是本此而設。人類只是依存於地球的自然產物之一，所以也依此法則而生滅，又因其形成的細胞原素來自宇宙的本體，而且還須不斷的新陳代謝，最明顯的例子，空氣就是依賴地球不停的轉動而產生的，但人無空氣即不能活，所以易經乾卦，象曰：「天行健，君子以自強不息」，聰明才智特高的人（如伏羲、文王、周公、孔子等），乃依此理則，根據天體星球分佈運行等法則，找到其律則秩序，用符號代入，依方程式來演算推究，發明了易學上的「象」「數」「理」，比我們現在的天文、人文、數學等科學更加高深和精微複雜，但也更週到完整，可謂更科學更精確，更涵蓋了一切。

因爲命學上認爲人類是這樣始生的，並不是達爾文所說由進化而成的，更不是由猴子所變來的（這和佛學上所講，構成生命自體的要素，簡單的說法，是「名色」，名是代表精神的，色是代表物質的。更詳細的說法，叫做「五蘊」，就是色、受、想、行、識，色是代表物質方面的，受、想、行、識是代表精神方面的。或者叫做「六處」，是指眼、耳、鼻、舌、身、意六者，前五處屬於生理機構，屬於物質，後一處屬於心理現象，屬於精神。有時也叫做「六界」，就是地、水、火、風、空、識，前五界屬於物質，後一界心識的識，屬於精神。歸結起來，仍是精神和物質二類，也是由於因緣組合而始生的，可見道理是一樣的，只是分類列舉的更詳細而已）。

所以人一生的命運，自然無法脫離此一律則秩序的活動範圍，雖然人的膚色有黑、白、紅、黃、棕等等之分，但內臟組織血液循環等，並無不同，而且只有男女之別耳，不但人體構造相同，形成的細胞原素也一樣，所不同者，只是生活方式的小節略有差異而已，所以有其規則可尋。命學乃由是而產生，而其基本根據就是易學，因爲易學是吾國文化的根源，不僅算命之學，就是科學也在其涵蓋範圍，所以易學之價值及其必讀的原因就不用多說了。

基於上述的認識，只要能將演算的方法和程式代號搞清楚，推算出來的結果自然可以準確無誤。如有出入，也只是因爲生時生地與生活方式上的因素而有次要性的小差異而已，不過，因爲代號只有幾十個字，所以借用和通用的地方很多，而且五行生尅的感應力之運用又極爲微妙，演算的過程又必須融入陰陽五行生尅變化，以致使用很多方程式，定理又很多，樣樣都要顧慮週到，如何去綜合活用，也是很複雜很容易弄錯或忽略的，所以也不太容易將一生所經歷的萬千事情都算得絲毫不差，不過，如能不厭其詳的慢慢推算，準確性的百分比是可以很高的。

推算的方法屬於專門性的學問，不但有很多專門的術語和定理，而且要先找出正確的理論依據才可以，至於正確度的高低，就要看推算者的學識程度和聰明見解、人生閱歷等而有很大的差別了。如能遇到既知其然又知其所以然的人所推算的，其可信度是很高的。因爲如果能把理論依據都弄正確了，再就只是演算的過程變化而已，那是比較呆板的，只要頭腦不亂，有耐心的推算下去，大致上錯的成份是可以減少的。如屬軍國大事非人力所可預知者，如能集合通達者數人合力會算，或可不無參考價值，這就類似孫子所說的「多算勝」了。如是推算出來的結論，除非有特別的大善或大惡之外，是不會有太大的出入的，不過大善大惡雖然可以改變命運，但自己是可以知道的，譬如殺了人，必定逃不了要吃官司，救了人，自己就會心安理得，夜裏有人敲門也心不驚。

因爲因果定律就是宇宙間的循環理則，宿世累積的總和力量大，今生一時的善惡行爲影響力比較小，當然，如果一時傷害了不該傷害的多數生命，其行惡的程度遠超過宿世善行的累積，報應就會很容易的顯現出來了，職務上的行爲也一樣，所以才有公門中好積德的話。

例如盡人皆知，發動第二次大戰的軸心國所得的報應，戰後日本二百餘萬軍民何能免刼，而田中背義之結果，是首相任內不因變亂或亡國竟至下獄，越南吳廷琰總統被害與後來越南的淪亡，而貴爲世界領袖之甘迺迪被刺，尼克森不能終其固定的任期（美越交往的情形，陳香梅女士的往事知多少有描述）。

故有幸生爲醫生或軍公敎人員、智識份子或居高位、握權柄的人，更宜益加珍惜，仁心濟世，必有善報，爲惡的如此，爲善的也同理可以得善報的，這一類的改造命運定數，豈會毫無跡象之道理。所以預知了自己的命運，對於鼓勵行善是有積極作用的，是一種社會教育的良好而有效的工具。

譬如知道了將來有重大的責任要肩負，現在就該努力充實必備的學問；如有惡運，就該努力行善以求改造，如此善行，其成功的程度必然要增加了。相反的，如果依恃好命運而不努力，就是行惡，自然也要得到不成功或降低成功程度的惡報了，這就是算命之用處所在。

至於具體的推算方法，歷代賢哲已有很多很好而週詳的著述留傳，坊間都可以買到，例如唐代殿中侍郎御史李虛中所註的鬼谷子，五代名士徐子平的命理歌賦，宋名士徐大升的淵海子平，明進士萬育吾的三命通會，明誠意伯劉基的滴天髓，名士張楠的神峯闢謬命理正宗，清內閣大學士陳素庵的子平約言，進士沈孝瞻的子平眞詮等等（以上屬於子平法系統的命書），都有很具體的說明，理論和方法都具備，如因文字不好懂，有一部由現任教於中央警官學校教官之吳俊民先生著作的命理新論，全用白話文寫成，分爲上中下三册，內容除了融會上述諸先賢的具體方法以外還加上不少獨到的高明見解，因其是利用本來的函授教材所編成的，初學的人很容易看懂，循序學習，不難入門。此外，徐樂吾先生所註的窮通寶鑑、子平眞註評註、滴天髓補註，也不難懂。至於鐵板神數、紫薇斗數等書，就比較難懂了，鐵板神數年來好像也有白話文解釋的書出版，只是答案還沒有白話文解釋，方法學會，答案如果不懂，恐怕比較不容易得到具體淺白的結論而已。

易學之應用必須要有具體的方法才可以，外國人能用其原理應用於電腦，我們所差的就是不知道具體的應用方法，但幾千年來先賢所遺留下來，比較具體可以懂得應用又已普遍接受的，只有堪輿（俗稱「風水」、「地理」，還沒有白話文具體應用說明的書籍出現，多數人還不容易懂）、卜筮（比較簡易通俗的火珠林雖然有時也會準，但不算正宗，所得到的答案也不容易懂，正宗卜筮法易學應用之研究第一輯有說明），然唯有命學這一門比較具體（有理論有方法全套齊備），又已經有白話文的書籍可資研究參考，而命理之學，國人不但多已接受，已普遍深入民間千百年了，現在還是有很多人相信（甚至迷信），只是因其方法也相當複雜，又多秘而不說，以致一些不肖份子才有機可乘，利用鬼神邪說來騙人（報上時有所聞），如果有興趣者能由其對於易學的具體應用，從而觸類旁通，或使相信者不迷信，不但對於易學之應用有所幫助，最低限度也可以不讓邪說來玷汚聖賢之教，既然已有多數人要接受它，就是一門需要的學問，實不該因噎忌食，坐視不肖者利用來欺世騙人。

同時，近年來不少人都提到過第二次世界大戰時，英德諸國星象兵團的事，事實上吾國現代的將領中，也有不少位不反對或否認其參考價值（古代則更多），吾人如果能夠加以精心研究，使能切實致用，也未始不能有所貢獻，誠不宜因有人誣其虛妄，斥其迷信，就否定其應有的學術地位和價值，避而不談或不屑談也。

貳、陰陽五行與命學的關係

陰陽五行，在理論上似乎只是抽象的名詞，但對於命學卻是實際應用上的最高理則。嚴格的說，陰陽五行之於命學，不僅是其唯一的依據，而且幾乎是其全部。如果抽去陰陽五行，命學立即無法存在。故談命學，不可不談陰陽五行，要談陰陽五行，須溯其源，找個具體的好範例來說明，才更容易明白其道理。

然則有關五行應用的學說，有文字記載者，首見於黃帝內經及書經洪範篇，這是研究易學人士所同意的。依洪範篇的九疇說明，是周武王專誠去拜訪箕子請教的專論。大家都知道，「易更三聖」（如從伏羲算起，連周公應是四聖才合理），周家父子佔了兩位（周文王和周公旦），這是歷史所公認的。武王是文王的長子，是周公的哥哥。武王雖然是軍人，但由於家學淵源，且是實際領導革命成功的皇帝（滅紂之戰是武王打的），可見其學養也是很好的。

箕子本來是殷的太師（紂是殷商最後的一任皇帝），雖曾因諫紂被囚，但不臣周，仍算是武王的敵人。箕子之所以願意將道傳給武王，固然因其是皇帝，有權力可以推展文化，能達到其學術濟世的目的。但是如果武王不信陰陽五行之說的話，就算箕子存心要把握機會來闡揚文化，也不會如此熱誠的。何況武王是易學世家的長子，弟弟周公又是易學大師，不但精通易學，還是八卦爻辭的著作人，何以還會輕易移樽就教，親自去拜訪箕子討教呢？這由箕子所說的九疇，可以窺得答案，同時也可以知道易經只言陰陽而未及五行的原因了。

按照箕子的說法，陰陽五行是太極本體所具有的，要說明易學之應用才需要談到五行。又因其是應用上的原始理則，應用時又要看應用的對象和層次而活用，所以才值得向武王解說。由是推測，箕子可能是當時對於易學應用之研究，具有專門權威心得的名學者，所以武王才會那麼虛心的去請教於他，當然也不該排除政治作用的因素，因爲武王滅紂時，只是攻佔殷的中樞而已（後來又自動撤回），還有很多諸侯國未亡，不願臣周的人還很多，否則，周公攝政時，就無須集中那些遺民（頑民）而又親自出鎮洛陽，也不會任箕子遠去朝鮮，箕子也用不着逃避了。

箕子對於五行理則之應用，在告訴武王的九疇中說明得很詳細。例如整體性的綜合應用，是九疇的次序和依據。個別性的是五行本身是論天道的，列爲第一，叫做五行。應用於人道的，列爲第二，叫做敬用五事。第三是應用於政事的（包括農政、經濟、交通、內政、國民住宅興建、教育、外交、司法、軍事、治安等等），叫做農用八政。第四是應用於天文、氣象、曆數的，叫做協用五紀。第五，應用於鞏固領導中心的，叫做建用皇極。第六，應用於治道的（包括行政管理、政治革新等等），叫做乂（治）用三德。第七，應用於解決疑慮問題的（包括向下授權、分層負責、尊重民意、鼓勵人民參預國事的開放作風等等），叫做明用稽疑。第八，應用於釐訂政策方針的（包括決策和措施），叫做念用應徵。第九，應用於人事行政、民生樂利的（包括人事任免、獎懲、照顧大衆生活、導引民心歸向等等），叫做嚮用五福，威用六極。

以上九疇，就是四千三百多年前夏禹治國所用的九大綱，可說是五行理則具體應用。洪範篇原文有如下一節，文曰：「箕子乃言曰，我聞在昔，鯀陻洪水，汨陳其五行，帝乃震怒，不畀洪範九疇，彝倫攸斁，鯀則殛死，禹乃嗣興，天乃錫禹洪範九疇，彝倫攸敘。」這段是箕子答覆武王求教時開頭所講的話。大意是說：我聽說從前唐虞時代，洪水爲害，禹的父親鯀用隄障的方法，堵塞了洪水的去路，水是五行之一，水性潤下，原該應用疏通的方法，因爲五行是自然的循環理則，有其自然的次序，今用隄障的方法，一行堵塞了，就亂了五行自然陳列的次序，所以上帝才大怒（當時還崇尚神權，所以藉神來說明，如用現在的話講，應是違反了處事的理則），不肯賜給他洪範九疇，所以他才歸於失敗（鯀因治水失敗，被處死刑，一說是埋死），鯀死了以後，他的兒子禹嗣接他的職位，禹有五行的理念，知道水性宜順不宜逆，就應用五行的理則，改用疏通的方法，於是一行順，五行都順，他成功了，天也賜給他在洛水撿到神龜，雖然龜背上只有數目符號，沒有文字，但陰陽五行的道理已在其中，他就依其次序演爲洪範九疇，因爲符合了五行理則的要求，所以成功的條件一切都具備了，用之於施政，民心就自然的歸向他了，所以只要照着五行的理則去行事就對了。

箕子接着又作進一步的解釋，其大意說：九疇中的第一疇五行，是說明氣之運行及天地的由來，其餘八疇所說的都是應用，五行獨不說用，是因爲其餘八疇都是根據五行的理則實際應用之事例。正如其餘八疇都言數，獨第五疇「土」不言數一樣。故論天的，叫做五行。屬於人的，叫做五事。以五事參五行綜合應用，自然就天人相合了。因爲形成天和人的原素，都是宇宙本來所具有的，都包括在「一」（太極）之內

（同源於「誠」），所以「一」的生數是「氣」之始，也是代表「水」的生數。「二」的生數是代表「火」，因性炎上，所以也是「氣」之顯著者，故配以敬用五事。「三」是代表「木」的生數，因其性是由一點向四面八方發展的，「氣」更加顯著，故配以農用八政。這是人遵循天的理則「誠、仁、中、行」來處理衆人的事之必然結果（所以暴政必亡）。「四」是「金」的生數，因其性由四面八方向一點集中，凝聚結晶，「氣」更加顯著而又顯著，故配以協用五紀。「五」居八數之中，是「土」的中氣，統攝四時，其性平行不傾，也兼具無常性和隨附性，所以中央既可支援各方，也可以統攝各方，故配以建用皇極。「六」是「水」的成數，「氣」合而成形，故配以乂（治）用三德。「七」是「火」的成數，「氣」合而形已著，故配以明用稽疑。「八」是「木」的成數，「氣」合而形愈著，故配以念用庶徵。九是「金」的成數，「氣」合而形更著而又著，且能長久，故配以嚮用五福，威用六極。

依上述的實例，一和六的數都屬「水」，二和七的數是「火」，三和八的數是「木」，四和九的數是「金」，五的數是在一二三四五六七八九的次序中，佔中央的位置，代表「土」。所以說，九疇是五行整體性綜合應用的範例，是根據易學演繹出來的。至於其他細目的應用，箕子也列舉很多很詳細的範例，只是全都屬於哲學性的提示，實用時還需加以演繹而已。例如味的方面，水代表鹹，火代表苦，木代表酸，金代表辛，土代表甘。此五味的應用之細目中，就包括有藥理學之應用在內。再如山、醫、命、卜、相、天文、人文、政治、曆數、音律、理學、化學、物理、電學等等，幾乎無所不包，無關本題的，就不多贅了。

總之，洪範九疇是易學應用方法之具體範例之一。其步驟是本此五行理則而設計大綱，再分細目，一層層的分門別類的演繹下去，而及於萬事。因爲武王是皇帝，故以政務和人民有關的部份介紹得比較詳細。但實際應用上，仍不可忽略其他各疇整體性的綜合運用才可以。人是宇宙間自然的產物，依存於地球之上，生活於天覆地載之中，縱使能夠暫時的離開脚下的地，也無法離開頭上的天，而生存到另外的一虛空中去（事實上科學上已得到證明，宇宙有另外的太陽系，但沒有另一宇宙）。就算人類已經征服了月球或其他任何的星球，也是同樣要依此理則生存的（佛學上的極樂世界，只是屬於純精神的境界，沒有肉體的存在，不屬本文討論的範圍）。所以人的生活活動，無法脫離這個理則範圍是無疑的，故應以天、地、人爲本，遵循五行理則所設計出來的方法，去求生存發展，才是正確的，也才會容易成功的。命學對此仿效應用得頗爲具體，所以凡是推算方法用對的，不論其過去或未來的事，都可以瞭若指掌，準驗如神，原因就在於此。筆者在前面曾說：易學應用必須要有具體的方法才可以，希望有興趣者，能由其對於易學的具體應用，從而觸類旁通。因此，特將洪範九疇略作介紹，以溝通陰陽五行是一種可以致用的理則之觀念，應用時要先分明層次和對象活用，才不致於發生偏差，或視之爲虛玄之學。

叁、命學上對於陰陽五行的說法

命學上論陰陽五行之由來時，也認爲旣然宇宙間之萬物由生至死，都無時不在動，不在變，而其變動的原動力又是宇宙本來所具有的「氣」，陳立夫先生之易學導言說：「所謂氣者，以現代文字言是指『能』而言，後人稱之曰『誠』。」三命通會論五行也說：「五行者，往來乎天地之間而不窮者也，是故謂之行。」五行何以會往來？更舉例的說，是因爲「北方陰極而生寒，寒生水，南方陽極而生熱，熱生火。」何以會生寒生熱呢？是由於原有的「氣」依自然循環理則之行也。而這種氣是看不見又無聲無臭的，在其動變的過程中才自然形成「動」「靜」（陽陰）的一種「屬性」，有是配合時空條件而自然凝聚而成的，故如時空條件有變，其作用也是會起變化的，有如化學作用一樣，命學應用方法上的生、洩、尅、制、從、化、冲、刑、會、合、穿、害等等的定理，就是本此理則，依層次的應用演繹而來的。

這種「屬性」歸類分爲炎上性的、潤下性的、騰上性的、沉下性的、無常性的（也兼具隨附性的）等五類。易學應用之研究第一輯，陳立夫先生的易學導言，曾更進一步的解釋說：

「其行動向上者以炎上性之『火』以代表之 ↑，其向下者，以潤下性之『水』以代表之 ↓，其由一點向四面八方發展者，以枝葉莖根同時生長性之『木』以代表之 ，其由四面八方向一點集中者，以凝聚結晶性之『金』以代表之 ，其平行不傾者，則以趨向平坦性之『土』→←以表之……。昔人誤五行金木水火土爲五物，是爲大錯，苟爲五物，何以稱爲五行，其理甚明，此一錯誤，實使吾國文化由動變靜，損失至大。」這就是五行的由來。

上面所說的五行，都是同時具有陰陽兩性的（如同男人的體內有女性的賀爾蒙，女人的體內也有男性的賀爾蒙是一樣的道理），如因時間和空間的條件不同，是會起不同的變化的。在時間上，例如一年四季春夏秋冬的運行秩序是自然的，小如每月的朔望（每月的初一日和十五日），每日的晝、夜、晨、昏也一樣，這種自然，是人爲力量無法改變的。在自然的理則上言，是春以生之，夏以長之，秋以肅之，冬以藏之。由春而夏，由夏而秋，由秋而冬，由冬復春，是自然相循無窮的。例如「木」在春天生氣最旺盛，在夏天生長得最快，在秋天就開始停頓了，到了冬天就等於休眠了。其餘的道理也一樣，這是屬於時間條件方面的。

另一方面，五行的質既然各異，四時的氣也各不同，宇宙又是不停的在動變之中，自然陰陽五行的位置也無法固定不變，也要配合時空條件而動變的，不過在變的當中，却有個不變在。陳立夫先生的易學導言說：「不過宇宙萬有，儘管是在變，而飛潛走植，各以類聚，生長衰滅，層次分明，既不是雜亂無章的變，更不是漫無際涯的變，變的當中，有個不變者在，如水之變爲氣，須經過百度以上的熱，水之變爲冰，須經過零度以下的冷，不僅水是如此，舉凡萬有現象的變，都得要遵循一定的軌道，並恪守一定的限度，這一定的軌道和一定的限度，不會變動的，就是『不易』。所以治易者一經在千變萬化之中，找到了『變易』的途徑及原理，這就發現了『不易』的一面。知道了『變易』而又知道了『不易』，自然使人對于一切事物的認識，有了本末先後之辨別，豈不是『簡易』得多，所以『變易』與『不易』是對易自身的現象和軌迹而言，『簡易』是對人的知識和了解而言，其不同者在此。

『變易』和『不易』，以語意而論，是矛盾的兩面，不能同時並存於一件事物之上，例如我們對於某一件事物，說它是在變也好，說它是不變也好，決不能同時說是變，而又說是不變。爲什麼釋易之名，既然說是『變易』，而又說是『不易』？豈非矛盾嗎？這却不然，因爲宇宙間的現象，繁複得不可指數，而且白雲蒼狗，變化莫測，假使我們想要瞭解這些現象，只是跟著這些現象後面去追求，那必然是眼花撩亂，得不着一個是處，卽使能夠獲取皮相的認識，而又由於現象本身的變化，我們所獲取的認識是如此，而現象已變爲彼了，最後還是陷於困惑不解，由是可知追求變化的現象，是徒勞無補。易就針對這個問題，而謀所以駕御變化的現象之方法，於是在『變易』之外，拓開一個『不易』的門徑，因爲『變易』是屬於現象外在的形態，而『不易』則屬於現象內在必遵的軌道和必守的限度，也可以說是內在的法則。外在的形態，雖是一息萬殊，內在的法則，却是一成不變，以不變的法則，駕御變化的現象，不論現象是如何的在變，從變的過程中，總歸有個門徑可循—必遵之軌道和必守之限度，有了可循之門徑，便可以由繁而簡，由難而易，由隱而顯，一步一步的向前探索，就感到簡易不少了，而現象的本質就不難瞭解了，易之主要功用就在此，我們治易的目標也就在此，所以說『易者變易也，不易也，簡易也。』」

由於上述的瞭解，所以命學上認爲陰陽五行的理論不僅是成立的，而且在應用上還奉爲最高的準則，同時也確認五行各有其性，每一行都各具一太極，四時自有其序，所以五行四時的運行是週而復始的，因此，萬物是統體在一太極之下，而性無所不在，這就是說，這一理則，大可擴展到全宇宙的無限大，小可至於最微小的無限小，同樣都各具有一太極，都依據陰陽五行的理則而生滅的。由是，組成人的細胞固然各具有一太極，整個人體也是一太極，細胞的各別活動和人體的生理活動是同樣本此理則的，所以說，天下無性外之物，而性無所不在也。

命學在其應用方法上，也曾根據上面的理則，有一套可以推算人的疾病之方法，依其推算，可以預知某時會患某種病，其主要理論是認爲地球轉動，四時變化，和這個人個別所具有的五行發生衝突，不能相適應，所以才會生病，其推算的方法是先將人體的五臟六腑各器官，甚至全身各部位，都用陰陽五行的干支作爲代號，融入於算命方法的定理演算（就是干支的陰陽五行的冲尅刑害的法則），所以可由四柱配合行運變化推算，而可預知這個人何年何月會患什麼病？甚至由什麼病起因，引發什麼併發症，於何年何月甚至於何日痊癒或死亡。其陰陽五行干支所代表的人體器官或部位，恰和中醫吻合，可參閱易學應用之研究第一輯易與醫道(二)和三命通會疾病五臟六腑所屬干支即詳。

「氣」聚而成形，故形之本體是「氣」，此氣是指自虛空時期層次所具有的「氣」而言，也就是前面所說的動變的原動力的「氣」，故所謂虛空，並不是無的純空，只是形質的單位微小到和無一樣而已，所謂有形生於無形，也並不是眞正的由無生有，嚴格的說，只是一種形容詞而已，旨在說明其微小到無法顯示其無中之有而已。就是講空，佛家所追求的涅槃，依解釋，也是「不生不滅」的一種境界，旣言不滅，可見不是完全沒有，不論是指精神的不滅，或指物質的不滅，只要不滅，就不是無，所以有形生於無形，並不是無中可以生有的意思。當然，佛學上的「不生不滅」是講「中道」，不過，就是「中道」，也不是絕對的「無」是可以認定的。因爲佛學的空觀，只是認爲「色」是緣起的假相，是無常性，不是永恒的，所以等於「空」。並不是什麼都沒有的空，要是眞「無」，何來因果、輪迴、業力呢？因此，氣聚才可以成形，而形必有性，性是主，五行只是其經緯錯綜的分類名稱而已。否則五行何能相生呢？因爲最原始的性，是完全一樣的，前面說過，天地萬物都是宇宙本有的元素「氣」所形成的，只是層次距離越遠，才分別的越分明而已。例如佛家有「狗子也有佛性」的話，如果站在人和狗這一層次來說，那是不可能的，但如深一層或深幾層去看，狗的確也具有多少人類的聰明在，我們不是常見到義犬救主的事實嗎？如果拿最原始的組成元素來說，不但狗的「性」和人一樣，天、地、萬物、都同是宇宙間本來所具有的元素所組成的，所以五行的性，本來就是一樣的，但是到了分五行這一層次時，就有些不同了，只不過差別還不太大而已，如相距更遠的層次，分別就大了，例如以現象的層次而論相生的例子，人可以生人，狗也可以生狗，各別的相距都比較近，但人不能生狗，相距就遠些了。又如數月前報上所說的「試管嬰兒」談「基因」，這是屬於專門的東西，不是一般人所能懂的，我們只講達爾文的進化論。達爾文由物種由來而創建出物競天擇之理，認爲生存競爭，優勝劣敗是顚撲不破的眞理，其信徒們更錯將其研究生物所得優勝劣敗的道理應用到人類社會這一層次來，以致造成了强國併呑弱國，歐洲人自認爲是優勝者而來壓迫亞洲各民族。國父　孫中山先生主張宇宙是分期進化的，認爲生物進化的階段，所謂競爭生存的道理不適合於人類社會的生存發展，並將宇宙進化分別爲三個時期：第一是物質進化時期，由太極、電子、元素、物質，而成地球，在這個時期沒有生命存在，所以無所謂是競爭或互助。第二是物種進化時期，由生元開始，物種由微而顯，由簡而繁，經過千百萬年而產生人類，這個時期進化的原則是競爭。第三是人類進化時期，人類進化和物種進化不同，人類進化的原則不但不是競爭，而且是互助。他在孫文學說第四章裏曾說：「物種以競爭爲原則，人類以互助爲原則，社會國家者，互助之體也，道德仁義者，互助之用也，人類順此原則則昌，逆此原則則亡。」　國父這進化原理的提出，不但矯正了達爾文學說的缺點，而且正確的指出了宇宙人類進化的道理。由此可見達爾文的進化論並不能解答人類由來的疑問，也不適用於人類的層次，而　國父的宇宙分期進化論，正是易理的具體闡發，尤其分期進化的說明，更是分明層次的解釋。

物種和人類分明是兩回事，不可混而爲一。可惜最近電視「動物奇觀」的影片翻譯說明，還把猴子說成人類的祖先。人眞是猴子進化而成的嗎？以今天的科學文明，不難獲得證明，嚴明界說。「試管嬰兒」不是還要用人類的精子才能培育嗎？試用狗的精子，以人工受孕到母豬的子宮去，不但不能生狗，而且不能受孕（自然排拒了），是不是也試用人類的精子，人工受孕到猴子的子宮一試就知道了，何必再以訛傳訛呢？

辭源載：「馬牝驢牡交配可以生騾，體健而能任力役，但驢牝馬牡，因精子不成熟，就不能傳種。」也許層次相同，有如異色人種可以結合一樣，但狗和羊外形也很相似，是否也可以交配而生育呢？這種試驗，在今天已經毫無困難，何不試試，也免得老是要猴子來當我們人類的祖宗，豈不好嗎？「試管嬰兒」起初報上還說是人造人呢！實在未免誇張的太離譜！科學固然是很進步不錯，但別說是人造人，就是人造蒼蠅、蚊子、螞蟻都還沒做到是事實，當做奇幻小說茶餘酒後閒聊都不適宜的事，拿來電視上廣爲介紹，教給下一代，實在是不對的，宜速改過來，以免貽誤子孫！

所以五行在人這層次上的應用，尤其是在命學上，五行不但可以相生，而且還可以相尅，但生與尅也要看份量比例的多寡，配合時空條件和成份而定，例如水可以尅火，但少量的水不但尅不了火，而且還會助燃呢？因爲水中的「氧」是助燃的要素也。由是可證，水火的性，在形成水火的這一層次是不同的，但其各含的成份中，却有相適應的成份在。也由此可知道，五行生尅之道理的應用，也要看層次和時空等主客觀的條件而有所不同的。如何才能拿揑得恰到好處，這就屬於「中庸」的大學問了。命學已有的應用方法，似可提供我們相當價値的參考。

肆、命學對於陰陽五行的應用

命學上說：陽而健者（指剛性）成男，陰而順者（指柔性）成女，陳立夫先生的易學導言說：「陰陽家的理論依據，要不外乎二氣五行，所謂二氣，就是乾坤二氣，易經裏六十四卦三百八十四爻，無非是乾坤二氣在運行（按乾就是陽，也是動；坤就是陰，也是順），所謂五行，就是乾坤二氣五種運行的狀況，通常以金木水火土來表示。金性內斂，表示內向運行；木性外揚，表示外向運行；水性潤下，表示下向運行；火性炎上，表示向上運行；土性平實，表示平向運行。而金木水火土五行，又與八卦相配合，按納甲，乾兌納金，震巽納木，坤艮納土，坎納水，離納火，八卦和五行，其間原有不可分的關係。此外，陰陽家的四時，分爲二十四節氣，完全是來自十二辟卦，如正月立春、雨水，爲泰卦；二月驚蟄、春分，爲大壯卦；三月淸明、穀雨，爲夬卦；四月立夏、小滿，爲乾卦；五月芒種、夏至，爲姤卦；六月小暑、大暑，爲遯卦；七月立秋、處暑，爲否卦；八月白露、秋分，爲觀卦；九月寒露、霜降，爲剝卦；十月立冬、小雪，爲坤卦；十一月大雪、冬至，爲復卦；十二月小寒、大寒，爲臨卦。據此，則陰陽家的一切說法，是得之於卦氣。」

那麼何以木代表東方，火代表南方，金代表西方，水代表北方，土代表中央而又寄旺於四季呢？這是根據文王的八卦方位（也叫做後天八卦）的次序來的。文王因爲恐怕伏羲所發明的八卦方位（也叫做先天八卦）一般人不容易懂，不會應用，所以才發明這後天卦位的排列法，用以啓發後人對於易學的應用，此對吾國文化歷久彌新之貢獻眞是太大了。文王又何以以木來代表東方呢？對這一點的解釋比較詳細而又符合原意的，可以參閱明代來知德著的來註易經圖解。爲使讀者省得查閱之煩，謹錄原文一段，他在圖像補遺中說：「諸儒因邵子（指宋代的邵康節先生）（三百多年）解文王之卦，皆依邵子之說，通說穿鑿了，文王之方位本明，而解之者反晦也，殊不知文王之卦，孔子已解明矣，帝出乎震一節是也（這一節就是易經說卦傳第五章），又何必別解哉？朱子（指朱熹先生）乃以文王八卦，不可曉處甚多，不知何說也，蓋文王以伏羲之卦，恐人難曉，難以致用，故就一年春夏秋冬方位卦所屬木火土金水相生之序而列之，今以孔子說解之于後。

（太極圖的看法，和近世一般看地圖的習慣相反，上面是南，下面是北，所以震卦是東方，餘類推，震巽都屬木，離屬火，坤艮都屬土，兌乾都屬金，故由震右旋，正好是木生火，火生土，土生金，金生水，水生木的順序。）

「帝者，指東方青帝，一年之氣，始于春，故出乎震。震，動也，故以出言之。齊乎巽，巽者，入也。時當入乎夏矣，故曰巽。巽東南也，言萬物之絜齊也，蓋震巽皆屬木之卦也。離者，麗也，故相見乎離。坤者，地也，土也。南方之火生土，方能生金，故坤艮之土，界木火于東南，界金水于西北，土居乎中，寄旺于四季，萬物之所以致養也，所以成終成始也。坤、順也，安得不致役，故言致役乎坤。兌、說也，萬物于此而成，所以說也。乾、健也，剛健之物，必多爭戰，故陰陽相薄而戰。坎、陷也，凡物升于上者必安逸，陷于下者必勞苦，故勞乎坎。艮、止也，一年之氣于冬終止，而又交春矣。蓋孔子釋卦多從理上說，役字生于坤順，戰字生于乾剛，勞字生于坎陷，諸儒皆辭害意，故愈辨愈穿鑿矣…。」以上解釋中的震卦，也代表雷，也代表春天。

伍、命學上陰陽五行運行的軌道

前面說陰陽五行的運行，都要遵循一定的軌道，並恪守一定的限度，那麼這條軌道何在？運行變動的速度如何？如果這些答案不知道，又將如何運用呢？這個問題在洪範篇上是包括在第四疇的細目「曆數」之中，其方法是以時間和空間來相互推求的，例如由於春夏秋冬四季不同的時間，可以算出月球、地球，和太陽等星球彼此間的位置角度，也可以由其位置角度的不同，求出晝夜朔望時間的未知數，因爲地球的面積也相當大，如因經緯度的不同，時間上也有差別，故世界標準時間，是以地球上每隔經度十五度劃爲一時區的。我國幅員廣大，西起東經七十度，東至東經一三五度，共分五區，臺灣列在東八區內，大陸隴蜀一帶列在東七區內，每區時差一小時，更詳細的區分，請詳氣象局資料，這種時區的時差，現在的觀光飯店櫃台後面牆上所掛的時鐘很多個，分別表示的很清楚。所以在實際應用上，曆數就是日曆，只是要用農曆才方便，是命學的主要工具，算命要先知道出生的年月日時才可以的原因就在於此。因之，曆數可說是命學應用上的標準度量衡器，如果曆數本身弄錯，算命也就不會準了。由是益可證明綜合應用的重要性。也因此，研究命學的人士，對於四時節氣、日刻、時刻、太陽躔次太陰納甲及出入會合、五行旺相休囚死並寄生十二宮等等的知識，也就成爲必修的課程了。雖然一般的通書、萬年曆，都是現成的工具，都可以用，但如論及時刻或校正錯誤時，如果不知其所以然，就會影響到準確度了。尤其學習鐵板神數者，因其生時還要講求到分刻都不宜差錯，就更不能不懂了。所以民間一般職業的算命先生，很多擇日、算命、卜卦合在一起，有的還兼堪輿（俗稱看地理看風水）出版通書呢！擇日和通書並不完全一樣，與命學的應用也有所不同，就不贅言了。

洪範篇上箕子推衍九疇細目，以五行屬天說，五事屬人說，五事五行綜合應用就自然天人相合了。那麼如何應用？其過程和結論又如何？因其不僅是易學的精髓，也是命學之根基。故有說明之必要。陳立夫先生的易學導言中「闡發宇宙萬有之生存進化原理——天道人道合德」一節，已有很詳細的解釋，謹摘引於下：

「人類的一切智識和發明，都是爲求生存，所以求生存才是進化的重心，仰觀俯察，近取諸身，遠取諸物，無非在探索宇宙現象之變化，而着眼于合乎生存的道理與方法而應用之，其開始所發現者，爲人有男女之分，男女結合，始有生育，以後復發現萬物亦均有雌雄，有雌雄然後生生不已，惟男女萬物之所以能生存，全賴天與地之養育，故天地亦似男女，缺其一卽不能化育生物，在化育之觀點看來，人好比一小天地，如果知天地生存之理，則人類自可效法，以達己身之生存。茲述其所發現者如下：(1)天地之形成，由混沌之無極而至有形之太極⋯（下略）(2)一經形成，卽佔空間，而稱太極，以平面言，卽有兩儀與四象，以立體言卽有三進向之八卦。(3)八卦乃指一物從立體之分析說明而言（細胞之分裂、遺傳學之內涵將來或均可從八卦之理研究得之），惟宇宙間無一絕對不變動的立體之存在，萬物由生至死均無時無刻不在動不在變，卽以宇宙本身之大，亦不斷底在動變之中，月球繞地球而動，地球及諸星又繞太陽而動……，總之每物時時在自己轉動，亦時時在繞一中心而公轉動，在自動與公動之過程中，均有其方位並有可計算之時間，此時間與空間，易稱之曰「時」與「位」，而此不同之時位，卽一物本身之八卦，必須予不同時間佔其所繞轉之中心之不同的八卦方位之空間，因而此種配合應有八乘八之六十四，此卽六十四卦之產生也。惟其有動變，才有六十四卦，如再欲說明其不同之動象及位置而每卦又有六爻，蓋進一步說明動中尚有更細密之時位變化也。(4)大的變動，雖有六十四種不同的時位配合，再細分之，則有三百八十四種稱之曰爻，惟儘管變化多端，仍有可循之軌迹，例如月球每繞地球一轉有一定時日，地球繞太陽一轉亦有一定時日，故凡有象，卽有理，有理卽有數，晝盡夜來，四時循行，均足以證明變動並非永久直線向前，而在周轉，自亦有其相對不變之軌迹可循，如二十四小時爲一日，三百六十五又四分之一日爲一年，河圖洛書，就是吾國最古的數學，最早用之于計算天文氣象者也，均憑人類之智慧而得之也。(5)天體中在動變之單位，不知凡幾。其何能各得其所，而不撞擊，則必各自在約束，相互在安排，庶幾能達共同生存之效，此之謂「致中和」，天體中諸單位，各安其位，必賴于此，後來人效法天，領悟了人與人間亦應各自約束相互安排，而得了「仁」與「義」之大道理，故曰「致中和，天地位焉，萬物育焉。」(6)陰陽時位爲生存之四大要素，前已言及，惟孤陰不生，獨陽不長，有位而無時不生，有時而無位不存，如何調整此四大要素，俾遂其生，成爲主要之課。⑺一切的動變雖有賴時時調整（時中），終不離乎物極必反之原理，一經趨向極端，卽走向其相反之方向，例如三個向左轉，就向了右，繼續不斷底向東飛，會飛到西邊去。故動變而又能保持均衡，爲最合乎理想之成長。⑻有陰無陽，或有陽無陰，卽無生命，無生命卽無動變，無動變則乾坤息矣，故陰陽消長時位適應，爲生命不可瞬息或缺之象，亦爲生存不可或背之理與數也，其中陰陽雙方彼此消長、盈虛、大小、多少種種相對之名詞亦可以陰（⚋）陽（⚊）代表之，而一生命之向一目標前進，則稱之曰「行」。⑼行必有方向，其行動向上者以炎上性之「火」以代表之↑…（下略）。⑽宇宙間一切的動，其表現均爲波浪形，如聲、光、電、熱、力等是也，合五行而言，亦爲一波。大而至于天體之動，小至原子之動，均循五行而前進，由旁而視之則爲一波浪形，由兩端正視之，則似螺旋形，而有周而復始之象，此乃晝夜四時之所由來，亦物極必反之理由之說明也。」

以上十點爲吾祖先對乾坤宇宙之認識，從存在以至于不存在，爲一生命之過程，故宇宙亦爲一生命。乾爲陽（⚊），坤爲陰（⚋），上下四方之三進向空間爲宇，往古來今之四進向時間爲宙，陰陽時位爲支配生命之四大要素，由陰陽兩儀演進至六十四卦，然後生命過程中之一切可能變化，盡在其中矣。由伏羲、文王、周公，以至孔子，文明日進，天道益明，人既爲天地大生命中之一小生命單位，其生存之原理，自亦不能離乎天道，孔子天縱之聖，遂將天道變化之六十四卦，各配以人道，易遂成爲貫通天道人道之鉅著矣。舉乾坤二卦爲例而言：「天行健（天道），君子以自強不息（人道）。」「地勢坤（天道），君子以厚德以載物（人道）。」其餘之六十二卦，亦無一不然。余故以「知天命，盡人力，以止於至善」，釋易之功用，至于「思知人，不可以不知天」，蓋欲使人從天道之變化以知人也。人道中之最重要者莫過于「誠」以律己，「仁」以待人，「中」以處事，「行」以成物，四者固無一不從天道中之生存原理得之也。

陸、命學上陰陽五行的生剋應用

命學對於陰陽五行應用方法上，很重視生剋關係，其生剋次序，就是木生火，火生土，土生金，金生水，水生木。金剋木，木剋土，土剋水，水剋火，火剋金。先設定人的出生年月日時四柱之日干支代表「我」，何以用出生之日柱代表「我」呢？這是「子平法」依據李虛中的方法所改進的，如依唐代時期，算命多以年柱代表「我」，雖然有時也兼用年月日時四柱來推算，但不具體也不普遍，所謂「以年爲主」。子平法認爲年比日大了三百六十五又四分之一倍，應該以日爲主才能更精確，其所包括的個人出生年月日時的干支組合，不同的組別也更多，更週到。而且日的上面是月，下面是時，關係更爲密切，生尅化合作用也更容易分別親疏等等理由。所以就主張改用日柱爲主來推算才會更準確，預言論斷的根據也更爲有力可靠，經過千餘年來的經驗，證明此法的確更恰當更高明，所以子平法才成爲命學的主流。因此，今人算命，都以日代表「我」，用以對照年月時三柱的干支，和日柱本身的地支，與各支所藏代表「人元」的天干和行運、流年、流月等干支所屬的陰陽五行的生尅和數理關係。遵照易數的方法來推算，所得的答案，並有種種專用名稱來代表，如正財、偏財、正官、偏官、正印、偏印、食神、傷官、比肩、刼財、陽刄、七殺等等。此外，各柱的干支上下兩字合組起來，也另外產生陰陽五行的關係，例如出生年的干支是甲和子兩字，合併起來「甲子」一組，也代表五行之一（行運的年月日也一樣），這種干支合組的理論依據，是十天干代表「天」的五行，以一陰一陽依序言之。其中甲、丙、戊、庚、壬五干代表陽，乙、丁、己、辛、癸五干代表陰（亦謂之五運），十二地支是代表「地」之五行，並代表方隅言之，其中子、寅、午、申爲陽，（子也代表北，寅也代表東，午也代表南，申也代表西），土居四維，王在四季之末（每季之末月，卽三、六、九、十二等月，各佔十八日），辰、戌代表陽土，丑、未代表陰土（亦謂之六氣），合五運六氣而立年月日時，因天干始於甲而終於癸，是依河圖生成之數來的，地支起於子而終於亥，是依洛書奇偶之數來的，又因爲每年的節氣陽（冬至）自復卦開始，六變而乾陽備，亦卽 ䷗ 地雷復，䷒ 地澤臨，䷊ 地天泰，䷡ 雷天大壯，䷪ 澤天夬，䷀ 乾爲天。陰自姤卦始，六變而坤成，亦卽 ䷫ 天風姤，䷠ 天山遯，䷋ 天地否，䷓ 風地觀，䷖ 山地剝，䷁ 坤爲地，等是也。這種一爻一爻的變，代表每月氣候依序自然的變化，三爻都變，表示一季氣候的分界，曆書上每年的開端由立春算起，但論節氣，則由冬至開始算，故民俗有冬至吃糰圓就增加一歲的話，算命方法也以冬至爲據，凡本年冬至時日以後出生的，其年柱就要使用明年的甲子來算才可以，如果忽略了，就會影響到準確率，其故在此。

陽干又喻之爲陽幹，陰干喻之爲陰幹，陽支則喻之爲陽枝，陰支喻之爲陰枝，陽干配陽支，陰干配陰支，好像樹木之有幹有枝之意，自甲子爲首，以六甲五子次第推排而盡於癸亥，可以成爲六十組，計陽干有卅組，陰干也有卅組，一共六十組，共用卅個不同的名稱來分別代表陰陽五行的性質和強弱，性質是用五行的金木水火土來分別，强弱是用數的多少來分別，命書上有計算好的現成圖表可資背誦記住，方便應用，例如庚寅、辛卯兩組，性質上屬於木，數值上則屬於「松柏木」，壬午、癸未兩組，性質上也是屬於木，但數值上就屬於「楊柳木」了，「松柏木」表示經得起霜雪，很旺盛等等。「楊柳木」就比較柔弱，這不過只是隨便舉其表面的木性一例而言，應用時還是要分別各種條件綜合應用才可以，不能以此爲據。這就是命學上所用的六十花甲納音五行，也是早期的推算方法，準確率也很高。如能加入子平法綜合應用，靈驗度可以更爲提高。

三命通會上對於納音五行說明的非常詳細。所佔的篇幅很多，現在市面上的版本多達廿二頁，共用了二萬多字來說明，可見萬育吾先生對六十甲子納音五行於命學應用上之重視，可惜因爲時代的不同，使用語言文字的習慣不完全一樣，尤其所含的易數又很深奧，計算的方法也相當複雜，實在頗難懂，以致不少人都不大採用，或只照歌訣在四柱下面寫上五行名稱聊備一格而已，眞正應用的並不多見，因爲要能將納音五行作恰當的融入於出生年月日時胎的干支來應用，必須要先知道其所以然，實在頗費心神，但是如果能夠應用，對於提高推算之準確率是有幫助的。

柒、納音五行─十二律的由來

納音五行源於易學，屬於音律部份，是黃帝時代根據易學發明的十二律呂，也就是高低十二音調，如同現在音樂譜上的A調B調C調等的意思一樣，共分兩組，每組六調，分別適合於男聲唱的陽音，叫做六律，適合於女聲唱的陰音，叫做六呂，是黃帝命伶倫氏到崑崙山去採取一種特產的竹子，製成十二個竹管子，以吹出「黃鐘」之「宮」音的長度爲準（黃鐘之宮音，就是第一調的「1」之音），依據易數用於音律的三分損益法（三分損益法是誰發明的不知道，但比較早期的記載，見於管子地員篇，史記、漢書，也都有記載）。所列黃鐘管子的長度，是九寸長，直徑九分。尺碼到底是和現在的英尺或台尺一樣或是另外一種長度，有待於度量衡專家的考證，不過那時候黃鐘的管子，正好可以裝下一千二百粒黍粒，伶倫氏就用這十二個竹管子，在山上配合鳳凰的鳴聲，雄的鳴聲屬於陽，爲六律，雌的鳴聲屬於陰，爲六呂，這也是依據乾坤二卦十二爻，陰陽各六爻而來的，十二律呂的名稱次序是：A、黃鐘。B、大呂。C、太簇。D、夾鐘。E、姑洗。F、仲呂。G、蕤賓。H、林鐘。I、夷則。J、南呂。K、無射。L、應鐘。依次A、C、E、G、I、K等單數的爲陽。B、

D、F、H、J、L等雙數的爲陰。這十二個調門之所以分別陰陽，一方面也是認爲同一調門的音，用男女聲分別唱出來的音色不完全一樣。此正足以證明天生自然的音階，不可以用人爲力量强制使其平均。我們十二律呂音階是配合自然而來的，所以如胡琴、小提琴，拉起來比鋼琴、風琴好聽些，就是因爲琴鍵的音階是固定的平均律所產生的關係。故易學上的音律，實在更精微，更週密，更科學。可惜現在的人却都喜歡到外國去學音樂，所以我們的文化復興工作實已急不容緩的了。

五音是由律呂所產生的，孟子說：「不以六律，不能正五音。」意思是說，如果不知道使用標準的調門，音就唱不準了，音調不對，不是有句「五音不全」的俗語嗎？五音，在實際應用上是七音，就是宮、商、角、變角、徵、羽、變宮等七音，也就是等於現在的1234567，只是古今的名稱不同而已。不過也因爲古代的樂譜，對於變徵「4」和變宮「7」這兩個音用的少，同時，這兩個音是由基本的五個母音中變出來的，所以只講五音，又因其母音已經配有五行，而且五行又只有五個，所以五音配五行也就不用這兩個變音了。

十二律呂就是十二個調，每一個調的1234567的音階都不一樣，換句話說，每一個調都可以產生一組五音，十二律呂（調）就有六十音了，每一音有一陰陽五行配合，六十音就要用六十組陰陽五行來配合了，六十組先分別爲陰陽兩大組，每大組之下有卅組，正好和干支六十組陰陽各半相配合，其配合的方法，也是遵照易數計算而來的，前面洪範篇講過五行的數，水的生數是一，火的生數是二，木的生數是三，金的生數是四，土的生數是五，水的成數是六，火的成數是七，木的成數是八，金的成數是九。易數止於九，九是數的最大者，所以不言十，因爲十就要進位爲一了。這是根據洛書上的數是始於一而終於九而來的。至於配合五音的次序是「宮」代表水，「商」代表火，「角」代表木，「徵」代表金，「羽」代表土，十二律呂每律五音，共六十音，以配六十甲子。

三命通會總論納音上說：「論六十甲子納音，本六十律旋相爲宮之法也，一律含五音，凡氣始於東方而右行，音起於西方而左行，陰陽相錯而生變化，所謂氣始於東方者，四時始於木，右行傳於火，火傳於土，土傳於金，金傳於木（這就是前面已講過的文王後天八卦方位的次序）。所謂始於西方者，五音始於金，在旋傳於火，火傳於木，木傳於水，水傳於土，納音與易納甲同法，乾納甲，坤納癸，始於乾而終於坤。納音始於金，金乾也，終於土，土坤也。五行之中，惟有金鑄而爲器，則音聲彰，納音所以先金，白虎通曰：「兌音也。」又說：「納音之法，同類娶妻，隔八生子，此漢志語也，律呂相生之法也……。」以上這一段話，萬育吾先生也舉了很多例子說明其推算的方法。但一般命書上比較常用的多是依照太玄數與大衍之數所推求的，不過不論用何方法推算，都是本着河圖洛書正反五行的理則而產生所謂同類娶妻，隔八生子的律呂相生之法來的。所謂「六十甲子納音，本六十律旋相爲宮法也。」是說六十甲子的納音是根據六十律的旋相爲宮的方法來的，至於如何旋法，易學應用之研究第一輯孫毓芹先生的易與音律已有很詳盡之說明，不再贅言。

按干支之數，照太玄數的方法計算，所配的積數如下：

1. 天干數：甲九，乙八，丙七，丁六，戊五，己九，庚八，辛七，壬六，癸五。
2. 地支數：子九，丑八，寅七，卯六，辰五，巳四，午九，未八，申七，酉六，戌五，亥四。

大衍之數五十，其用四十九，就是用四十九爲基本數，扣減去干支所配的積數，扣剩的數再除以五，其除不盡的餘數如果是一，五行卽爲水，二爲火，三爲木，四爲金，五爲土，然後再以五行相生的方法推之，其所生之五行，就是該組干支所求之納音五行了。例如丙寅、丁卯這一組的積數是7＋7＋6＋6＝26， 將四十九減去二十六，餘數爲二十三，再除五，五四得二十，餘數是三，三屬木，木生火，所以火就是丙寅丁卯這一組的納音五行。火在音律是徵音，徵音在五行上也正好屬於火。因一般命書所載之六十花甲納音五行圖表鮮有列明積數者，茲謹附如下，俾供參考：

六十花甲納音五行積數表

納音五行	積數	納音五行	積數	納音五行	積數
甲子乙丑海中金	34	丙寅丁卯爐中火	26	戊辰己巳大林木	23
庚午辛未路旁土	32	壬申癸酉劍鋒金	24	甲戌乙亥山頭火	26
丙子丁丑澗下水	30	戊寅己卯城頭土	27	庚辰辛巳白蠟金	24
壬午癸未楊柳木	28	甲申乙酉泉中水	30	丙戌丁亥屋上土	22
戊子己丑霹靂火	31	庚寅辛卯松柏木	28	壬辰癸巳長流水	20
甲午乙未沙中金	34	丙申丁酉山下火	26	戊戌己亥平地木	23
庚子辛丑壁上土	32	壬寅癸卯金箔金	24	甲辰乙巳覆燈火	26
丙午丁未天河水	30	戊申己酉大驛土	27	庚戌辛亥釵釧金	24
壬子癸丑桑柘木	28	甲寅乙卯大溪水	30	丙辰丁巳沙中土	22
戊午己未天上火	31	庚申辛酉石榴木	28	壬戌癸亥大海水	20

所謂同類娶妻，就是甲子乙丑列爲同一組，甲是乙的哥哥，丑是子的弟弟，又甲屬陽，而乙屬陰，正如A黃鐘，B大呂，如分爲律呂兩組，則黃鐘大呂同居各組之首位。陽干配陰干，陽支配陰支同爲一組之比喻也。

所謂「隔八生子」是將十二律呂依序排列，用相生之法推算出來，正如由1而2 3 4 5 6 7，再唱上去就是高音的「i」，不是就要變調嗎？此「隔八相生」的理則，在命學應用陰陽五行生尅關係上也引作「隔七」則「殺」的定理來，因所謂「隔八」，中間實只距離七位而已，至於音律上的「隔八相生」，是將十二律呂由上而下依次直排，所以有的是由上生下，有的是由下生上，故有上生下生之別，其原則是陽律皆下生，陰呂皆上生，其所以上生下生，也是依據易經泰卦「天地交泰」演繹爲天氣下降，地氣上升之義而來的。

以上是命學上花甲納音五行之由來，已有的命書上所舉推算的方法有好幾種，限於篇幅，不能逐一說明，至於應用之方法，上列命書亦有詳細之介紹，茲不多贅。

捌、結論

易學涵蓋萬物，本文所討論的只是與命學有關部份之小部份，人的吉凶禍福，是每個人所關心的，如能預知，豈止是滿足其好奇心而已，可是至今已有的任何高明的科學，都還不能提供其滿意的答覆，因之，在中國社會裏，命學的價值，就一方面隨着人的需求而發達，一方面命學也自以爲肩負了發揚易學的部份責任，所以歷代的賢哲良才有不少願意窮其畢生心血致力於此，也因此，命學才能迄仍存在。惜其應有的學術地位，已爲少數不肖份子，因信口雌黃或言過其實所詆毁，殊有重振之必要。然易學對於人類之由來，在層次上已說明始生的原理，故命學的應用層次上，就從形成人的階段開始，所以命書上有從母體懷孕之時起算，例如「胎元」、「四柱」、「命宮」、「行運」各步驟（甚至有論及「息元」者），都是將陰陽五行代入干支根據時空條件主客觀要素，用以推求答案。有關推算的細節方法，請另詳前面所介紹諸命書，茲不多贅。

綜上所述，命學對於易學所包涵的陰陽五行的應用，是屬於方法論的一種學術著作，它包括了邏輯學、理則學、科學、哲學等等部門的綜合應用，正如洪範九疇本身各疇相互間之連瑣關係與各疇個別的應用，都是綜合應用最具體的範例之一，因其所本是卦爻演變之原理。世間人事複雜，必須注意層次的運用才可以。例如先分析事理的原因和背景，主客觀的各種條件，然後據以針對目標，本此理則，擬具大綱，產生方案，分別細目，附上詳細可行的執行辦法，在執行的過程中，更着眼於整體性的配合運用，視事體的變化，隨時因應，把握原則，抓住重點，不允許本位主義或英雄主義的存在，兼顧縱橫的密切連繫，注意連瑣性的必然反應，充分發揮團隊精神。如此的做法，用之於治國，歷史上就有三代之隆盛；用之於科學，就有種種之發明（請詳李約瑟中國科學文明所介紹）；用之於算命，就可以靈驗如神了。這就是命學上對於易學之應用，如論其學術根源之所本，實已融會儒、道、墨、陰陽等各家之學說，所以命學對於易學之應用，可以說是頗爲具體的一門，而其入之深，出之淺，更非易致，由是足以說明命學的創始者，對易不但有了整體性的領悟，而且確已知其具體的應用，值得吾人師法之處實在太多了。

中華哲學叢書

易學應用之研究（第二輯）

作　　者／陳立夫　主編、黎凱旋　協編
主　　編／劉郁君
美術編輯／中華書局編輯部

出 版 者／中華書局
發 行 人／張敏君
行銷經理／王新君
地　　址／11494 台北市內湖區舊宗路二段181巷8號5樓
客服專線／02-8797-8396　　傳　　真／02-8797-8909
網　　址／www.chunghwabook.com.tw
匯款帳號／兆豐國際商業銀行　東內湖分行
067-09-036932　中華書局股份有限公司

法律顧問／安侯法律事務所
印刷公司／維中科技有限公司　海瑞印刷品有限公司
出版日期／2015年7月再版
版本備註／據1982年6月初版復刻重製
定　　價／NTD 630

國家圖書館出版品預行編目（CIP）資料

易學應用之研究.第二輯 / 陳立夫著. -- 再版.
-- 台北市 : 中華書局, 2015.07
面 ; 公分. -- (中華哲學叢書)
ISBN 978-957-43-2544-3(平裝)

1.易學 2.研究考訂

121.17　　104010319

NO.B0024-2
ISBN 978-957-43-2544-3（平裝）